Im Gedenken an meinen geliebten Dackel Napoleon, der mein Ein und mein Alles war.

Die Deutsche Nationalbibliothek verzeichnet diese Publikation in der Deutschen Nationalbibliografie; detaillierte bibliografische Daten sind im Internet über dnb.dnb.de abrufbar. Die Schweizerische Nationalbibliothek (NB) verzeichnet aufgenommene Bücher unter Helveticat.ch und die Österreichische Nationalbibliothek (ÖNB) unter onb.ac.at. Unsere Bücher werden in namhaften Bibliotheken aufgenommen, darunter an den Universitätsbibliotheken Harvard, Oxford und Princeton.

Lubomir T. Winnik:
Napoleon war mein Lehrmeister
ISBN: 978-3-03883-087-0

Schweizer Literaturgesellschaft ist ein Imprint der Europäische Verlagsgesellschaften GmbH Erscheinungsort: Zug

© Copyright 2019

Sie finden uns im Internet unter: www.Literaturgesellschaft.ch Die Literaturgesellschaft unterstützt die Rechte der Autoren. Das Urheberrecht fördert die freie Rede und ermöglicht eine vielfältige, lebendige Kultur. Es fördert das Hören verschiedener Stimmen und die Kreativität. Danke, dass Sie dieses Buch gekauft haben und für die Einhaltung der Urheberrechtsgesetze, indem Sie keine Teile ohne Erlaubnis reproduzieren, scannen oder verteilen. So unterstützen Sie Schriftsteller und ermöglichen es uns, weiterhin Bücher für jeden Leser zu veröffentlichen.

Grafik, Fotos, Satz und Layout © Lubomir T. Winnik

Schweizer Literaturgesellschaft

AUCH ICH GEHÖRTE ZU JENEN "GESCHEITEREN", DIE FELSENFEST DARAN GLAUBTEN, DEM HOMO SAPIENS ALLEIN SEI GEGEBEN WORDEN, ZU DENKEN UND ZU FÜHLEN. DER WINZIGE DACKEL NAPOLEON HAT MICH EINES BESSEREN BELEHRT: DAS MENSCHLICHE IM TIER UND DAS TIERISCHE IM MENSCHEN ZU BEGREIFEN.

*Der besondere Dank des Autors gehört den lieben Freunden
Andrzej Wiktorowicz (PL), Albert Walker (CH) und Urs Heim (CH) für deren gütige
Unterstützung dieses Buchprojektes.*

VORWORT

Dieses Buch ist ein literarisches Werk, ein Roman, obschon die Schilderungen der zahlreichen Ereignisse sehr wohl auf privaten Erlebnissen des Autors und real existierenden Personen beruhen. Einiges kann dem Leser etwas «barock» vorkommen – zumal dann, wenn der Autor durch bedeutende oder ganz einfache Mitbürger wegen seiner «osteuropäischen»* Herkunft, welche in deren Augen so ungefähr wie eine leidige Tat gegollten hat, dementsprechend geschmälert wurde.

Allerdings hat der Autor eine völlig differente Sicht- und Denkweise, als dass er alles in seinem Werk schönfärberisch, eingehüllt in niedliche Edelweisse und den Zauber der schweizer Landschaften, so fleckenlos wie möglich darstellen könnte. Die Menschen, die Zusammenhänge, die Ereignisse, das Land und das Mentale werden aus der Perspektive eines Zuwanderers betrachtet, gedeutet und analysiert; mal gespalten, mal gebunden durch das Prisma seiner Reflexionen und persönlichen Erfahrungen mit der Umwelt – das Positive wie auch das Negative. Das Leben besteht nicht einseitig aus Plus: das Minus ist unzertrennlich immer mit dabei.

Und noch eines gesellt sich dazu. Den soziologischen Forschungen zufolge fällt der IQ der Menschen in den Industrieländern von Jahr zu Jahr kontinuierlich immer tiefer, desto höher der Wohlstand ist. Geistlose Maschinen ersetzen natürliche Verhaltensformen, der moderne säkularisierte, alles infrage stellende Mensch ist nur auf rationalistischen Nutzen fixiert. Ergebnis: triste Kommunikation fern von Gefühlen, ohne echte Bindungen, beraubt der intellektuellen Substanz. Die Entfremdung, wo einer in dem andern nur das Objekt der Ausbeutung sieht, breitet sich wie die Pest aus. Und dies in jeder Hinsicht. Die Grube, die wir selber ausgebuddelt haben, steht nun bereit, um uns zu empfangen. Schneller als man denkt.

Kann unter solchen Umständen das individuell geschriebene Wort als

* Erläuterungen auf Seite 315

objektiv geduldet werden? Doch, Hand aufs Herz: Was ist denn «objektiv»?

Jeder weiss aus eigener Erfahrung, dass niemand im Universum je es schafft, total edel «objektiv» zu sein. So ist auch der Schreibende wie ein Maler, der sein Gemälde rein «subjektiv» malt. Mit anderen Worten individuell. Farben, Reflexe, Nuancen empfindet er anders als der Rest der Menschheit – darin verbirgt sich gerade seine «Anmassung», diese nach eigenem Gutdünken zu deuten. Darum vielleicht – primär im zensurierten Service public – wurde ein gummiartiger Ausdruck ausgebrütet: Man wird de facto verpflichtet, unterwürfig «ausgewogen» zu sein, sonst ... Sonst obacht, was du schreibst oder redest! Und dieser Maulkorb soll unser Denken, welches sich aktenkundig keinem Politbuchhalter unterordnen lässt, die unendliche Vielfalt des Lebens im Voraus berechnen oder gar ersetzen? Das tut nur Diktatur oder der seelenlose Computer, nicht der freie menschliche Geist.

Der sturen «Subjektivität» zuwider habe ich viel Wert darauf gelegt, dieses Werk so «sachlich» wie nur möglich zu verfassen. Ungeachtet aller Mühe ist mir jedoch bewusst, nicht alles «objektiv» dargestellt zu haben. In diesem Sinn bleibt es eben subjektiv und der kommenden Kritik von vornherein ausgesetzt. Jeder, der zu dichten wagt, muss trotz dieser Gefahr das selbst gewählte Kreuz weitertragen – oder unter ihm sterben. Einen Plan B gibt es nicht.

Ein weiteres, sehr wichtiges Indiz – das Schicksalhafte – darf in diesem Werk nicht ausser Acht gelassen werden. Neulich las ich ein Interview mit einem Schweizer Autor, das mir viel zu denken gab. Er wurde gefragt: «Auffallend, wie in Ihrem Lebenslauf immer an den entscheidenden Stellen für Sie wichtige Personen auftauchen, gleich einem Deus ex Machina. Sowohl Männer wie Frauen. Wer sind die wichtigsten Schlüsselpersonen gewesen?» Von der langen Liste der Schlüsselpersonen, wie er sie selber bezeichnete, genannt wurde nur eine beim Namen; es war klar, dass durch den positiven Einfluss und die Unterstützung der anderen «Schlüsselpersonen» sein Lebensweg dahin führte, wo er heute ist; er konnte seine schöpferischen Träume und Pläne voll realisieren. Er war niemals allein. Schwein gehabt!

Mir war anderes beschieden: Solche wohlwollende, selbstlose und einflussreiche Personen, die massgeblich zur Enfaltung meiner Begabungen beigetragen hätten, fänden nicht genug Platz auf einer Liste, sondern nur auf einer Hand. Und selbst ihre Wirkung war niemals nachhaltig. So wurde 80 Prozent meiner Lebensenergie für endloses Ringen um das nackte Überleben aufgebraucht: sei es durch Verrichtung von Arbeiten, die mit Kreativität nichts zu tun hatten, sei es durch den langen, steinigen Weg zur deutschen Sprache, durch mühseliges Anpassen an die Besonderheiten des Landes und an die Gemütsart seiner Menschen. Auch in der Schweiz, wie in jedem europäischen Industrieland, steckte tief im Bewusstsein der Indigenen ein Vorstellungsklischee von einem ungebildeten, wenn nicht primitiven Fremden – dem Gastarbeiter, dem man nichts Besseres zutraut, als Strassen zu kehren oder Abfall zu entsorgen, ein Page der vermeintlich vollkommeneren Alteinwohner zu sein. Da warf man in diesen Eintopf wahllos die gelehrten europäischen Fremden, die aus welchen Gründen auch immer ihre Heimat verlassen hatten. Man brauchte – und braucht man noch bis heute – billige Arbeitskräfte für Beschäftigungen, die den Angestammten als unwürdig vorkommen. Privat sowie amtlich wurde dieses überhebliche Denken allseitig stillschweigend akzeptiert und bewahrt.

Im Unterschied zu den aus den südlichen Ländern stammenden einstigen «rückständigen» Gastarbeitern kommen nun Menschen aus dem östlichen Mitteleuropa. Das Gros von ihnen mit akademischen Diplomen, guter Berufsausbildung und Erfahrung. Man könnte vermuten, sie seien eine echte Bereicherung für unser Land und das Umdenken sei aktuell geworden. Nada! Auf den Arbeitsämtern, genau wie früher, warten auf sie «zugeschnittene» neue untergeordnete «Berufe»: Tellerwäscher, Zimmermädchen, Pflegerin, Putzfrau, Bauarbeiter, Fensterreiniger, Hilfsarbeiter et cetera. Statt in diese Spezialisten – zumindest zu Beginn ihres Berufsweges – wenn nötig auch individuell ein wenig zu investieren, wie etwa in ihre solide sprachliche Ausbildung, bezahlen die Ämter nur noch die Sprachkurse auf A1- und A2-Bildungsniveau, welches das Erlernen der einfachsten Umgangssprache zulässt. Verständlich, warum: Den vorab bestimmten Tellerwäschern oder Fliessbandarbeitern mit akademischen Diplomen sollte das Niveau föllig ausreichen! Darum, die B1- und B2-Kurse, der hohe Sprachgrad, sieht dieser überhebliche Plan der «arischen» Staatsbürokraten nicht vor. Welch klägliche Verschwendung von kostbaren menschlichen Ressourcen! Obwohl jeder weiss, dass per se bestens motivierte und verlässlichste Mitarbeiter jene sind, die mit ihren professionellen Ambitionen dem gewählten Traumberuf oder der Berufung nachgehen können. Das Geld allein zu verdienen ist weitaus nicht immer das Gelbe vom Ei, weil ein Mensch obendrein noch ein spirituelles Wesen ist. Ich habe diesen Weg eines ewig «Fremden» in seiner ganzen Länge beschritten; die unterwegs verlorene Zeit und Chancen lassen sich nicht mehr nachholen. Alles zu spät!

Worüber denn berichtet das vorgelegte Buch? Über das kleine aparte Hündchen, welches seine albernen «Eltern» – wir – vermenschlichen wollten? Nein, das nicht. Das Buch erzählt über das gemeinsame Leben von Mensch und Tier: von alltäglichen menschlichen und tierischen Höhepunkten und Tiefen; von altväterlichen Hunde-Ressentiments bis zur Erleuchtung des Autors, wonach auch ein Tier – als Wesen Gottes – eine Seele hat. Dass Tiere, genauso wie Menschen, Individualisten sind. Diese Erkenntnis bezeugte bereits im 18. Jahrhundert der bedeutende Beobachter-Analyst und Behaviorforscher Alfred Rehm in seinem Buch «Die Gefühle der Tiere». Die Kollegen lachten ihn aus, sein fortgeschrittenes humanes Denken und Handeln wurden zur «Häresie» erklärt und er als persona non grata aus der Deutschen Zoologischen Gesellschaft gefeuert. Nichtsdestotrotz ging das Buch um die Welt, es wurde zum damaligen Schlager. Allerdings lasen die Menschen damals mehr als heute ... Die Situation der hoch entwickelten Tiere – die Hunde gehören dazu – hat sich in unserem Jahrhundert lediglich in wenigen Ländern gebessert. Wie schwierig ist es, die Würde der Tiere zu respektieren, zeigt sich sogar in der Hochburg des Tierschutzes – in der Schweiz –, wo «bei der Umsetzung des Tierschutzrechts [...] noch nach wie vor erhebliche Defizite bestehen», schrieb im Februar 2019 die «Stiftung für das Tier im Recht». Weltweit haben sie weiterhin keine Rechte und gelten nicht als achtenswerte, bewusste Lebewesen, sondern als Gegenstände.

Als politische Seite im Buch könnte man – wer will – meine fremdländische Herkunft bezeichnen. Das führte, wie eingangs angedeutet wurde, zu Spannungen und Konflikten. Gewiss: Es gibt Gesetze, Gerichte und Polizei, welche jegliche Xenophobie aktiv verbieten oder verfolgen. Kein Staat oder Gesetz ist jedoch imstande, jeden Einzelnen zu überprüfen, jedes üble Wort zu registrieren, jede rüde Geste oder das Verhalten seiner Bürger zu verfolgen oder zu ahnden. Wer daran glaubt, ist naiv oder wähnt sich in Märchen. Demzufolge geniesst der einzelne Fremdling in einem Aufenthaltsland eher bedingt den Schutz vor etwaigem Mobbing der Autochthonen. Nicht zu vergessen, dass die Einstellung zu den Fremden seitens der Inländer ebenfalls erheblich variieren kann; vieles ist von seiner ethnischen Abstammung sowie der Weltgegend und Kultur abhängig. An und für sich ein separates Thema, dessen Erörterung eine gute Prise Ratio, Geduld und Wissen voraussetzt. Das bedeutet Bedingungen, die mit ideologisch zelebrierter Toleranz-Show der «political animals» meist denkbar wenig zu tun haben. Auch in dieser Frage erreichte die Vernunft der Europäer ihren historischen Tiefstand. Sokrates, der Vater der Common-Sense-Philosophie, würde derzeit gleich zum «Rechtspopulisten» avancieren. Sein Glück, dass er seit über 2000 Jahren tot ist!

Wo soll das hinführen?

Zum Nachdenken darüber sei hiermit dem Leser das Plazet gegeben ...

Über zehn Jahre habe ich gebraucht, um Kraft und Mut zu schöpfen, die notwendig waren, dieses Buch zu schreiben. Denn jede noch so kleine Erinnerung an Napoleon – sei es ein Foto oder ein Video mit ihm – stürzte mich sofort in den psychischen Abgrund. Mein Wille, das Thema schriftlich anzugehen, wurde dadurch jedes Mal so gut wie lahmgelegt. Ein Buch über Napoleon zu schreiben bedeutete ja zwangsweise, unseren Lebensweg mit ihm abermals in seiner vollen Länge zurückzulegen, ihn mit allen emotionalen Facetten und Details in Erinnerung aus dem Jenseits zu rufen, in dem Bewusstsein, dass man trotz Nichtakzeptanz dessen Todes am Ende real nur mit dem Geist dastehen würde. Und genau dies schreckte mich am meisten ab. In der Folge litt ich all diese Jahre an Schuldgefühlen, die wunderbare Geschichte über mein Söhnchen Napoleon vor der Nachwelt verschwiegen zu haben. Und als ich es endlich gewagt hatte, wurde alles so, wie ich es geahnt hatte: Die langen Monate des Schreibens verwandelten sich gleich in eine neue Tortur. Zu meinen körperlichen Schmerzen nach einer schweren Operation gesellten sich nun noch verheerende seelische Leiden, reichlich berieselt von perma-

nenter Schlaflosigkeit und Stress, welche hin und wieder in purer Verzweiflung mündeten … Ich glaubte wiederholt daran, psychisch nicht fähig zu sein, das angefangene Werk irgendwann vollenden zu können. Den Grund meiner Tantalusqualen können jedoch am besten jene nachvollziehen, die ihre Kinder einmal beerdigen mussten. Da mir nicht beschieden war, Nachkommen zu haben, habe ich die unerbittliche Macht der väterlichen Hingabe restlos in ein Wesen investiert, dessen Dasein so katastrophal kurz ist. Und damals, zu Napoleons Lebzeiten, war ich kaum geneigt, darüber nachzudenken, dass wir zu 90 Prozent die Chance haben, unsere ans Herz und an die Gefühle gewachsenen vierbeinige Lebensgefährten zu überleben. Spontan und inbrünstig liebte ich Napoleon so natürlich wie mein leibliches Kind, das mich doch auf jeden Fall überleben sollte …

Er hat mich nicht überlebt. Auch die gesegnete, holde Zeit mit ihm ist gestorben – die Zeit, als wir vom Glück umarmt noch alle zusammen waren.

In Erinnerung, der Autor

TEIL I

16 JAHRE, 6 MONATE und 14 TAGE
Die geschilderten Ereignisse – wenn auch nicht alle – sowie der Entstehungshergang der in diesem Buch präsentierten Malerei beschränken sich zeitlich exakt auf die Dauer des Lebens von Napoleon.
ALLES BEGANN
am 20. Juni 1990 und endete mit seinem Tod am 19. September 2006. Aus Datenschutzgründen wurden hier und dort Namen und Ortschaftsbezeichnungen geändert.

DAS ZÜRCHER PRÄLUDIUM

Mit einem grossen Blumenstrauss, den ich über die Schulter halte, warte ich im Terminal B des Zürcher Flughafens auf die Ankunft meiner Frau. Es ist der 20. Juni 1990, ein denkwürdiger Tag, der mein Leben verändern sollte. Ich stehe in der Menschenmenge vor dem riesigen Fenster, welches den Warteraum von der Ankunftshalle trennt. Eine Stunde vor dem Start der Swissair-Maschine Warschau – Zürich kam der Anruf von Elżbieta: «Ich komme diesmal nicht allein. Bei mir ist der kleine Napoleon», teilte sie kurz mit.

Im neuen Passagierstrom am Ende der Ankunftshalle, wo die Passkontrollen stattfinden, entdecke ich sie. Während sie eine Treppe heruntersteigt, sehe ich durch das grosse Glas den winzigen braunen Hund an ihrer Brust. Ihr fünfter Dackel. Zeit ihres Lebens, so erzählte sie früher, lebt sie mit dieser Hunderasse. Auch als sie geboren wurde, lag unter ihrer Wiege ein Dackel. Nun versuche ich völlig aufrichtig, dieses mir irgendwie befremdlich vorkommende Hobby zu begreifen. Wie kann man bloss ein Tier derart anbeten?

Auch während meiner Kindheit hatten die Eltern immer Hunde. Ihr Platz war jedoch dort, wo sie als Nutztiere hingehörten – draussen im Hof, in der Hundehütte. Ende der Vierzigerjahre lebten wir in einem winzigen Karpaten-Dorf namens Petrezke in der Westukraine. Unsere Eltern, meine zwei Brüder und ich wohnten alle in einem Zimmer, und das Essen war so rar, dass wir von Hunger geschwollene Bäuche hatten. Während der Rest Europas seit fünf Jahren nach dem Weltkrieg im Frieden und Wiederaufbau lebte, tobte in meiner Heimat noch ein weiterer Krieg, von dem die Welt nichts wissen wollte: Die ukrainische Partisanenarmee bekämfte den neuen Besatzer, die Russen. Ihre Rache war grausam: Massenhinrichtungen, Folter, Deportationen nach Sibirien ... Ganze Landstriche wurden auf diese Weise entvölkert, Dörfer und Städte der Erde gleichgemacht. Es herrschte der totale Terror. Kein Rotes Kreuz, keine Menschenrechtsorganisation, keine internationalen Beobachter und keine Stimme des Gewissens regten sich im Westen. Und doch machten sich die Ukrainer nicht auf die Flucht irgendwohin, in die angeblich sichere Ferne, wie dies neuerdings bei Afrikanern oder Arabern zur bequemen Mode geworden ist. So blieb Europa die ukrainische Flüchtlingsflut erspart; es kannte den Bergriff «ukrainischer Flüchtling» nicht einmal in seinem Vokabular. Und noch viele Jahre danach, als ich 1973 in der Schweiz politisches Asyl erhalten hatte, verpasste mir die Zürcher Einwohner- und Fremdenkontrolle eine seltsame Nationalität: In meine neuen Identitätsdokumente trug sie das Herkunftsland «Russland» ein. Ausgerechnet das Land, vor dem ich auf der Flucht war. Meine vehemente Proteste in Form von Beanstandungen, Briefen und Beweisen, dass ich mit diesem Land in puncto Verwandschaft nichts am Hut hatte, wurden von den «russisch» denkenden Bürokraten süffisant ignoriert. Sie zwangen mich, «Russe» zu bleiben. Bis zur Einbürgerung!

Zwar befanden sich damals auch meine Eltern vor den kriegerischen Auseinandersetzungen auf der ständigen Flucht. Mit den Überbleibseln unserer kümmerlichen Habseligkeiten und dem Hund Lorko zogen wir von Ort zu Ort, 24 Mal, um den von allen Seiten drohenden Gefahren zu entkommen. Das gelang nicht immer.

In Petrezke fielen eines Tages gefürchtete, sogenannte Vernichtungsbataillone, ein. Eine der zahllosen Überraschungsrazzien nach den «Banditen» – den Wiederstandskämpfer – begann. Mit Gewehren im Anschlag und mit Brecheisen bewaffnete Soldaten der NKWD* kesselten die noch übrig gebliebenen Häuser ein. Wer im Hause einen Holzfussboden hatte, war in grosser Gefahr, weil die Eindringlinge darunter ein Versteck vermuten konnten. Aber lediglich ein harmloser Verdacht auf Unterstützung der Guerillas bedeutete die unvermeintliche Erschiessung der ganzen Familie. Auf der Stelle. Andere

* *Erläuterungen auf Seite 315*

Methoden waren den ungebetenen «Befreiern» nicht bekannt! Mit Gewehrkolben-Schlägen brachen die Militärs die Tür unserer Wohnung auf. Wütend, schreiend und fluchend warfen sie den Vater auf den Lehmfussboden; Holzbretter hatten wir zum Glück nicht. Ein schlitzäugiger Soldat drückte brutal den Gewehrlauf an dessen Kopf, während seine Kameraden das wenige, was im Zimmer noch vorhanden war, restlos zertrümmerten.

«Hast du Bandera*-Banditen gehabt?», grölten sie in einer für uns unverständlichen Sprache. «Oder sie mit Lebensmitteln versorgt? Ja oder nein?»

«Wir hungern doch selber, nichts haben wir!», stotterte der Vater.

«Was sagst du da, räudiger Chachol?** Du lügst wohl!»

Mein Vater, der 1907 als Untertane des Kaisers von Österreich geboren wurde, sprach perfekt Deutsch, aber kein Wort Russisch. Mit aschfahlem Gesicht lag er auf dem Boden und versuchte, etwas zu erklären. Aber wie sollte er das schaffen, wenn nur ein missverstandener Laut den Tod bedeuten konnte?

Draussen, an die Bude angekettet, bellte wutentbrannt Lorko. Ich lief hinaus. Ein Soldat zielte gerade mit seinem Gewehr auf ihn, und bevor ich realisierte, was er vorhatte, krachte ein ohrenbetäubender Schuss. In diesem Moment stand ich direkt hinter dem Schützen. Genau sah ich seinen zerkratzten Patronengurt und den ungewöhnlich langen Waffenrock, der bis über die verdreckten Stiefel reichte. Aus seinem Gewehr sprang eine Patronenhülse heraus, die ich aufgelesen hatte; sie war noch heiss. Der Schuss traf Lorko vorn in die Brust. Als er sich schrecklich winselnd umdrehte, sah ich an seinem Hintern eine gewaltige Wunde – das Projektil hatte auf der ganzen Länge seinen Körper durchbohrt und war dort ausgetreten. Mit ungeahnter Kraft riss er die Kette entzwei und verschwand heulend im Dickicht des nahen Waldes.

«Cha-cha, das ist schön», quittierte der Russe das Getane, lauthals und zufrieden lachend. «Nun ist noch ein Bandit tot!»

Er drückte seine Freude so deutlich aus, dass sogar ich die Worte nachfühlen konnte. Doch er irrte sich. Nach einem Monat stand Lorko unvermutet vor der Haustür – extrem ausgemergelt, mit widernatürlich gekrümmtem Rückgrat und ... wedelndem Schwanz. An seinem Hintern klaffte eine immens tiefe rosarote Wunde – verheilt.

Erläuterungen auf Seite 315

TOD IM ENGADIN

Im Januar 1989 brachte Elżbieta aus Polen ihren zwölf Jahre alten Dackel namens Duet mit. Der Hund war gutmütig, wohlerzogen, ich habe ihn toleriert. Was mich aber beängstigte, waren ihre «Gespräche» – Elżbieta sprach mit Duet so, als ob er ein Mensch wäre. Jedes Wort, jede noch so kleine ihrer Gesten wurde von ihm sofort verstanden, und er benahm sich in der Tat menschlich. Das war echt unheimlich. Nicht genug: Ich sah, dass er gewohnt war, mit ihr im Bett zu schlafen. Immer. Ich habe nicht verstanden, wie die Menschen so etwas zulassen können, ohne Ekel zu verspüren. Nein, ehrlich, gegen ihn führte ich nichts Böses im Schild. Das Band zwischen ihnen, insbesondere Elżbietas rührende Fürsorge für ihn, bewunderte ich still. Ein gemeinsamer Schlaf im Bett stand in meiner damaligen Vorstellung trotzdem ausser Debatte. Am Ende kauften wir für Duet ein Hundebett. Glücklich damit war er nicht; aber auch ich versuchte, mich mit dem neuen Lebensstil irgendwie zu arrangieren.

An einem Wochenende fuhren wir ins Engadin und bezogen eine Wohnung in der Nähe des Dorfplatzes von Scuol. Just nach Mitternacht erkrankte Duet plötzlich; ich wusste nicht, dass er seit Jahr und Tag nur mithilfe von Medikamenten am Leben gehalten wurde.

«Er hat sicher ein Problem mit dem Herzen, der Höhenunterschied macht ihm zu schaffen», erläuterte Elżbieta voller Gram. «Wir müssen schleunigst etwas unternehmen, sonst stirbt er.»

Obwohl mich Duets Zustand nicht speziell beunruhigte, wählte ich die

Telefonnummer eines lokalen Tierarztes. Seine Antwort war schockierend:

«Um zwei Uhr nach Mitternacht empfange ich keine Patienten», sagte er knapp. «Fahren Sie doch nach Samedan, dort ist der veterinäre Notfalldienst. Gute Nacht!»

Ein gewaltiger Schneesturm tobte in jener Nacht in den Bergen. Glatteis und Schneeverwehungen verwandelten die Strasse in eine Rutschbahn. Alle paar Kilometer war ich gezwungen, anzuhalten und mit einem Holzstock den zusammengepressten Schnee zwischen den verketteten Hinterrädern und Kotflügeln herauszuschlagen. Elżbieta sass auf dem Rücksitz mit Duet auf den Knien und weinte vor Verzweiflung. Der Hund gab kaum Lebenszeichen von sich, sein Zustand verschlimmerte sich dramatisch. Das Mitleid erfasste jetzt auch mich; in Gedanken war ich bereit, schon morgen den gleichgültigen Tierarzt zusammenzuschlagen. Das hatte er ehrlich verdient!

Im Morgengrauen erreichten wir das völlig verschneite Samedan. Wie konnte man aber hier die Notfallstation finden? Wo war sie bloss? Und weit und breit war auch kein Mensch zu sehen, um ihn danach zu fragen. Da ich auf dem Parkplatz vor einem Hotel angehalten hatte, ging ich hinein. Die Tür war nicht abgesperrt, bald stand ich in der Rezeption – keiner da. Das grelle Läuten der Tischglocke, auf die ich vergebens haute, brachte auch nichts – es kam niemand. Schweren Herzens stapfte ich müde und verzweifelt durch kniehohen Schnee zum Auto zurück. Öffnete die Tür, schaute hinein; Elżbietas erstarrtes Gesicht sprach mehr als alle Worte – Duet war tot.

Weit weg östlich von Scuol, an einem Hang über dem tosenden Inn, fanden wir mühsam ein Stück Boden, welcher nicht steinhart gefroren war. Ich machte mich daran, eine Grube auszuheben. Der Tag war grau; nur das herzzerreissende Schluchzen meiner Frau liess die Stille der alpinen Abgeschiedenheit erzittern. Als die Grube tief genug war, wickelten wir den eiskalten Duet mit seiner Lieblingsschokolade in den Pfötchen in die Decke ein und legten ihn behutsam ins Grab. Wie auf irgendeine Bestellung erschien in diesem Augenblick am Horizont über den glitzernden Schneegipfeln des Flüelapasses ein gleissender Sonnenstrahl, der mühelos die geballte Wolkendecke durchbrach, und goss einen Lichtschwall über uns aus. Die mysteriöse Helligkeit währte nur einige Sekunden lang; dann verschwand sie ebenso unvermutet, wie sie erschienen war. Stumm schauten wir einander fragend an, ohne zu verstehen, was das unverhoffte Licht zu bedeuten hatte.

Ich legte einen schweren, flachen Stein auf Duets Leichnam und schüttete das Grab mit Erde zu. Wir standen über ihm und liessen unseren Tränen freien Lauf. Ich hatte ihn immer noch vor Augen, als er kurz vor dem Herzanfall an mein Bett kam, obwohl er wusste, dass ich ein schlechter Freund war. Er wollte mir etwas mitteilen; seine gütigen, traurigen Augen sprachen davon. Doch mit den Worten «Hau ab zu deiner Mutter» habe ich ihn vertrieben. Zehn Minuten später rief mich Elżbieta in die Küche; er lag schon auf dem Fussboden ... An seinem Grab stehend, fühlte ich lähmende Gewissensbisse und Traurigkeit zugleich. Wie konnte ich nur so herzlos sein? Das arme, intelligente Tier suchte bei mir nach Rat oder Rettung; stattdessen brüllte ich es an. Warum habe ich das getan?

In der Ferne, unten auf der verschneiten Strasse entlang des Inn, kreuzte ein Streifenwagen der Polizei auf. Er hielt neben meinem Auto an, zwei Polizisten stiegen aus.

«Was soll das?», fragte Elżbieta beängstigt.

Mir wurde sofort bewusst, dass sich die Polizisten nicht umsonst hierher bemüht hatten.

«Jemand muss uns beobachtet haben», erwiderte ich. – «Wir sind in der Schweiz. Man hat uns angezeigt, da bin ich sicher.»

Inzwischen kletterten die Beamten zu uns hoch.

«Was haben Sie hier vergraben?», fragten sie.

«Unseren verstorbenen Hund.»

«Haben Sie ihn umgebracht?»

Ich war sprachlos. Wie kann man jemandem, den man nicht kennt, so grob eine derat schwerwiegende Anschuldigung vorwerfen? Elżbieta, verweint, erschrocken und leichenblass, fragte mich, was die Beamten wollten.

«Sie erkundigen sich, ob wir Duet getötet haben», antwortete ich so ruhig wie möglich.

«Die sind doch völlig bescheuert, verrückt!»

«Ja, das sind sie. Wir müssen jedoch gefasst bleiben.»

«Nein, er starb an Herzversagen», informierte ich die Polizisten, «der Tierarzt weigerte sich, ihm zu helfen.»

Mein Hochdeutsch verriet unsere fremde Herkunft. Die Beamten waren in ihrem Misstrauen nun sichtlich bestätigt, dass wir womöglich irgendwelche Schweizer Gesetze willkürlich ignoriert hatten.

«Na ja, aber hier ist Privatgrund», sagte einer der Polizisten harsch, «und niemand darf ihn ungefragt betreten. Geschweige denn noch einen Kadaver entsorgen, den die Füchse später ausgraben können.»

«Das sicher nicht. Ich habe einen schweren Stein auf ihn gelegt. Den Hund hingegen haben wir hier bestattet, weil wir in der Gegend niemanden kennen, der uns am Sonntag raten würde, was wir mit dem Toten machen sollten: Alle Ämter sind geschlossen. Im Übrigen befindet sich am andern Flussufer der Schweizer Nationalpark. Und doch kümmert sich dort niemand um freiliegende verendete Tiere.»

«Das ist nicht Ihr Problem»; der Polizisten-Ton erlaubte keine Diskussionen mehr. «Sie müssen den Hund hier wegschaffen. Sofort. Ihre Dokumente, bitte.»

Auf Elżbietas polnischen und auf meinen Asylanten-Pass reagierten die Beamten mit gehobenen Augenbrauen.

«Ach so was, sogar eine polnische Staatsbürgerin!», stellte der Uniformierte erstaunt fest. «Also, keine Widerrede, holen Sie den Hund unverzüglich aus dem Loch heraus.»

Die schockierte Elżbieta weinte nun noch verzweifelter als vorher.

«Den Verstorbenen aus dem Grab holen? Das ist unmenschlich!»

Aber ihr Polnisch verstanden die Beamten gottlob sowieso nicht, und als ich mit lehmverschmierten Händen den massigen Stein zur Seite geschoben hatte, erblickten sie den toten Duet.

«Zeigen Sie ihn», befahl der offensichtlich Wichtigere, der kurz davor noch via Walkie-Talkie mit jemandem gesprochen hatte, «wickeln Sie ihn aus der Decke.»

Sie schauten sich Duet an:

«Was soll die Schokolade in seinen Pfoten?»

«Seine Lieblingsschokolade ist das»; die Kehle trocknete mir auf einmal von aufgestauter Erbitterung aus, «verstehen Sie das?»

Natürlich verstanden sie das nicht, man stand vor einer Mauer.

«Folgen Sie uns!», befahl der Polizist mit dem Walkie-Talkie. «Wir können hier nicht stundenlang rumstehen!»

«Was machen sie jetzt mit uns?», fragte mich die völlig eingeschüchterte Elżbieta. «Stecken sie uns womöglich in den Knast?»

«Alles ist möglich!»

Fünfzig Meter vor dem Parkplatz ging die Böschung in eine steile Neigung über. Unversehens rutschte Elżbieta im knietiefen Schnee aus. Indem sie verzweifelt das Gleichgewicht zu halten versuchte, schnellte Duets Leiche – wie von der Schnellkraft gestossen – aus der Decke auf ihren Händen heraus. Springend und hüpfend rollte der tote Körper den ganzen langen Hang nach unten, bis hin zu den geparkten Autos. Die eisernen Polizisten schauten gleichgültig zu, wie wir uns plump bemühten, den geschundenen Toten mit rot gefrorenen Händen wieder in die Decke einzuwickeln.

«Jetzt fahren Sie hinter uns her», beorderten sie.

Wir hielten vor den ersten Dorfhäusern neben einem grünen Behälter mit rätoromanischer Aufschrift «Cadaver» an. Ich hob den Deckel hoch, guckte rein – darin stapelten sich Dudzende schwarze Plastiksäcke, offensichtlich mit toten Tieren. Ein bitterer, dicker Klumpen Blut oder Magensäure stieg mir unwillkürlich bis an den Kragen hoch. Das Bild ähnelte ungemein den weltweit bekannten Fotos aus den deutschen KZs mit Bergen von aufeinandergeworfenen menschlichen Leichen. Scheusslich! Und hier, in dieser entwürdigenden, stinkenden Mülltonne muten die dickfelligen Polizisten dem edlen Duet zu, sein irdisches Dasein zu beenden? Haben sie einen Dachschaden, die Männer? Nein! Welch abartige Ironie!

Die pflichtbewusste Polizei eskortierte uns noch zum unweiten Dorfplatz. Man wollte prüfen, ob wir tatsächlich hier wohnten. Erst danach bekamen wir unsere Dokumente inklusive eine Busse – unbekannt wofür – von 14 Schweizer Franken zurück.

SCHWIERIGE ANFÄNGE

Elżbieta erblickt mich zwischen den Wartenden am grossen Fenster. Sie kommt dicht ans Glas heran, und weil wir uns nicht hören können, deutet sie mit dem Finger auf das kleine, braune Ding in ihren Händen. Das muss Napoleon sein, denke ich. Nun wartet sie noch auf den Koffer, bindet das winzige Hündchen an einen Gepäckwagen und geht fort, zum Gepäckrollband. Ich beobachte Napoleon. Der Kleine winselt offensichtlich, starrt pausenlos in Richtung Elżbieta, spannt die Leine an ... und schleppt zu meinem Erstaunen den wuchtigen Wagen sogar zu ihr hin.

«Drei Monate und drei Tage alt ist Napoleon», sagt Elżbieta, als wir uns begrüssen; «vom polnischen Zöllner wurde er als Übersiedlungsgut deklariert.» Mir bedeutet die Information wenig. Ich habe keine Ahnung, was so ein Hund wert ist, wie er wächst, wie lange er lebt und was mit ihm überhaupt anzufangen ist. Das ist ihr Hund, ich nehme ihn nur zur Kenntnis.

Unsere Wohnung beziehen wir in Zürch-Leimbach, wo ich bereits zuvor 14 Jahre lang gewohnt habe. Die ersten und nötigsten Möbel haben wir auch schon. Obwohl wir beide bald 50 Jahre alt werden, beginnen wir unser Leben ganz von vorn. Jeden Morgen verschwinde ich für den ganzen Tag zur Arbeit, die Abende verbringe ich auf meinem Zimmer, wo die Arbeit fortgesetzt wird. In der Schweiz herrscht noch Hochkonjunktur; ich habe viele Aufträge und damit verbundene Termine. Da wir über so gut wie keine Finanzreserven verfügen, nehme ich jede noch so kleine Verdienstmöglichkeit wahr. Einzig an Wochenenden gönne ich mir manchmal etwas Erholung. Für Napoleon habe ich natürlich keine Zeit. Ich weiss nur, dass er das einzige Lebewesen ist, mit dem Elżbieta seit ihrer Ankunft in der Schweiz kommunizieren kann. Darum frage ich mich des Öfteren, ob unsere Situation auf die Dauer erträglich sein wird. Jahrzehntelang stand sie als Schauspielerin im Rampenlicht des Theaterlebens von Warschau. Und nun trifft sie diese plötzliche Stille, diese lähmende Bewegungslosigkeit. Wir haben niemanden, weder Verwandte noch Freunde. Mit den Nachbarn von nebenan lässt sich nicht mal reden. Die meisten halten sich distanziert; man beschränkt sich auf das übliche formelle «Grüezi». Ein Wort mehr kommt selten vor.

«Sind uns diese Leute böse?», fragt die kontaktfreudige Elżbieta immer häufiger sichtlich gedrückt. «Ich habe zuweilen den Eindruck, dass sie uns meiden, wie einem Typhuskranken aus dem Weg gehen.»

Eine mühsame Frage, auf die ich selbst nach 14 Jahren keine plausible Antwort habe. Wie soll ich nun Elżbieta, die für alles Neue offen ist, den eminenten kulturellen und mentalen Unterschied zwischen den Polen und den Deutschschweizern erklären?

«Die sind nun mal so ... vorsichtig», sage ich, «um nichts zu riskieren.»

«Riskieren? Aber was denn? Das heisst», resümiert Elżbieta postwendend, «wenn ich eine Nachbarin anspreche, um sie zum Kaffee einzuladen, würde sie sich gleich gefährdet fühlen?»

«Mag sein. Denn keine Annäherung bleibt ohne Spur. Man wird in den Bann der anderen Person quasi einbezogen: in ihr Leben, ihre Ansichten, ihre Probleme. Unter Umständen können diese auf dich sozusagen überschwappen, in dein Leben eindringen und es somit gefährden. Das bedeutet Risiko.»

«Freunde lernt man sowieso erst in der Not kennen», gibt die Frau nicht auf, «oder nicht? Vorerst aber muss man Freunde haben. Und das ist hierzulande, wie ich merke, einfach krank, eine wahre Quadratur des Kreises!»

Uns bleiben nur einige polnische Bekannte übrig, die man ohnehin selten zu Gesicht bekommt. Der kleine Napoleon füllt ungewollt die gähnende Leere. Er ist inzwischen augenfällig grösser geworden, ein Umstand, den ich besonders während des Autofahrens wahrnehme: Alles, was sich bewegt, wird inständig angebellt. Er springt heftig herum, die Fenster werden von seinem

Speichel bespritzt und die Sitzpolsterung mit den Krallen zerkratzt. So ein Biest! Das nervt mich ungemein und bekümmert Elżbieta gleichzeitig. Eifrig ist sie bemüht, mir Napoleons Verhalten zu erklären:

«Er ist ein guter Hund. Niemals hat er in der Wohnung Sachen kaputt gebissen, ein Häufchen gemacht oder etwas verpinkelt. Er ist nun mal ein Dackel, das heisst ein Jagdhund: zwar sehr klein, aber mutig, hartnäckig und exzellent intelligent. Merkst du das nicht?»

Und ob ich das merke! In unserer Nachbarschaft leben zwei riesige Barsoi-Hunde – Zar und Lenin –, die vor dem winzigen Napoleon schier panische Angst haben. Vor einigen Tagen, als sie bellten, griff er sie an. Blitzschnell riss er Lenin ein Büschel Fell aus dem Hinterbein, dann leckte er genüsslich die Bluttropfen aus dem Asphalt. Der Vorfall hat mich sogar amüsiert. Ich deutete ihn als späte polnische Rache an den unliebsamen Russen. Ansonsten habe ich gar nicht bemerkt, wie es ihm erging, welche Bedürfnisse er hatte und was aus ihm geworden ist. Er ist eindeutig ein Mamisöhnchen, der stets auf Elżbietas Armen hockt, auf sie hört und mit ihr «spricht». Er ist ohne Zweifel, wie vorher Duet, zu ihrem besten Lebensgefährten geworden; wir schleppen ihn überallhin mit. Er kennt keine Scheu; diese Eigenschaft beeindruckt mich ungemein. Angst vor Autos, Krach, Maschinen, Fahrstühlen, Flugzeugen und Feuerwerken ist ihm fremd. Zumal wenn ich mit ihm bin, behauptet Elżbieta. Ich begreife irgendwie immer noch nicht, weshalb. Was mir nicht passt und mich ärgert, sind seine andauernden Versuche, zu uns ins Bett zu kommen. Er vergisst, meine ich, dass er nur ein Hund ist.

Die Spaziergänge dehnen wir mit der Zeit immer weiter aus. Allmählich wird uns die ganze Umgebung um den Üetliberg und Albispass vertraut. Napoleon ist mittlerweile zum echten Autofan geworden; das Fahren geniesst er regelrecht. Nicht wunderlich: Sobald er «Fahren wir» hört, erfasst ihn die wildeste Freude, die nur schwer zu bändigen ist. Und im Auto ist er dann unermüdlich wach; seinem scharfen Blick entgeht draussen nicht die kleinste Bewegung. Aber er hat ein Problem, merke ich bald. Beim Hinausschauen vom Rücksitz muss er sich mit seinen Vorderpfoten auf die Türwand stützen. Bei jeder Kurvenfahrt rutschen die Pfoten ab; just verliert er sein Gleichgewicht, er gibt jedoch nicht auf. Sekunden später «steht» er wiederum am Fenster. Die Übung ist für ihn nicht nur sehr kräftezehrend, sie kann unter Umständen auch riskant werden. Bei unerwartetem Bremsen droht ihm die Schleudergefahr, so ähnlich wie einem Auto auf der nassen Fahrbahn.

Ich beschliesse, den etwaigen bösen Folgen für Napoleons Vorliebe zum Aus-dem-Fenster-Schauen zuvorzukommen und baue für ihn einen Extraplatz – von Elżbieta umgehend als «Thron» betitelt –, welcher hinter dem Fahrersitz fest installiert wird. Die Konstruktion ist einfach: Einen grossen, im EPA-Kaufhaus erworbenen Plastikkorb fülle ich zur Hälfte mit schwerem Kies als Stabilisierungsballast auf. Napoleons weiche Decke und Stoffkorb kommen darüber. Reisefertig! Und damit er beim Bremsen nicht nach vorn oder seitwärts hingeworfen wird, verbaue ich die Konstruktion mit transparenten, abnehmbaren Plexiglaswänden. Der bis Fensterhöheniveau reichende «Thron» ist bruchfest angegurtet; der Hund kann sich darin frei bewegen und sicher fahren. Erst in der Praxis zeigt sich der Nachteil der Anlage. Beim Ein- und Aussteigen muss Napoleon jeweils aus dem Korb geholt werden. Da mein enger BMW-Dreier nur zweitürig ist, verlangt das Vorgehen viel Geschick, um seine Hoden beim Heben im knappen Raum nicht zu drücken. Auf zugefügten Schmerz reagiert er unverzüglich aggressiv. Eines Tages schnappten seine Zähne direkt vor meinem Gesicht zu, als mir dieses Malheur passierte. Instinktiv rückte ich den Kopf nach hinten, meine Nase blieb mir erhalten.

In diesem Augenblick wusste ich schon, dass die Bisskraft eines kleinen Dackels der einer Dogge gleichkommt.

DER VERFLIXTE «THRON»

Napoleon reist nun stets in seinem ausgefallenen «Thron». Mit ihm ist auch eine lustige Erinnerung verbunden. Im Sommer 1991 besuchte uns Elżbietas Kollegin, die Schauspielerin sowie Mitglied der etablierten Comédie-Française, Wanda Majer aus Warschau. Weil wir dem Gast die Landschaftsreize von unserem Gefilde zeigen wollten, fuhren wir eines Tages vom schweizerischen Städchen Kaiserstuhl über den Rhein auf die deutsche Seite. Dann ging die Fahrt entlang des Flusses über Waldshut Richtung Basel. Im Grenzort Rheinfelden kamen wir wieder in die Schweiz zurück. Routinemässig desinteressiert fragte der Zöllner, ob wir etwas zu verzollen hätten. Als ich verneinte, winkte er, ohne die Papiere zu verlangen, mit der Hand ab, wir sollten weiterziehen. Sichtlich beeindruckt von solch symbolischer Grenzkontrolle rief Wanda dies begeistert und laut Elżbieta zu. Auf Polnisch. Der Zöllner vernahm die Sprache.

«Halt!», schrie er mich hysterisch an. «Ihre Pässe, bitte! Aber subito!»

Die Frauen zückten ihre polnischen Dokumente.

«Aha, Polen! Na gut, haben Sie Schnaps dabei?»

«Wir haben gar nichts dabei. Geschweige denn Schnaps. Wir machen bloss einen Ausflug», entgegnete ich.

Meine Aussage mochte ihn kaum überzeugen, weil auch ich verdächtig war. Freilich hatte ich einen Pass mit Schweizer Kreuz; er war jedoch nicht rot, sondern tiefblau mit zwei schwarzen Querbalken in der linken oberen Ecke: ein Flüchtlingspass. Ein schlechter Vorbote ebenfalls für mich.

«Alles klar», stellte der Beamte höchst zufrieden fest. «Alle rasch aussteigen! Und die Frauen her mit ihren Damentaschen!»

Der Inhalt der kleinen Damenhandtaschen landete ruck, zuck auf dem Kontrolltisch. Fehlanzeige, kein Schnaps! Bald schoss die Autohaube hoch: auch im Motorraum – nichts! Eine Minute später – der Kofferraum und das Handschuhfach weit aufgesperrt. Auch hier nicht die geringste Spur vom mutmasslichen polnischen Schnaps!

«Und was ist das?», fragte der Zöllner merklich enttäuscht, mit Hinweis auf Napoleons «Thron».

«Das? Das sehen Sie doch selbst, ein Hundesitz.»

«Na, so was! Und warum ist er so gross? Was haben Sie darin versteckt? Also raus mit dem Hund.»

Während der Kontrolle bleckte Napoleon mehrmals die Zähne, seine Augen wurden rasch grün, ein sicheres Indiz steigender Wut. Wie jedem treuen Hund gefiel es auch ihm gar nicht, dass sich ein Fremder in seinem Revier breitmachte. Dabei sollte sich der Zöllner nicht leichtsinnig von seiner geringen Körpergrösse täuschen lassen; des Dackels Ehrgeiz und die Schärfe seines Gebisses sind legendär. Schweigend schaute ich dem absurden Treiben des Mannes zu und hielt gleichzeitig Napoleons Maul fest in meinen Händen, damit er ihn nicht blitzschnell biss. Dann holte ich ihn vorsichtig aus dem «Thron» heraus. Nun standen wir alle draussen neben dem Auto und rätselten darüber nach: Was würde dem Amtskappel jetzt noch einfallen, um uns doch noch für etwas zu bestrafen? Aber wofür?

Der gallenbitter voreingenommene Mann gab immer noch nicht auf; hastig entfernte er die «Thron»-Decke, schmiss fahrlässig den Stoffkorb auf den verdreckten Asphalt, wühlte schwitzend und schnaufend mit den blossen Händen fieberhaft den grobkörnigen Kies durch. Abermals nichts!

Die Kontrolle nahm fast eine Stunde in Anspruch, die Enttäuschung Wanda Majers über die Schweizer Beamten-Höflichkeit war mehr als gross ... Und der nicht minder enttäuschte Zöllner liess uns höchst widerwillig in die Schweiz zurückfahren.

TEURE VETERINÄRE

«Ein seltsamer Juckreiz setzt Napoleon seit einer Woche stark zu», sagt eines Tages die kummervolle Elżbieta. Sie hebt seine Vorderpfoten hoch. Die Haut an beiden Achselhöhlen ist blutrot. Ist das eine Entzündung oder eine Allergie? Elżbieta weiss keine Antwort. Man sieht aber, dass er leidet, er kratzt die erkrankten Stellen wund. Vielleicht ist dieser Ausschlag ansteckend für Menschen? Das hat noch gefehlt! Eine bekannte Zürcher Polin behauptet am Telefon: Vom Hund lassen sich fast alle Krankheiten der Welt übertragen. Etwa Gesichtspickel, Viren, Pocken. Das sei ja bloss ein Tier, das überallhin seine Nase steckt, und Gott allein wisse, was es dabei noch alles fresse. Dann schleppt er diesen Dreck in die menschliche Behausung mit. Brr! Bei dem Gedanken wird mir ganz eklig. Aber, Hand aufs Herz: Wenn dem so ist, warum hat Elżbieta niemals Gesichtspickel gehabt, einen Hautausschlag bekommen oder ist von irgendeiner Infektion befallen worden? Sie bemuttert Napoleon wie ihr leibliches Baby – er wird liebevoll geküsst, gestreichelt. Wahnsinnig, finde ich. Dennoch wurde sie von nichts dergleichen heimgesucht. Die sture Bekannte hingegen, die niemals einen Hund hatte, kann seit Jahren ihre Hautkrankheiten nicht loswerden: überall hat sie Pickel. Sogar auf dem Gesäss, tat sie selber kund. Was ist hier wahr?

Da ich nie zuvor mit Tierärzten zu tun hatte, suche ich im Telefonbuch nach einem Veterinär aus der Umgebung. Einen finde ich im benachbarten Adliswil. Er verschreibt Napoleon eine Salbe. Der Salbenpreis und die Untersuchungskosten versetzen mich in helles Staunen: 350 Franken! Ich glaube zunächst, mich verhört zu haben. Spinnt er? Nein. Das sind hierzulande «normale» Preise. Eine Woche lang behandelt Elżbieta Napoleon mit dieser Salbe, aber die Besserung ist gleich null. Noch fataler! Jetzt hat sich die Hautrötung zwischen den Zehen der Vorderpfoten eingenistet. Kleine, wahrscheinlich sehr schmerzhafte Geschwüre und Wunden behindern Napoleon beim Laufen. Wir müssen wieder zum Tierarzt. Nach kurzem Augenschein verschreibt er eine andere Salbe. Die sollte jetzt aber sicher helfen, so der Spezialist, und kassiert erneut über 300 Franken. Nach einigen Tagen wird es deutlich: Auch diese Creme ist völlig wirkunslos. Von jemandem bekommen wir die Adresse einer Kleintierklinik in Globhausen, das nördlich von Zürich liegt. Dort seien angeblich richtige Profis am Werk, wird behauptet. Das bedeutet für mich: Autofahrereien quer durch die ganze Stadt, Zeit in den ewigen Staus verlieren, masslos Benzin verbrennen, wieder neue Rechnungen begleichen. Verdammt noch mal! Und dies alles wegen des kleinen Köters, der keinen Nutzen bringt. Obwohl ... obwohl ich mir nicht sicher bin, wie es der Frau in den ersten Monaten in der Schweiz ohne Napoleon ergangen wäre. Etliche Male rief sie mich am Arbeitsplatz an, ich solle sofort nach Hause kommen. Dort fand ich zu meinem Entsetzen jemanden vor, dessen Psyche am Boden war: Ungewaschen, blass, ungekämmt, verweint und mit gestörtem Blick sass sie da und reagierte auf keine Reize von aussen. Die Isolation, in die sie geraten war, entfaltete ihre bedrohliche Wirkung. Drüben in Polen war sie als Berufsschauspielerin Elżbieta Nowosad bekannt, umgeben von guten Freunden und Fans. Sie war beliebt und geschätzt. Nun freut sie nichts mehr, selbst die neuen Möbel oder das Geschirr nicht.

Eine Kollegin von mir, Agatha Gambi, prophezeite mal ungeniert ein böses Ende für uns, sollte ich Elżbieta nicht gestatten, sich im Sinne der Frauenbefreiung zu verwirklichen. Ihr simples Rezept: Sie muss arbeiten gehen. Erst dort könne sie sich als Persönlichkeit bestätigen und sich frei entfalten. Arbeiten gehen als was? Als Schauspielerin? Dann vielleicht im Zürcher Schauspielhaus? Das haben wir auch versucht. Dort wurde sie bloss bockig angeguckt und fortgeschickt. Wer braucht schon eine 50-Jährige und dazu noch ohne deutsche Sprachkenntnisse? In Polen spielte sie einmal eine grosse Rolle auf Italienisch, ohne diese Sprache zu kennen, aber in Zürich – keine Chance! Was sonst sollte sie arbeiten? Als Putzfrau oder Tellerwäscherin, meinte Agatha leichtfertig, erst das Geldverdienen würde sie heilen und befreien. Befreien? Na gut, aber wovon? Vielleicht von mir?, grübelte ich nach. Und wie viel Geld verdient eine Reinigungskraft oder Tellerwäscherin schon bei dieser «Selbstverwirklichung»? Almosen, die uns Ehepartnern vom Finanzamt steuerlich rasch weggenommen worden wären. So bleibt für die gerädeter Elżbieta nur Napoleon übrig als einzige «Ansprechperson» während meiner langen Abwesenheiten. Also muss ich ihn dulden. Auf jeden Fall.

Die Tierärzte in Globhausen zeigen sich optimistisch. Nach der üblichen Blut- und Urin-Analyse erhält Napoleon diesmal neben einer neuen Salbe noch ungezählte Tabletten. Zwei Wochen lang soll er damit behandelt werden. Dann steht ihm eine zweite Untersuchung bevor. Da sich aber auch nach 14 Tagen an Napoleons Haut kaum etwas gebessert hat, fahren wir wieder mit gemischten Gefühlen nach Globhausen. Zum ersten Mal hören wir von einem Arzt die Vermutung, ob die Ursache der hartnäckigen Erkrankung vielleicht in einer desolaten Zucht liege. Wenn sich die These bewahrheiten sollte, so wäre das eine chronische Krankheit, die viel Zeit, Geduld und Mittel in Anspruch nimmt. Als nach dem vierten Besuch über eineinhalbtausend Franken zu bezahlen sind, verzichten wir auf weitere Fahrten zu dieser Tierklinik. Napoleons Leck- und Kratzversuche konnte Elżbieta zwischenzeitlich halbwegs auf eigene Faust etwas lindern: Sie kaufte in der Apotheke Merfenpuder und betupfte damit seine erkrankten Hautpartien. Die Suche nach einem anderen Veterinär wurde jedoch nicht aufgegeben, weil Napoleon schon ein neues Unheil heimgesucht hat: seine Ohrenränder bluten. Nachdem das Blut getrocknet ist, bilden sich dort kleine, harte Kügelchen, die beim Berühren oder Schütteln abfallen. An dieser Stelle entstehen zerfranste, blutende Zacken. Danach beginnt das unheilvolle Prozedere von vorn. Abgesehen davon ist er in einer guten Verfassung, unheimlich flink, lebhaft und kräftig. Immer wieder fordert er mich zum Spielen heraus, aber damit klappt's nicht, weil ich dazu noch nicht reif bin. So verzieht er sich unter das Sofa und beobachtet mich stundenlang mit traurigem Gesichtsausdruck. Ich denke, er fürchtet sich vor mir. Sobald ich eine unerwartete Armbewegung mache, drückt er sich mit dem ganzen Körper flach an den Boden und kriecht schnellstens davon. Neulich zog er das Halsband über den Kopf und preschte bellend quer über die Strasse zu einem grossen Hund. Ich rannte ihm nach, versuchte ihn zu fassen, ohne das herannahende Tram zu bemerken. Nur die Vollbremsung des Tramführers hat womöglich mein Leben gerettet. Als ich den Köter endlich schnappen konnte, verbläute ich ihn mit seiner eigenen Hundeleine.

Beim Gassigehen mit Napoleon wird Elżbieta von einer Nachbarin angesprochen. Sie bewunderte seine Schönheit, erzählt sie nicht ohne Stolz. Die Frau sei aber auf Napoleons zackige Ohren aufmerksam geworden und hat ihr einen Tierarzt in Bibisdorf empfohlen. Er sei mit Abstand der beste in der Gegend, meinte sie. Natürlich fahren wir, zögern, nach Bibisdorf. Die Klinik ist riesig; an den Wänden des monumentalen Wartezimmers hängen beeindruckende Diplome und Auszeichnungen, die von grossen Verdiensten des Klinikchefs für die Tiermedizin berichten. Er begrüsst uns persönlich, ist sympathisch und pathetisch höflich, sein fades Gesicht erstrahlt regelrecht, als er erfährt, dass meine Frau gebürtige Polin ist. Er ist, betont er hastig und schwitzend, ein grosser Polenfreund.

«Aber wir kommen zu Ihnen wegen unseres Hundes. Er hat besorgniserregende Hautprobleme.»

«Was Sie nicht sagen! Eine Sekunde bitte, ich entnehme ihm eine Hautprobe, und dann werden wir genau wissen, wo nun bei Ihrem lieben Hund der Hund begraben liegt.»

Mit der Pinzette zieht der hochdekorierte Arzt mitten auf Napoleons Stirne die Haut ab ... und schneidet ein Stück mit der Schere weg. Vor Schmerz und Überraschung heult Napoleon lautstark, ein Blutstrahl schiesst aus der Wunde fast zur Decke.

«Herr Doktor, ein Telefonanruf für Sie», ruft einer seiner Mitarbeiter.

Die Pinzette mit der blutenden Hautprobe legt er auf die Lavabokante und verschwindet hinter der Tür. Zehn Minuten später ist er wieder da.

«Das ist unser Doktor Stockhauser», stellt er uns einen jungen Mann vor, «er wird Ihren Hund betreuen. Die Hautprobe haben wir schon entnommen.

Wo ist denn die Pinzette?» Diese lässt sich nicht mehr finden. Alle Angestellte suchen vergebens nach dem Instrument.

«Na ja, dann müssen wir wohl eine neue Probe haben. Bringt mir doch rasch eine andere Pinzette her!»

Elżbieta steht auf. Ihr Gesicht ist vor Zorn errötet. Sie nimmt den Arzt beim Ärmel und führt ihn zum Lavabo. Dort liegt, nur einige Millimeter vor dem Abflussloch, die Pinzette mit dem Hautausschnitt.

Die Schramme an Napoleons Stirne bleibt für immer sichtbar.

Doktor Stockhauser entdeckt bald an der zweiten Zehe der rechten Vorderpfote ein dunkles, erbsengrosses Geschwür.

«Das ist nicht gut», meint er, «es muss unverzüglich beseitigt werden.»

Zum ersten Mal wird Napoleon eingeschläfert. Während der Tierarzt die Vorbereitungen zur Operation trifft, schläft Napoleon auf dem metallenen Behandlungstisch ein. Die süssen kleine Pfötchen sind zusammengelegt, als würde er beten. Die Augen zu, die Zunge aus dem Maul herausgerutscht. Erst jetzt wird mir bewusst, wie klein und wehrlos er ist. Wie wunderschön ist sein ausgestreckter Körper, wie vollkommen schuf ihn die Mutter Natur! Wieso habe ich seine zierliche Exzellenz nicht schon früher wahrgenommen? Und er ist wirklich verblüffend intelligent. Wie oft blickte er in meine Augen und ich kapierte nicht, was er damit meinte. Jawohl, meinte! Darf ein Hund eigentlich etwas meinen? Nun merke ich's: Er darf. Er kann es. Und noch mehr – er tut es! So selbstverständlich wie ich. Gott, wo war nur mein Verstand? Wo?

Als wir eine Stunde später nach Hause fahren, mache ich mir grösste Sorgen um Napoleons Gesundheit. Vielleicht versuche ich auch unbewusst, das ihm zugefügte Unrecht reinzuwaschen? Mag sein! Das Phänomen einer Tierfreundschaft hat mich bislang nie beschäftigt. Die Trennlinie war unmissverständlich klar: Ein Mensch ist ein Mensch und ein Tier bleibt nur ein Tier. Punkt! Was mehr sollte daran noch sein? Eine Art Mitgefühl oder andersherum – Liebe? Blödsinn! Elżbieta jedoch liebt und behandelt Napoleon wie ein ebenbürtiges Familienmitglied. Er ist ihr Augenstern. Weshalb denn? Oder ist das etwas Paranormales, etwas aus einer höheren Sphäre, die fernab meiner Wahrnehmung liegt? Eine Weisheit, die nicht jeder zu ergründen vermag? So scheint es zu sein. Und ich gehöre ebenfalls zu jenen gefühllosen, geistigen Krüppeln. Pech für den glücklosen Napoleon!

Die Operation der zweiten Zehe hinterlässt ebenfalls eine bleibende Vertiefung, die wie ein Knick aussieht. Napoleons Hautprobleme werden vom neuen Doktor mittels massiven Medikamenteneinsatzes zum Teil gelindert. Die Behandlung hat bislang schon Tausende von Franken verschlungen.

Dieser neue Doktor, der sich Napoleons so rührend angenommen hat, hat uns nach so vielen Enttäuschungen mit anderen Veterinären sehr beeindruckt. Zugleich sind wir ihm unendlich dankbar. Diese Dankbarkeit wollen wir irgendwie vergelten, ihm zu verstehen geben, wie sehr wir sein Engagement zu schätzen wissen. Der beste Weg hiefür – aus unserer Sicht – ist, ihn zum Essen einzuladen: bei uns zu Hause. Die Einladung hat er begeistert angenommen. Am Besuchstag hat Elżbieta sich viel Mühe gegeben, um polnische Spezialitäten vorzubereiten: stundenlang hat sie gekocht und gebraten. Auf den elegant gedeckten Tisch kommt unser bestes Geschirr – Teller, Besteck, Gläser und Blumen. Ich habe ihr geholfen, wie ich nur konnte; der Gast ist ja uns nicht weniger wichtig als der Napoleon selbst. Welch ein Glück, dass wir ihn getroffen haben. Hoffentlich bleibt er zufrieden.

Und nun ist es so weit, es läutet an der Tür. Napoleon rennt hin, es ist ja seine Vorliebe, die Gäste mit lautem, freudigem Bellen als Erster zu empfangen. Als die Tür aufgeht, sind wir ein wenig erstaunt: Doktor Stockhauser ist nicht allein; er wird von einem bezaubernden Mädchen begleitet. Der Mann stellt uns die junge Frau vor: Helen heisst sie. Und er fügt hinzu:

«Sie ist polnischer Herkunft, aber Polnisch sprechen tut sie nicht gut.»

«Kein Problem», sagt Elżbieta gefasst, «Wir werden uns mit Pani Helena schon ganz prima verständigen können. Aber treten Sie doch ein.»

«Was bedeutet ‹Pani›?», interessiert sich Stockhauser.

«Es heisst ‹Frau›. Pani plus der Vorname bilden eine landläufige Höflichkeitsform. Gewiss, man kann jemanden auch per Namen plus Pani – Frau – oder Pan – Herr – ansprechen. Diese Form ist jedoch eher offiziell als privat.»

Elżbieta hat eine Krux. Die Gerichte, die sie mit grossem Aufwand zubereitet hat, waren für drei und nicht für vier Personen vorgesehen. Und während die Gäste noch mit der Besichtigung der Wohnung beschäftigt sind – wozu wir sie selber aufgemuntert haben –, gestalten wir die Tafelkomposition komplett um. Stockhauser ist im Unterschied zu unseren früheren Gästen ungewöhnlich locker oder gar ungehemmt. Nur beiläufig erkundigt er sich nach Napoleons Wohlbefinden, und nach einigen allgemeinen Bemerkungen über unsere «toll eingerichtete Wohnung» begiebt er sich in die Küche, wo Elżbieta noch den Mohnstrudel aus dem Ofen holt. Ich werfe einen Blick auf Helen. Sie ist definitiv eine hinreissende Schönheit, stelle ich fest. Stockhauser hat einen erlesenen Geschmack. Dass aber solche Frau an einem Kerl Gefallen findet, an dem nichts dran ist, wundert mich ein wenig; in jeder Hinsicht ist er kein Adonis, vielmehr durchschnittlich und verfügt über keine spezielle Maskulinität in Bezug auf seine Grösse, seinen Körperbau und sein Gesicht.

«Was machen Sie denn so beruflich?», frage ich sie.

Sie zieht den engen Rock etwas nach oben, legt ein Bein auf das andere. Dadurch werden ihre prallen, verführerischen Hüften entblösst. Zufall? Sie tut das so überzeugend selbstverständlich, als wüsste sie ganz genau, wie sehr ich ausgerechnet auf diese Körperteile einer Frau fokussiert bin.

«Ich sturdiere Psychologie an der Uni Zürich.»

«Ach was! Höchst imponierend!»

«Nein, ich finde den Stoff ziemlich doof», entgegnet sie gelangweilt.

Aus der Küche kehrt Stockhauser zurück. Wir versuchen, miteinader zu plaudern. Es ist aber so, als hätten wir alle den Sand in den Zahnrädern, einen gemeinsamen Gesprächsstoff zu finden. Inzwischen fällt mir auf, wie Helen, die mir gegenüber auf dem Sofa sitzt, ihre Beine gespreizt hat; so weit, dass ich das rote Unterhöschen sehen kann ... Macht sie dies absichtlich oder weil ihr nie die grundlegenden Manieren von den Eltern beigebracht wurden?, frage ich mich etwas verunsichert. Wir schreiben das Jahr 1994; die meisten Frauen sind der feministischen Renitenz noch nicht schrankenlos verfallen. Aber auch Stockhauser – der «Besitzer» dieser Beine – verhält sich so, als sähe er nichts. Seltsam! Als sich Elżbieta uns anschliesst, führen wir mit dem Paar nach wie vor nur oberflächliche Gespräche, weil keines der angesprochenen Themen es zu interessieren scheint. Was sollen wir jetzt tun?

«Das ist der Generationenunterschied zwischen uns», sagt bekümmert Elżbieta zu mir auf Polnisch. «Nun glaube ich, unsere Einladung an völlig falsche Personen ausgesprochen zu haben. Wir sind zwei Kläuse!»

Und tatsächlich: Stockhauser ist um 30 Jahre alt. Unser Altersunterschied liegt somit zwischen 20 und 22 Jahren. Wobei Helen die zwanzig gewiss noch nicht überschritten hat. Nun gut, mal schauen, was weiter passiert.

«Napoleon geht es viel, viel besser als früher», versuche ich das Thema in eine neue Bahn zu lenken, «alles Ihr Verdienst, Herr Stockhauser. Sie sind ein echter Fachmann. Alle Achtung!»

«Ach, nicht der Rede wert», erwidert er gelassen, «das Wichtigste ist, dass wir uns jetzt getroffen haben. Dafür bedanke ich mich.»

«Hey, und wo ist unser Napoleon?», fragt Elżbieta. «Sonst ist er immer anwesend, besonders wenn Gäste kommen. Wo ist er? Napoleon!»

Weil Napoleon sonderbarerweise auf unsere Rufe nicht reagiert, suchen wir ihn in allen Zimmern. Endlich entdecke ich ihn unter meinem Arbeitstisch, wohin er sich verkrochen hat.

«Napoleon, mein Liebster, kommt doch zu mir. Was ist mir dir los?»

Schüchtern wedelt er mit dem Schwanz, und doch rührt er sich nicht vom Fleck. Seine Augen zeugen von panischer Angst; als ich ihn zart streichle, fühle ich, wie er zittert. Jetzt weiss ich, was die Ursache ist: Stockhauser. Der hat ihm ja so oft wehgetan! Um Napoleon psychischen Stress zu ersparen, will ich ihn nicht gegen seinen Willen in die Stube holen und lasse ihn unter dem Tisch in Ruhe.

«Ist mit Napi alles in Ordnung?», interessiert sich Stockhauser.

«Doch, doch. Er ist nur schläfrig geworden und döst dort genüsslich vor sich hin. Es geht ihm gut», schwindle ich.

Das Gespräch mit den Gästen gerät wieder ins Stocken. Elżbieta bemüht sich redlich zumindest Helen aus der Reserve zu locken:

«Ihre Vorfahren waren also Polen. Wann kamen sie in die Schweiz?»

«Vor 20 Jahren.»

«Erst vor 20 Jahren? Ich hatte gedacht vor Jahrhunderten. Sie haben polnische Eltern und wurden auch in Polen geboren?»

«Nein, in der Schweiz. Ich bin eine Zürcherin.»

Die Antwort schockiert Elżbieta. Für sie, nationalbewusste stolze Polin, ist es unbegreiflich: Wie kann das möglich sein, dass das Mädchen kein Wort in seiner Muttersprache spricht? Wie wenn sie intuitiv Elżbietas Missfallen gespürt hätte, kommt Helen ihr zuvor:

«Auf Polnisch kann ich doch etwas sagen, zum Beispiel ‹dzień dobry›.»*

«Wir beginnen gleich mit dem Essen», sagt Elżbieta schon ungeduldig zu mir, «es hat keinen Sinn, Zeit zu vertrödeln, die Leute kommen aus einem ganz anderen geistigen ‹Viertel› als wir. Und sie wissen anscheinend selber nicht, was sie wollen oder mit welcher Erwartung sie uns überhaupt besuchen. Nach dem Essen können sie auch schneller weggehen.»

Weil Elżbieta, wie dies bei den slawischen Frauen meist üblich ist, hervorragend kochen kann und darum auch verschiedene polnische Gaumenspezialitäten ebenso gekonnt zubereitet hat, verzehren die Gäste nahezu wollüstig einen Gang nach dem anderen. Helen kann gar nicht glauben, dass Elżbieta alles ganz allein gemacht hat:

«Wenn etwas schmackhaft ist, esse ich es gerne. In der Küche herumzustehen, wäre für mich nur Klimbim, mit dem ich nichts zu tun haben will. Ich kann also absichtlich nicht kochen. Das sollen jetzt diejenigen tun, die uns jahrhundertelang an die Küche gekettet haben.»

«Wen meinen Sie?», fragt Elżbieta verdutzt.

«Die Männer...»

«Da gelangen wir gleich zum Thema», unterbricht Stockhauser grobklotzig seine Liebhaberin, «das wir miteinander besprechen wollten. Mir gefällt Ihre Frau, Herr Winnik, und zwar sehr.»

«Das ehrt mich, Herr Stockhauser. Ihre Freundin finde ich ebenfalls unglaublich attraktiv. Ich kann Ihnen zu Helen nur aufrichtig gratulieren.»

«Eben! Es trifft sich also wunderbar gut: Ihnen gefällt Helen, und mir gefällt Ihre Frau. Dann machen wir einen kleinen Tausch – Sie geben mir für diese Nacht Ihre Frau, im Gegenzug bekommen Sie meine Helen.»

Jetzt erinnere ich mich wieder an unsere Besuche mit Napoleon in seiner Tierklinik. Beim Gespräch legte er jedes Mal scheinbar zufällig seine Hand

Erläuterungen auf Seite 315

auf Elżbietas Schulter oder berührte hie und da ihre Hand. Als ich ihr einst meine Beobachtungen mitteilte, lachte sie mich aus mit den Worten: «Er könnte mein Sohn sein». Nun sehe ich eindeutig klar, dass ich nicht falschlag. Elżbieta hat die Äusserung unseres Gastes nicht genau verstanden. Nachdem ich sie ihr übersetzt habe, errötet sie überrascht wie ein kleines Mädel. Verwirrt sagt sie:

«Das ... das ist ja ungeheuerlich, was er sagt ... Er ist verrückt ... Spinnt er oder hast du ihn missverstanden?»

Ich bitte Stockhauser, sein Angebot zu wiederholen. Nein, ich habe ihn richtig verstanden und korrekt übersetzt. Elżbieta, total verwirrt, versteht mit ihren «polnischen» Sittenvorstellungen die Welt nicht mehr:

«Sag ... sag ihm doch unmissverständlich, wenn ich Kinder gehabt hätte, wären sie heute in seinem Alter. Und ... und ich weiss nicht ... So was muss man sich erst überlegen ... Oder eben zu solchen gehören, die hemmungslos jegliche Skruppel und Intimität über Bord geworfen haben. Furchtbar, wie tief dieser junge Mann gefallen ist! Notabene: Ist seine Helen damit einverstanden?»

Ich übersetze ihre Frage. Und wie zu erwarten: Auch Helen bestätigt ihren Wunsch, mit mir ins Bett zu gehen. Ihre Worte tönen beinahe phlegmatisch, als ginge es hier lediglich um ein Stelldichein bei einem harmlosen Kaffee. Erst jetzt kann ich ihre «Vorführung» mit gespreizten Beinen einordnen: Die beiden kamen mit einem fertigen Partnertausch-Plan zu uns.

«Klar, wenn ein Mensch von was auch immer überrascht wird», ergänzt Stockhauser unverfroren, «braucht er Zeit, um darüber nachzudenken. Heute haben wir genug Zeit und können warten. Zumal ich im Alter von Elżbieta nicht das geringste Hindernis sehe für einen heissen Beischlaf.»

Auch ich bin zum ersten Mal in meinem Leben in eine solche Situation geraten, und noch im eigenen Zuhause. Wie soll ich mich jetzt, als Mann und Ehemann, verhalten? Das Einfachste – und todsicher das Richtigste! – wäre, dem Typen gleich in die Fresse zu schlagen und ihn mit seinem geistesgestörten Flittchen mit einem Fusstritt aus der Wohnung zu befördern. Elżbieta spürt meinen emotionalen Zustand: Ein kleiner Funke genügt und ich explodiere. Sie schaltet den Fernseher ein, ruft mich konspirativ in die Küche:

«Der Flegel hat versucht, mich anzumachen, kaum dass sie zur Tür hereingekommen waren. Kannst du dir eine derartige Unverschämtheit auch nur vorstellen? Und doch, dürfen wir uns jetzt nicht aggressiv verhalten, sonst bestätigen wir damit nur ihre Vorurteile, wie sehr rückständig wir seien. Bleiben wir cool und benutzen ihre Ungehobeltheit gegen sie selbst.»

«Wie meinst du das?»

«Wir vertreiben sie durch Langeweile.»

«Wie denn?»

«Wir zeigen ihnen ganz stoisch Videos mit klassischen Werken: Musik, Konzerte oder Filme. Das ertragen sie nicht lange. Garantiert!»

Auf den Bistrotisch kommen Kaffee und trockene Leckerbissen. In der Zwischenzeit stecke ich die Kassette mit dem aufgezeichneten Rieu-Konzert in den Videorekorder. Gleich befallen die Gesicher der Gäste saure Grimassen.

«Das ist doch so spiessig!», stöhnt Helen. «Wie lange dauert es?»

«Fast zwei Stunden», beruhige ich sie höflich, «aber wenn Sie möchten, stellen wir etwas Kürzeres ein. So etwa das monumentale Mozart-Konzert der Wiener Philharmoniker. Genial gespielt! Möchten Sie das?»

«Oh, bitte, bloss das nicht! Bleiben wir lieber bei diesem ... diesem ... Wie heisst er denn?»

«André Rieu.»

«Eben.»

Über zwei Stunden vergehen. Die Haselnüsse, Oliven, Pomodori Secchi, Knusperstäbchen und andere Leckereien hat Elżbieta inzwischen zwei Mal auf dem Bistrotisch nachfüllen müssen, weil auf den Appetit der Gäste könnten sogar die Bergarbeiter unter Tage neidisch werden. Trotzdem verliert Stockhauser langsam die Geduld. Er reckt sich und gähnt, dreht sich auf dem Sofa hin und her, tauscht verärgerte Blicke mit Helen. Er fragt mich:

«Haben Sie es sich schon überlegt?»

«Was denn?»

«Unser Angebot.»

«Ihr Angebot? Ach ja, natürlich! Sie wollen sich bestimmt Peter Alexander ansehen? Warten Sie einen Augenblick.»

Eiligst schiebe ich eine neue Kassette ins Videogerät; just ist der beliebte Österreicher auf dem Bildschirm. Elżbieta begibt sich in die Küche. Wir hören ihre Stimme:

«Weil ich hier noch eine leckere Torte habe, mache ich für unsere lieben Gäste noch mal einen Kaffee.»

«Ich will aber keinen Kaffee mehr», widerspricht Helen spürbar genervt. «Ich verstehe nicht, was hier gespielt wird.»

«Wir spielen überhaupt nichts, Fräulein», antworte ich, «sondern sind bemüht, Sie zu unterhalten. Sie stammen quasi aus Polen. Und dort gibt es ein berühmtes Volksensemble namens ‹Mazowsze›.»

«Nie gehört! Und das ist mir auch gleichgültig!»

«Sehr schade. ‹Mazowsze› ist fantastisch, es hat quasi die ganze Welt bereist. Nur in ein Land wurde es niemals eingeladen.»

«In welches?»

«In die Schweiz.»

Gelassen schiebe ich eine «Mazowsze»-Kassette ins Videogerät ein. Der Bildschirm füllt sich mit wunderbaren Trachten und Klängen, die flammenden Tänze scheinen unsere Gäste gepackt zu haben. Bei Nahaufnahmen fällt die berauschende Attraktivität der Frauen ins Auge: eine ist schöner als die andere. Stockhauser gerät in schwärmerische Begeisterung:

«Unglaublich, was für geile Weiber das sind! Ich würde jede von ihnen auf der Stelle vernaschen», ruft er aus, «Jede! Sind sie wirklich alle Polinnen?»

«Das Ensemble ist polnisch und nicht aus Togo», sagt die von ordinärem Benehmen des Doktors restlos entsetzte Elżbieta. «Das sind unsere grossen Künstlerinnen, keine Nachtklub-Püppchen unter Preis im Stadkreis 4.»

Musik und Tänze machen auf die Gäste keinen Eindruck. Als die Frauen aus dem Bildschirm verschwinden, ist Stockhauser stocksauer:

«Was machen wir jetzt?»

«Ich lege eine andere Kassette ein. Diesmal etwas über die Ukraine», tröste ich ihn. «Wissen Sie, wo das Land liegt?»

Stockhauser erhebt sich aus dem Sofa; meinen Vorschlag lehnt er kategorisch ab. Grimmig schaut er auf die Uhr:

«Es ist 10 vor 24 Uhr. Na gut, gehen wir. Ansonsten können wir hier noch lange vergebens schmoren. Vielleicht das nächste Mal?»

«Sie sind immer herzlich eingeladen, Herr Doktor», ergreift Elżbieta das Wort. «Es war für uns höchst interessant, Sie privat kennenzulernen.»

Zwei Monate sind vergangen. Pflichtgemäss besuchen wir mit Napoleon Doktor Stockhauser zur ordentlichen Kontrolle. Während des Empfangs bemerken wir die verstohlenen Blicke seiner Kollegen. Weil das Zimmer mehrere Türen hat, passieren manche von ihnen auffallend ziellos unser Zimmer und schliessen hämisch kichernd die nächste Tür hinter sich. Bald danach kommt schon wieder jemand aus einer anderen Tür heraus... Jetzt wird uns klar, warum uns diese «Passanten» derart beklopft angaffen: Stockhauser hat über den Besuch bei uns erzählt. Was genau, wissen wir nicht, aber das Grinsen seiner Kollegen lässt vermuten, dass er uns zum Gespött gemacht hat.

Die Klinik besuchen wir niemals mehr. Aber noch drei Jahre lang ruft Stockhauser immerzu Elżbieta an, wenn ich nicht zu Hause bin. Hartnäckig schwört er ihr seine Liebe, verheisst ihr, ihr die ganze Welt zu Füssen zu legen und ihr so viel sexuelle Befriedigung zu schenken, wie dies noch kein anderer Mann je vollbracht hätte. Eines Tages rufe ich ihn an. Aus dem Hörer ertönt grelles Kindergeschrei; dann vernehme ich die Stimme einer Frau:

«Wen möchten Sie sprechen?»

«Herrn Stockhauser.»

«Moment, bitte, ich hole meinen Mann rasch.»

Als Stockhauser mich erkennt, gerät er ins Stottern:

«Worum... Worum geht es?»

«Ich hätte gerne Helen gesprochen. Sie wollte einmal Sex mit mir.»

«Davon weiss ich nichts... Ich... Ich kenne eine solche Person nicht.»

«Verstanden: Sie haben geheiratet. Dennoch versuchen Sie schon seit Jahren, meine Gattin zum Sex zu belatschern. Dabei müssen Sie nicht, sich feige hinter meinem Rücken verschanzen und sie telefonisch zu behelligen. Seien Sie endlich ein Mann mit einem Körnchen Ehre, sagen Sie mir frei von Leber weg; Hat sie zumindest jemals, ungeachtet Ihrer plebäischen Anmachereien, ihre Bereitwilligkeit angedeutet? Oder soll ich das gleich Ihrer Frau erzählen?

Stockhauser legt den Hörer abrupt auf. Endgültig!

Wir spielen immer häufiger miteinander. Am besten gefällt Napoleon das Versteckspiel. Ich renne davon, verstecke mich mal im Kleiderschrank, ein anderes Mal hocke in der Badewanne. Wenn er mich nicht finden kann, winselt er oder bellt aus Verzweiflung. Elżbieta kommt zu Hilfe: Sie öffnet bereitwillig alle Schubladen, auch Teppiche werden hochgehoben, um ihm zu zeigen, dass ich nicht darunterliege. Doch der Trick ist von kurzer Dauer. Napoleon lernt zügig; es wird immer schwieriger, ihn zu überlisten. Alsbald werde ich gezwungen, mir neue Situationen auszudenken; ihn zu überraschen, erweist sich nicht als leicht. Mitunter endet das Spiel mit einem kleinen Clinch für uns beide. Das kommt vor, wenn er vor lauter Verspieltheit zu beissen beginnt. Ich verpasse ihm einen Klaps. Gleich wird er aggressiv, greift mit gebleckten Zähnen an. Die «Mutti» rechtfertigt dieses Verhalten damit, dass er sehr spät aus dem Nest geholt wurde. Die Verzögerung von einem Monat bescherte ihm ein hartes Leben mit vorwiegend grösseren Hunden, unter denen er sich behaupten musste. Diese bittere Erfahrung habe sich in seiner Psyche tief eingegraben, meint sie. Darum: Auf zugefügten Schmerz oder abrupt aus dem Schlaf gerissen reagiert er zornig. Das ist jedoch bloss eine instinktive Abwehrreaktion und nicht, mir scheint, eine angeborne Bosheit oder Aggressivität.

Das zweite bitterböse Pech traf Napoleon gleich zum Lebensbeginn in Gestalt meiner Person. Gerade jetzt begreife ich den Urgrund seiner Angst vor mir und seine verzweifelten Versuche, meine Sympathie zu gewinnen.

«Die ersten Monate im Leben eines Dackels sind entscheidend, sowohl für die Erziehung als auch für seinen zukünftigen Charakter», steht in einem Hunde-Buch geschrieben. «Er braucht obendrein, genau wie ein Menschenkind, die Präsenz des Mannes – seine Stärke und Wärme. Aber auch Geborgenheit ist absolut lebensnotwedig.»

DIE HUNDESHOW

698K Ex Napoleon Dobromil-Xu, 469639, geboren am 6. März 1990 (Oman Vlama/Xu-Xuxie Jantros) Z. I. Trojanowska, PL-Warschau, Eig. Winnik Lubomir, Zürich. Das ist einem schön gedruckten Buch über unseren Napoleon zu entnehmen. Eigentlich ist dies nur ein recht dicker Katalog der internationalen Hundeausstellung in St. Gallen vom 25. Mai 1991. Elżbietas frühere vier braven Dackel hatten an ähnlichen internationalen Veranstaltungen in Polen hohe Prämierungen stets regelrecht abgeräumt; nun hat sie mich überredet, auch Napoleon der Welt zu zeigen. Wir melden uns an, obwohl der Sinn dieser Aktion mir überhaupt nicht klar ist. Ehrlich, beim besten Willen sehe ich darin überhaupt keinen praktischen Nutzen. Dass Napoleon reinrassig und wunderschön ist, was ändert das? Wird er danach etwa noch rassiger werden?

Obschon die Beteiligungskosten 100 Franken betrugen, herrscht in den riesigen Ausstellungsräumen ein Durcheinander. Grosses Gedränge und das unablässige Gebell Hunderter von Hunden betäubt die Ohren. Niemand vom Infodienst kann präzise erklären, wo denn unser Platz reserviert wurde. Als wir diesen nach über einer Stunde Hin-und-Her-Laufen endlich finden, fehlt es jetzt an Auskünften, wo Napoleon getränkt und vorgeführt werden soll. Meine Frau ist von der Organisation bitter enttäuscht, mit solchem Pelemele auf einer Schweizer Ausstellung hat sie nicht gerechnet. Auch Napoleon ist aufgeregt. Bei der Vorführung zeigt er gar keine Lust, mit erhobenem Kopf im Kreis zu laufen. Zudem trägt er den Schwanz zu hoch. Dies sei gegen die Regel, urteilt ein einziger Richter aus Wattwil gleichgültig. Als ich seine Worte erkläre, ist Elżbieta empört:

«Sag ihm, dass er wohl alle beneidet, die ihre Schwänze noch hoch tragen können. Und jetzt rächt er sich dafür an Napoleon!»

Ihre Vokabel übersetze ich jedoch nicht, es hat sowieso keinen Sinn, da Napoleon als kurzhaariger Zwergdackel zu einer Klasse gehört, die hier keine richtige Konkurrenz hat. Mittlerweile präsentieren sich seine Artgenossen in der Tat beneidenswert: Schnurstracks laufen sie, auf Befehl, unterwürfig. Es ist unschwer zu erkennen – ihr Wille wurde vom Halter brutal gebrochen.

Den Medaillen zuliebe?

Da wir hier ohnehin nichts mehr zu tun haben, möchten wir weg. Aber wie? Der Wächter am Ausgang unterliegt seinen Anordnungen – niemand darf vor dem Ende des Happenings hinausgelassen werden. Was für ein Glück, dass ich mein Auto nicht auf dem Ausstellungsareal abgestellt habe und wir, wie sich herausstellt, nicht die Einzigen sind, die verschwinden wollen. Jemand erzählt von einem Loch im Zaun hinter den Ausstellungshallen: Zehn Minuten später sind wir alle schon auf der Autobahn. Napoleon hat sich etwas beruhigt, und wenn wir auch noch keine Busenfreunde sind, möchte ich ihm in Zukunft ähnliche Ärgernisse ersparen. Er soll so bleiben, wie er in seiner Persönlichkeit und Art von Natur aus ist. Elżbieta teilt meine Meinung. Seine reinrassige Abstammung interessierte auf der Ausstellung ohnehin niemanden.

Während wir nach Zürich fahren, ahnen wir noch nicht, welch tragische Nachwirkungen diese vornehme Abstammung auf Napoleons zukünftiges Leben haben wird.

BRETAGNE 1

Unsere erste grosse Reise steht bevor. Es ist August, und ich wähle diesmal als Zielland nicht Italien oder Spanien, sondern Westfrankreich – die Bretagne. Nur drei Mal bin ich bis jetzt in Ferien gefahren, die von einem Reisebüro organisiert wurden. Innerhalb Europas reise ich am liebsten mit dem eigenen Auto und auf eigene Faust. Und weil wir bis zum Zeitalter der Mobiltelefone und der satellitengestützten Navigation noch einige Jahre warten müssen, heisst es jetzt, zu Beginn der Neunzigerjahre, sich reichlich mit allerlei Orientierungsplunder auszurüsten: viele Strassen- und Landkarten, Städtekarten, Campingkarten, Kompass usw.

Gewiss, eine lange Tour quer durch Europa kann unter Umständen beschwerlich werden: Man muss für sich selbst der Organisator, Versorger, Navigator, Guide und Kapitän sein. Und noch eine Qualität setzt diese Reiseart voraus – Ausdauer am Steuer. Da mich die Stadtfahrten eher ermüden als faszinieren, mag ich es, weite Strecken zu fahren. 1986 etwa legte ich an einem Tag die Distanz Zürich–Otranto (1.360 km) zurück, und schon im Morgengrauen des nächsten Tages verliess ich die Fähre «Roanna» in Igoumenitsa; auf griechischem Festland. Das waren noch Zeiten!

Diesmal sind die Voraussetzungen etwas anders, Napoleon fährt mit. Zwar hat er seine Vorliebe fürs Autofahren unter Beweis gestellt; wie er sich jedoch auf Strecken mit langen Distanzen verhält, wird sich noch zeigen. Unsere Route führt von Zürich über Basel, Strassburg, Metz bis nach Paris. Mein elfjähriger BMW 320 zeigt erste Ermüdungssymptome – sein sportlicher, 125

PS Motor, der das Fahrzeug früher mühelos bis auf 200 km/h katapultierte, verbraucht immer mehr Öl (Dekompression); man fährt zwar auch jetzt nicht minder schnell – die Autobahnen sind noch frei vom Schwerverkehr –, aber mit grösserem Treibstoffverbrauch. Alle 200, 300 Kilometer mache ich einen Halt: einen Imbiss nehmen, Kaffee trinken, Napoleon laufen lassen. Nein, ihm fehlt nichts. Er ist munter und steckt unaufhörlich überall seine Nase hinein. Besonders die Gerüche aus den Müllbehältern ziehen ihn an. Man muss stets auf der Hut sein, damit er nicht etwas schnappt oder schluckt. Die letzten Tage vor der Abreise sah sein Kot einige Male nicht gut aus. Als er noch in Warschau war, musste Elżbieta mit ihm eine Tierärztin aufsuchen, wegen einer mysteriösen Magenvergiftung. Die in Polen bekannte Ärztin half Napoleon aus der Patsche, meinte jedoch, dass der Vorfall für den Rest seines Lebens zu Magen-Darm-Störungen führen könne.

Wir sind am Atlantischen Ozean. Der Ort heisst Penmarch, die originelle Landschaft und die Häuser begeistern uns. Hier wollen wir bleiben. An der Hauptstrasse Rue de Jote entdecke ich «Agence Atlantique», die Agentur, die Ferienwohnungen vermittelt. Man offeriert uns ein Haus im Stadtteil St-Guénolé. Einen Blick darauf zu werfen, hat sich gelohnt. Das Haus eines Fischers ist gediegen eingerichtet und steht unweit des Ozeans – wir mieten es für drei Wochen. Auch der Preis sagt uns zu: nur 700 Schweizer Franken. Wenngleich wir nicht im Süden sind, ist das Klima hier brillant. Hie und da sieht man sogar frei wachsende Palmen und Pflanzen, die man auf dieser geografischen Breite nie vermutet hätte. Alles wegen des nahen Golfstroms. So ein Wunder! Bei jedem sonnigen Tag begeben wir uns gerne zum Ufer nördlich von Ploemeur, wo der Strand kein Ende zu haben scheint. Der Ozean, der erst in der Ferne den Himmel küsst, goldene Sandbänke und einsame Segel lassen vergessen, dass dies alles im dicht besiedelten Europa überhaupt noch gibt – stille, sublime Aquarelllandschaften, so weit das Auge reicht.

Auch Napoleon findet Gefallen an dem fantastischen Strand. Zwar aus seiner Perspektive. Überall dort, wo der Sand aufhört und das Gras beginnt, wohnen in unzähligen Erdlöchern wilde Kaninchen. So kommt Napoleons Jagdinstinkt voll zur Entfaltung. Stundenlang gräbt er im weichen Sandboden tiefe Höhlen, immer in der Hoffnung, ein Kaninchen zu fangen. Erstklassige Sisyphusarbeit! Diese haben wohl schon Schlimmeres gesehen als den winzigen Dackel. Am Abend schläft Napoleon vor Erschöpfung sofort ein. Dabei schnarcht er wie ein alter Bergarbeiter, und aus seinen Nasenlöchern flutschen lange Sandstängel. Gewisse Naturphänomene irritieren ihn nach wie vor stark. Eines Tages gingen wir bei Ebbe auf Muschelsuche. Napoleon machte tüchtig mit. Irgendwann kam das Wasser geräuschlos zurück. Auf einmal ertönte sein dramatisches Winseln. Wir schauten zurück: Zitternd stand er auf einer vom auflaufenden Wasser umschlossenen Sandbank, die immer kleiner wurde. Ich rannte ohne Überlegung über Steine und Wasser zu ihm hin ...

Wenn wir im Hause sitzen, hält sich Napoleon lieber draussen auf. Das mit einer Mauer umsäumte Grundstück des gepflegten Anwesens ist üppig mit Grün bewachsen, hier kann er sich beim Laufen und Spielen ungestört austoben. Mit Vorliebe steht er aber am Gittertor und beobachtet aufmerksam die Strasse. Jedes vorbeiratternde Auto und jeder Hund werden aus dieser sicheren Festung ausgiebig angebellt. Bei trübem Wetter kutschieren wir in der Umgebung herum. An manchen Küstenabschnitten sammeln sich täglich riesige Albatrosschwärme, die sich fast wie das Geflügel auf einem Hof verhalten. Angst vor Menschen kennen sie nicht. Der Anblick von Hunderten auf dem Gras sitzenden oder nölig umherstolzierenden schneeweissen Grossvögeln strapaziert Napoleons Geduld auf das Äusserste. Er will aber subito hinaus auf die Wiese, zu ihnen. Vor ungezügelter Erregung winselt er, tritt ungeduldig von einer Pfote auf die andere, japst und bellt. Irgendwann gibt er entmutigt auf und mustert schweigend und höchst konzentriert durch das offene Fenster die sich rings ums Auto abspielende Vogelschau. Nur die fein zitternde Schwanzspitze verrät seine mühsam unterdrückte Anspannung.

Napoleons «Wachdienste» am Tor lenken meine Aufmerksamkeit auf den Gebäudekomplex gegenüber. Ein Haus, welches parallel zur Strasse liegt, ist grün gestrichen, hat grüne Fensterrollläden und bogengekrümmte Kanten am Dachvorsprung. Einfach prachtvoll! Rechtwinklig zu ihm erhebt sich ein weiss getünchtes Haus mit weissen Lukarnen und Zinnen, obligatem Schieferdach und typischen Seitenschornsteinen. Den Block schliessen zwei weisse

Schuppen ab. Die breite Lücke zwischen ihnen bildet den Eingang von der Strasse zum Hof hinein. Vor dieser Kulisse fährt jeden Tag eine Frau auf ihrem Fahrrad vorbei. Das Besondere: Sie trägt die bretonische Tracht – ein schwarzes Kleid und eine hohe weisse Haube auf dem Kopf. Zwei lose, lange Schleifen flattern im Wind. Die Haube, genannt *bigouden*, ist wohl der unikalste Kopfschmuck Frankreichs. Der gestärkte Spitzenstoff wird zu einem engen Bogen gerollt und senkrecht auf das Haupt gesetzt. Die Länge – oder wer will – die Höhe der ungewöhnlichen «Mütze» beträgt etwa 30 bis 40 Zentimeter. Das besondere Motiv der Frau mit dem bigouden und den bretonischen Häusern fesselt mich. Drei Tage hintereinander stehe ich vor der Staffelei am Tor und male ein 80 × 55 Zentimeter grosses Gemälde. Niemand stört mich hier, keiner schaut mir über die Schulter. Allein Napoleon wohnt der Arbeit bei. Der aromatische Geruch der Ölfarben betört ihn förmlich. Mal beschnuppert er die Pinsel, mal die offenen Tuben. Ihn vertreiben möchte ich aber nicht. Seine Neugier fängt an, mir zu gefallen und mich zu amüsieren. Es geht ihm, dünkt mich, um mehr als nur die Farben. Er will völlig bedingungslos mit mir sein. Am Abend untersuchen wir ihn nach Farbflecken. Und wie üblich: Die Ohren und die Schwanzspitze «malten» auch diesmal am intensivsten mit.

Unterdessen gärt es im Osten Europas politisch gefährlich. Ich mache mir Sorgen um meine Verwandten in der Westukraine. Hier, im äussersten Westen Europas, liefern alle Medien Tag und Nacht Informationen über das auseinanderbrechende Sowjetreich. Kurz vor der Abreise aus Zürich hatte ich mal mit Jaroslaw Tkatschiwskyj telefoniert, dem Journalisten bei der galizischen unabhängigen Zeitung «Halytschyna». Das Blatt druckte über zwei Jahre meine publizistischen Artikel und Karikaturen ab.

«Wie ist die Lage bei euch?», fragte ich ihn.

«Bedrohlich», erwiderte er. «Es kann ja vorkommen, dass die Iwans, die momentan in ihrem Moskau noch putschen und ein heilloses Chaos haben, sich schnell wieder zusammentun.»

«Und was bedeutet das für euch?»

«Dass wir wieder, wie die Generationen unserer Vorfahren, nach Sibirien verschleppt werden. Aber so leicht werden wir uns diesmal nicht unterkriegen lassen. Wir werden kämpfen, wenn nötig bis zum letzten Blutstropfen.»

«Die Russen konnten ihr Reich nicht retten», meldet eines Tages das französische Radio. Am 24. August 1991 erklärte die Ukraine ihre Unabhängigkeit.

Eine Woche später male ich Wahrzeichen von Penmarch, den 1897 gebauten Leuchtturm d'Eckmühl. Nachdem das Bild fertiggestellt ist, begeben wir uns in die Stadt zum Lebensmittelmarkt. Es ist Nachmittag. Das Wetter lässt keine Wünsche offen, die Sichtverhältnisse sind prima. Ich nähere mich langsam einer Kreuzung auf der Hauptstrasse, die einen weiten, übersichtlichen Bogen bildet. In der Ferne links beobachte ich das einzige herannahende Auto. Weil das zugelassene Tempo hier nur 50 km/h beträgt, komme ich zu dem Schluss, die Kreuzung noch überqueren zu können. Ich gebe Gas, doch in der nächsten Sekunde wird mir schlagartig bewusst, eine fatale Fehleinschätzung gemacht zu haben: Das herankommende Auto prescht wie eine Rakete vor, sicherlich doppelt so schnell wie erlaubt. Mit voller Wucht trete ich auf die Bremse, schalte den Rückwärtsgang ein. Es geht aber nicht, weil ein Drängler hinten das unmöglich macht; er «klebt» an meiner Stossstange. Die Vorderräder stehen exakt auf der Stopplinie, als ich vom rasenden Audi 80 erfasst werde, obwohl der Lenker noch genügend Zeit und Raum hatte, um auszuweichen! Aber der junge Fischer am Steuer ist durch seine Partnerin, die neben ihm sitzt, offensichtlich zu intensiv abgelenkt worden – sie haben sich geküsst!

Der grauenvolle Stoss trifft die linke Ecke der vorderen Stossstange des BMW. Haarsträubend krächzend und quietschend wölbt sich vor unseren Augen die Autohaube nach oben; zischend und dampfend spritzt das Kühlwasser heraus, die Scheinwerferglassplitter und Gummidichtungen schiessen in alle Richtungen. Die rechte, massive Kabinenkonsole des Audi, die gegen mein Auto prallte, wurde eingequetscht wie eine Konservendose; die Karosserie an dieser Stelle sieht so aus, als hätte sie ein Zyklop mit einem Riesenhammer gerammt. Eine einzige Katastrophe!

Was mache ich jetzt? Elżbieta steht neben unserem demolierten Auto mit dem bebenden Napoleon in den Armen. In meinen Ohren hallt immer noch das furchtbare Dröhnen des Aufpralls. Blitzschnell male ich mir aus, was von uns geblieben wäre, wenn ich nur noch einen halben Meter weiter auf die

Hauptstrasse herausgefahren wäre – ein Trümmerhaufen. Der Bretone bestreitet zum Glück seine Schuld nicht. So brauchen wir keine Polizei zu holen. Und da sich in unmittelbarer Nachbarschaft eine Garage befindet, wird mein Wagen bald abgeschleppt, der Schaden von einem Mechaniker begutachtet. Sein Urteil ist hart: Das Auto könne vorerst nicht benutzt werden. Kühler – zerschmettert, die Haube – im Eimer, der ganze Frontteil – demoliert!

Mein Blick fällt auf Elżbieta und Napoleon: ein Bild der Verzweiflung! Beruhigend umarme und küsse ich die beiden, wohl wissend, wie extrem knapp wir dem Tod entkommen sind. Und in den Augen meiner Familie steht ein und dieselbe ängstliche Frage: «Womit sollen wir jetzt nach Hause fahren?»

«Wahrscheinlich mit dem Zug», spreche ich laut den ersten Gedanken aus, der mir in den Sinn kommt.

«Mit dem Zug? Und was passiert mit unseren Sachen sowie deinen noch halb trockenen Ölbildern?», bangt die zu Tode erschreckte Elżbieta.

«Moment mal», stottere ich, noch selber im Schockzustand, «wir haben ja den ETI-Schutzbrief. Der Touring Club der Schweiz steht uns nicht nur mit Rat, sondern auch mit Tat helfend zur Seite. Wir rufen in Genf an.»

Der freundliche Garagist verbindet mich rasch mit der TCS-Zentrale. Ich berichte über den Unfall und Kommunikationsprobleme in der Bretagne.

«Machen Sie sich darüber keine Sorgen», besänftigt mich eine unbekannte Frauenstimme aus Genf, «wir sprechen noch mit der Garage, wo Sie das Auto deponiert haben. Das Autokennzeichen und der Dachträger müssen entfernt und der abtrennbare Teil der Grünen Karte dem Garagisten abgegeben werden. Wir werden Ihr Auto abholen.»

Die Frau aus Genf bittet um einen Anruf am nächsten Tag, um uns zu informieren, wo wir den Ersatzwagen abholen sollen. Und alles klappt wie am Schnürchen: Der Pkw wurde bei AVIS in der 40 Kilometer entfernten Stadt Quimper bereits bestellt. Die Taxifahrtkosten werden vom TCS gedeckt. Weil die drei Schutzbrief-Voucher die Kosten nur für drei Tage decken, bedeutet dies das vorzeitige Ende unserer Ferien in der Bretagne. Beim Verlassen der Garage in Penmarch blicke ich nochmals auf den Tachometer meines geschundenen BMW: Die Kilometerzahl kam bei 265564 zum Stehen.

DIE TRUGBILDER

Weil in der Schweiz die Hochkonjunktur noch anhält, schufte ich Tag und Nacht. Fast 42 Kunden habe ich: PR- und Werbeagenturen, Zeitungen und Magazine, Banken, Reisebüros, Industrie und private Personen. Ich absolviere zahlreiche Dienstreisen auf Ägäische Inseln, Ägypten, Sizilien, Spanien. Manche halten mich für ungemein erfolgreich, noch schlimmer für einen Gutverdienenden. Dass dem nicht so ist, glaubt niemand. Keine Erklärung vermag die Neider zu überzeugen, mit welchen Problemen ich zu kämpfen habe. Niemand steht hinter mir: keine Gewerkschaft, kein fairer Auftragsvermittler, geschweige denn ein omnipotenter Mentor oder Arbeitgeber, der bereit wäre, mir eine feste Stelle zu geben. Der angebliche Berufserfolg, die Anerkennung oder der entscheidende Durchbruch ist in Wirklichkeit nicht derart blendend, wie dies auf den ersten Blick erscheinen mag. Ich spiele notgedrungen andauernd eine Art Feuerwehr; das bedeutet: Nur die Aufträge werden mir zugetraut, die «unsere Leute», sprich die Einheimischen (zum Thema «unsere Leute» komme ich später noch) nicht gewillt oder nicht fähig sind auszuführen. Freilich verdiene ich einige Jahre durchschnittlich gut, dafür arbeite ich aber zehn Mal mehr als «unsere Leute». Am Ende unterscheide ich kaum den Sonntag vom Montag.

Da wir praktisch nichts besitzen, verschlingen die Einkäufe von Möbeln, Geräten, Geschirr und Tausende anderer für den Haushalt nötigen Kleinigkeiten das mühsam verdiente Geld. Wenn ich das eingeschlagene Tempo einige Jahre durchhalte, könnte ich Reserven schaffen, die uns nachhaltig Sicherheit und Stabilität garantieren würden, denke ich unbeugsam optimistisch. Parallel zu den Aufträgen schreibe ich hartnäckig an alle möglichen Unternehmen Bewerbungen für einen festen Job. Als Journalist, als Illustrator, als Cartoonist, als Pressefotograf, als Kameramann oder als Designer möchte ich gerne arbeiten. Vergebens. Die Antworten – wenn sie überhaupt kommen – sind lauter ausweichende Klischees, die sich kaum voneinander unterscheiden. Immer wieder fehlt mir ein gewisses Etwas, um eine Stelle ergattern zu können. Aber was? Während der ersten Jahre in der Schweiz sprach man offen von meinen ungenügenden Deutschkenntnissen. Zu Recht. Doch zeichnen, professionell fotografieren und filmen verlernte ich aus diesem Grunde trotzdem nicht. Dennoch – keine Chance. Mit Starrsinn eines Galgenkandidaten beherrsche ich endlich Deutsch. Jetzt hiess es – höre ich wieder –, man solle sich integrieren lassen. Integrieren? Bin ich immer noch nicht integriert? Ich begehe keine Straftaten, lebe auf eigene Kosten, war nie verschuldet, habe unzählige Bilderausstellungen hinter mir, publiziere in etlichen Zeitungen meine Artikel und Cartoons, obwohl die Honorare dafür trivial lächerlich sind. Was fehlt mir noch? Aha, capito, jetzt sei ich zu alt für eine Stelle geworden. Was hat das aber mit dem Alter zu tun? Im Gegenteil, ich bin erfahren, jetzt fühle ich mich geistig und physisch auf dem Höhepunkt meiner schöpferischen Möglichkeiten. Auch nicht ausreichend, da es zu meinem Leidwesen noch einen weiteren Stolpersein gibt: «Schwyzerdütsch», ich bin der Mundart nicht mächtig! Der Umstand sei für manche störend, lautet hie und da eine beiläufige Anspielung. Offiziell und offen sagt das gewiss keiner; man praktiziert schablonenhaft höflich verpackte Ablehnung. Bei meinen Anfängen in der Schweiz riet ein Germanist: Falls ich unbedingt in meine journalistische Sparte zurückwolle, müsste ich vorerst das Schriftdeutsch gründlich erlernen. Dies sei die Voraussetzung dazu. Ich habe auf ihn gehört, klar auf Kosten des «Schwyzerdütsch». Wieder mal ein Fehler? Nun bleibt mir keine andere Wahl, als mich als Freelancer zu verdingen und jedem Monatsende mit ewiger Angst im Nacken entgegenzusehen: Reicht das hart verdiente Geld noch für die Bezahlung von Rechnungen oder nicht?

Schon seit Jahrzehnten träume ich oft von einer glücklichen Vorsehung, von einem einflussreichen, intelligenten Mächtigen oder Gönner unterstützt zu werden. Wird die lang ersehnte Chance noch kommen? Man muss nur positiv denken. Um jeden Preis. Zur vorläufig befriedigenden Auftragslage kommen noch zahlreiche Bilder- und Cartoon-Ausstellungen von mir hinzu. Bei «Racher» im Zürcher Niederdorf versorge ich mich mit den nötigen Malutensilien. Immer ist Napoleon mit dabei. Sein auffälliges künstlerisches Interesse gilt primär dem Ständer mit den Pinseln aus natürlichen Tierhaaren. Einmal schnappte er einen 40 Franken teuren Pinsel und rannte davon. Erst nach längerer Verfolgungsjagd durch den ganzen geräumigen Laden entledigte er sich höchst widerstrebend seiner Beute. An Napoleons arglosen Aktionismus wollte die misstrauische Verkäuferin nicht glauben; erst als ich die Einkaufstasche öffnete, überzeugte sie sich, dass sein Tun mit mir nicht abgesprochen war.

Ansonsten ist er schon erwachsen, von kräftiger, bulliger Statur, die vergessen lässt, wie klein er in der Tat ist. Fortwährend verblüfft er mich mit seiner Klugheit. Bisher hörte ich zahlreiche Behauptungen, der Hund verstehe nur Befehle, einzelne Worte oder Sätze. Womöglich betrifft dies die anderen Hunderassen. Ich weiss es nicht. Jedenfalls zwingt mich Napoleon immerzu, solche Denkweise samt meinem Kenntnisdefizit zu revidieren.

«Eben weil er nicht bloss ein Hund, sondern ein Dackel ist», sagt Elżbieta unbeirrt stolz. «Ohne Weiteres versteht er komplizierte Sprachnuancen. Das schafft nich mal jeder Mensch. Merkst du das nicht?»

Na ja, ich merke und merke es nicht. Er ist zweifellos sympathisch, ist aber in meinem Verständnis nach wie vor doch nur ein Hund, meine ich stillschweigend. Elżbieta liebt ihn abgöttisch. Und Liebe – nichts Neues – macht blind. Was mich an ihm ernsthaft beunruhigt, sind hartnäckig wiederkehrende Hautprobleme. Seinen Bauch und seine Brust bedeckt nur ein spröder Haarwuchs, zugleich wird die Haut immer trockener, schwärzer und runzliger. Er kratzt sich erbarmungslos. Dort entstehen blutende Wunden. Das bedeutet, dass die Bibisdorfer Ärzte ebenso wie die in Globhausen schnell am Ende ihres Lateins waren.

An der Mutschellenstrasse im Züricher Quartier Wollishofen entdecken wir eine Kleintierpraxis, in der Napoleon sein Leben lang betreut wird.

Der fast zwei Meter grosse Wundermann und Bündner in einer Person heisst Doktor Ulrich Coradi. Rasch gewinnt er unser Vertrauen.

«Wissen Sie», sagt er schmunzelnd und nicht selten laut denkend, «die Spritze, die ich nun Napoleon verpassen könnte, würde gewiss meiner Kasse zugutekommen. Aber nicht ihm.»

Napoleons schwarze Haut atmet nicht; bei steigenden Temperaturen kann er nicht schwitzen, und der Juckreiz bereitet ihm weitere Beschwerden. So bekommt er immer mehr Medikamente: gegen Juckreiz, Schilddrüsentabletten, Tabletten gegen dieses und jenes. Unterdessen bluten die Ränder seiner Ohrläppchen wieder.

«Der Ursprung der anhaltenden Erkrankung ist noch unerforscht», sagt Coradi. «Höchstwahrscheinlich trägt die polnische Züchterin, die offensichtlich den Inzest in ihrer Anstalt gewähren liess, Schuld daran», mutmasst er. «Und das würde bedeuten, dass Napoleon mit genetischen Schäden auf die Welt kam. Das wäre für ihn ein ganz, ganz grosses Problem.»

Das Problem brachte Doktor Coradi sogar vor einem internationalen Tierärzteforum zur Diskussion. Endlich, nach unzähligen Kuren und einer langen Zeit, bekommt er die Erkrankung unter Kontrolle. An den Ohrläppchen bleiben die Spuren des Unheils jedoch für immer sichtbar. Ausser den Zacken ist Napoleons rechtes Ohr auch etwas kürzer geworden. Ein optischer Makel, der seine sprudelnde Lebendigkeit jedoch kaum abzubremsen vermag. Stundenlang läuft er unermüdlich wie aufgezogen herum und gräbt bis zum Umfallen überall dort Gruben, wo wir einen Halt machen. Ich hätte nie angenommen, dass die Natur einen solch kleinen Körper so königlich mit gebündelter Kraft ausstatten kann. Alle bewundern Napoleons Wesen und Grazie.

Freilich, es gibt auch leidige Ausnahmen.

BÖSE MÄNNER

Ich habe ein Gummiboot gekauft. Nur ein Mal gehen wir in Kilchberg «zu Wasser»; ein Vorhaben, das mit zahlreichen Hürden verbunden ist. Es ist erstens sehr schwierig, am Zürichsee ein Stück Ufer aufzuspüren, wo man im Sommer die begehrte Nässe ungehindert erreichen kann: alles verbaut, eingezäunt oder privat, während sich auf den öffentlich zugänglichen Abschnitten bereits Hunderte von Leuten tummeln. Lautes Musizieren und Kinderlärm irritieren Napoleon; das ständige Kommen und Gehen lässt nie nach. Man kann diesem Krach mit dem Boot ebenfalls nicht entrinnen, weil es verboten ist, sich mehr als 50 Meter vom Ufer zu entfernen. Stets liegt die Seepolizei auf der Lauer. Jede Zuwiderhandlung wird mit einer saftigen Geldbusse geahndet. Noch ein Grund mehr für uns, die ewig leere Staatskasse nicht zu füllen.

Auf den Streifzügen über das Land entdecke ich zwischen Samstagern und Hütten einen kleinen See, reizvoll eingebettet zwischen grünen, friedlichen Hügeln. Dichtmaschiger Schilfwuchs verbrämt den idyllischen Wasserspiegel wie ein Ring; nur an einigen Küstenstellen klaffen schmale Schneisen. Kein Mensch ist weit und breit zu sehen oder zu hören. Paradiesisch! Nach einer Stunde auf dem Wasser paddeln wir zum Ufer zurück. Nachdem ich die Luftreste aus dem Boot herausgepresst habe und dabei bin, die Malutensilien vorzubereiten, spielt Napoleon mit einem Zweig. Unverhofft taucht aus dem Schilf ein stämmiger älterer Mann auf, ein Bauer. Der Inhaber des Sees? Jetzt kriegen wir bestimmt Ärger, denke ich.

«Grüezi mitenand, oh, das isch aber e schöns Hündli!», sagt er höflich. «Wie heisst er?»

«Napoleon», sagt Elżbieta verängstigt.

«Ach, so!», grinst der Bauer und streckt unerwartet die Hand nach dem Zweig im Napoleons Maul.

«Obacht, der Hund mag so was nicht!», rufe ich ihm zu. «Bitte unterlassen Sie das!»

Zu spät. Napoleon verhält sich wie ein typischer Kampfdackel. Ohne Vorwarnung beisst er schlagartig in die Hand des Aggressors. Dieser grölt kurz und heftig, und bevor wir realisiert haben, was passiert ist, versetzt er mit seinem riesigen Stiefel einen Fusstritt in Napoleons Bauch. Herzzerreissend jaulend fliegt er in weitem Bogen durch die Luft und verschwindet irgendwo im hohen Gras. Spontan springe ich den Mann an; ich bin bereit, dem verfluchten Barbaren alle Knochen zu brechen. Auge in Auge stehen wir uns mit geballten Fäusten gegenüber. Blindwütig lässt er die vulgärsten Beschimpfungen über uns ergiessen. Nun erfahren wir aus seinem Mund, wofür uns die Schweizer halten: wir seien «dreckige Ausländer», «fremdes Saupack», «lausige, primitive Affen, die man gleich aufhängen sollte!»

Ich warte auf den ersten Schlag. Wenn er mich jetzt angreift, werde ich gezwungen sein, mich zur Wehr zu setzen. Jatzt hängt unser Schicksal an einem seidenen Faden; der Mann ahnt nicht, was er tut. In Rage gebracht, könnte ich ihn verstümmeln oder gar umbringen. Vor vielen Jahren wurde ich als Angehöriger der sowjetischen Kriegsmarine hart gedrillt, Personen, die mein Leib und Leben gefährden, mit gezielten Schlägen zu töten. Ich halte mich mit letzter Kraft zurück, um das, was in mir seit Jahrzehnten schlummert, nicht aufzuwecken. Der Mann bespuckt mich und geht weg.

Weil mein Auto auf dem gegenüberliegenden Ufer geparkt ist, müssen wir um den See herum marschieren. Von weit her vernehmen wir aufgeregte Stimmen. Fünf Männer stehen am Ufer und starren uns grimmig an. Einer tritt hervor, der Mann mit der blutenden Hand. Wieder schleudert er uns die brutalsten Verwünschungen ins Gesicht, minutenlang fuchtelt er drohend mit geballten Fäusten vor meiner Nase herum. Bleich vor Entsetzen zittert neben mir Elżbieta, den stöhnendem Napoleon an ihre Brust gedrückt. Ich rühre mich nicht vom Fleck, weil ich weiss: Wenn es hier zum Kampf kommt, bin ich von Anfang an verloren, denn seine Kumpel, die mit zornverzerrten Gesichtern nur auf ihre Gelegenheit warten, mich anzugreifen, würden gegebenenfalls auch vor Gericht solidarisch gegen mich aussagen. Zu alledem bin ich hierzulande nach wie vor ein ungebetener Gast, ein Ausländer. Meine Einbürgerung und damit unsere Zukunft stehen auf dem Spiel.

«Ja, was nun?», schreie ich den Männern zu. «Lynchen Sie uns jetzt, bitte schön, so wie es der Ku-Klux-Klan in den USA tut. Wir sind doch weisse Neger, eine noch niedrigere Sorte als die Kanaken, oder? Vorher aber soll Ihr Kollege verraten, weshalb der Hund ihn gebissen hat. Sagte er das? Nein! Er hat das Tier selber provoziert! Als guter Landwirt sollte er eigentlich wissen, wie man mit Hunden umgeht!»

Die Männer zögern. Nur der Geschädigte faucht ohne Unterlass mit rabiaten Tiraden. Unerwartet fährt er mich an, holt rauborstig mit der Faust aus ... und besudelt mit seinem Blut mein T-Shirt über die ganze Brust bis zum Gesicht.

Wir fahren sofort zu Doktor Coradi. Er untersucht Napoleon, macht Röntgenaufnahmen. Keine Knochenbrüche. Nur eine grosse aufgeschwollene Beule und zahlreiche Prellungen quälen ihn noch die ganze Woche danach.

Den Ort besuchen wir nie mehr wieder.

MALERISCHE TRÄUME

Schon seit Langem gehe ich «schwanger» mit einer fixen Idee: Ich möchte mindestens je ein Ölbild von jedem Schweizer Kanton malen. Die Absicht ist nicht einfach zu verwirklichen. Nicht nur aus zeitlichen Gründen. Die Schweiz ist wunderschön; in ihre Landschaften bin ich aufrichtig verliebt. Und doch: Was mir vorschwebt, sind nicht die süssen Postkartenmotive, vielleicht gar nicht das Malerische, eher das Metaphorische. Im solothurnischen Nunningen male ich gewaltige Pappeln, die sich wie schwarze, spitze Türme über dem hügeligen Tal erheben. Davor haben wir Bekanntschaft mit einem Ortsansässigen gemacht. Auf der Anhöhe stehend informierte er uns, wer in welchem Haus dort unten im Dorf wohne. Sie alle, beteuerte der Mann, kenne er mit Vor- und Nachnamen: Geschlechter, die uns nichts sagen; aber aus Höflichkeit nahmen wir sie allesamt zur Kenntnis.

«Und in dem Haus mit dem grossen weissen Bogen wohnen die Landfremden», sagte er unbefangen.

«Ausländer?»

«Nein, nicht so ganz. Vor über 300 Jahren siedelten ihre Vorfahren aus dem Bernischen nach Nunningen über.»

Eine Weile standen wir schweigend mit verdutzten Gesichtern da. Das allgegenwärtige Integrationsgefasel von Parteien und Behörden verkümmerte in unseren Augen angesichts eines solchen mentalitätsbedingten Ansinnens zu einer Karikatur. Lohnt es sich überhaupt, sich darum zu bemühen?

Meinen frommen Wunsch, von jedem Kanton ein Bild zu malen, bin ich trotz Zeitmankos durchzuziehen bemüht. So male ich den einzigartigen Urnerboden mit Blick auf den Klausenpass und seine majestätischen Felsformationen. Dann das Städtchen Kaiserstuhl am Rhein, den Grimselpass, die Sankt-Johann-Kapelle von Altendorf, den Gross Windgällen, den Glockenturm von Lufingen und vieles andere mehr.

Den Gross Windgällen bewundere ich seit eh und je aus der Perspektive des Brunnitals, welches zur Urner Gemeinde Unterschächen gehört. Die Natur zeigt sich in dieser beschaulichen Gegend kaum bescheiden; überall, wohin das Auge reicht, legt sie wahrhaft grosse Massstäbe an. Noch zu Beginn der Achtzigerjahre entdeckte ich hier am wilden Bach Hinter Schächen eine um die 30 Meter lange und 10 Meter breite Senke, welche von aussen her fast unmerklich ist. An ihrer Westseite wird sie von einem abschüssigen, mit Tannen bewachsenen Hügel und riesengrossen Steinen geschützt. Auf dem gegenüberliegenden Bachufer ragt senkrecht eine Hunderte Meter hohe Felswand empor. Furchterregende, Millionen Tonnen schwere Granitquader hängen bedrohlich herab. Zahllose Kaskaden und Wasserfälle stürzen zischend und spritzend in den Abgrund, zum ungestümen Bach. Weisse Schneeteppiche an den rauen Hängen der Windgällen-Nordwand am Ende des Canyons zwingen den azurblauen Himmel, sich zu königlichem Blau zu verdichten. Wenn man diese unübertreffliche Kulisse mit dem Grundriss eines Bauwerks vergleichen würde, käme sie sicher dem römischen Zirkus Maximus gleich. Nur tausendfach grösser! Und dieses zierliche Häppchen Erde am Fuss des göttlichen Zirkus habe ich in mein Herz geschlossen. Immer Anfang Juni brechen wir zu unserer lang ersehnten Pilgerfahrt auf. Mitten auf der grossen, etwas höher gelegener Au, die kaum 100 Meter von «meiner» Wohlfühloase wie ein floraler Türvorleger ausgebreitet liegt, steht ein einsamer Baum. In seinem Schatten wird das Auto abgestellt, nachher alle nötigen Picknickutensilien aus dem Kofferraum geholt und über den zwei Fuss breiten Pfad hinter den massigen Steinbrocken direkt zum Bachbett gebracht.

Abgesehen davon, dass ein asphaltierter Weg lediglich einige Dutzend Meter über den Hügel Richtung Gross Windgällen läuft, bemerkt uns hier unten am Bach kein Mensch. Punkt zwölf Uhr mittags überwindet die Sonne die linke Schluchtwand. Unsere Sonnenschirme und Klappstühle sind schon einsatzbereit. Jetzt kann man sich in aller Ruhe bräunen lassen, rasten, lesen und einfach die Welt geniessen, die bisweilen nahezu paradiesisch sein kann.

Auch Napoleon verliebte sich auf den ersten Blick in diesen unikalen Platz. Offensichtlich spürt er dasselbe wie wir. Stundenlang watschelt er durch das mit Enzianglöckchen, Schafgarben und Gänseblümchen übersäte Gras, prüft sorgfältig jeden Stein und Zweig. Mal macht er halt und hort nachdenklich dem Treichelngeläut der unweit grasenden Kühe zu, mal schlürft er das eiskalte Wasser aus dem Bach. In Wirklichkeit erhole ich mich hier am wenigsten, da ich ohne Unterlass Schmiere stehen muss. Verständlich, warum: Wenn auch Napoleon unwahrscheinlich aufgeweckt ist, könnte er in den Bach abrutschen oder hineinfallen. Der über die kantigen Felsen und aalglatten Steine tosende Strom hat genug Kraft, um einen Menschen zu Fall zu bringen. Eine Gedenktafel auf der Südseite eines haushohen Megaliths, der die Wiese im Süden flankiert, berichtet vom Tod eines siebenjährigen Jungen namens Cvetkovic, der in diesem Bach umgekommen war.

Eine zweite Gefahr für Napoleon stellen die fremden Grosshunde dar, die überall, also auch hier, jederzeit aufkreuzen können. Immer wenn Elżbieta mit geschlossenen Augen daliegt und Napoleon die feenhafte Wiese wieder erkundet, darf ich ihn für keine Sekunde aus dem Blickfeld verlieren. Hier präsentiert er sich auch besonders eindrucksvoll. Sein dichtes, dunkelbraunes Fell glänzt in der Sonne wie geölt. Bei jedem Schritt bewegen sich seine kräftigen, prägnanten Muskeln entlang des Rumpfs und der Oberschenkel. Der eingezogene Bauch und der pralle Brustkorb verleihen ihm einen recht athletischen Körperbau, der ihn gross erscheinen lässt, obwohl er kaum sechs Kilo wiegt. Und seine ebenso braunen, intelligenten Augen sind stets voller Fragen. Bevor er etwas macht, blickt er dir prüfend ins Gesicht. Lediglich das feine Wedeln seines Schwanzes lässt erkennen, was er gerade will. Ob er ein bissiger Hund ist? Über einen *furor teutonicus** zu sprechen, wäre stark übertrieben. Anhand meiner Beobachtungen würde ich Napoleon als resolutes, selbstbewusstes Kerlchen definieren, bei dem jede latente äussere Bedrohung mit einer ausgeprägten Selbstverteidigung einhergeht. Ein Grund, warum er die grossen

* *Erläuterungen auf Seite 315*

Hunde als Erster attackiert, seine Art vorbeugender Abschreckung, ein illustrativer «Schuss vor den Bug», damit sie von der Idee absehen, ihn anzugreifen. Aber weiss er dabei, wie klein er ist?, frage ich mich besorgt. Welcher Gefahr setzt er sich selber und mich aus?

Und so nötigt mich Napoleon, ihn immerzu zu bewundern. Seiner sanftmütigen Anmut zu widerstehen, fällt mir zusehends schwerer; oft komme ich mir wie ein Grünschnabel vor, welchem er, der kundige Lehrer Lämpel, geduldig beibringt, die Fibel des Lebens zu begreifen.

Wenn die Sonne im Zenit steht, treffe ich Grillvorbereitungen. Früher sammelte ich das angeschwemmte Holz entlang des Baches. Jetzt haben wir das Cheminéeholz immer mit dabei. Während Napoleon bereitwillig die Rolle eines eifrigen Helfers spielt – die Dackel machen das mit entwaffnender Vorliebe –, assistiert er mir andächtig beim Holzspalten. Jeder Holzklotz muss gewissenhaft mit der Nase geprüft werden, auch die Axt und das Grillgitter. Da wir immer noch in Zürich-Leimbach wohnen, liegt das Brunnital nur 100 Kilometer entfernt. Und jedes Mal, ehe wir in Zielrichtung Süden aufbrechen, weiss der phänomenale Napoleon treffsicher, wohin die Fahrt wieder einmal geht – nach Unterschächen.

Woher weiss er das?

Napoleon in Einsiedeln

DAS OMEN

Recht enigmatische Dinge kommen zuweilen vor. In unserer Nachbarschaft wohnt eine polnische Familie mit einem Namen, der für die Schweizer kaum aussprechbar ist – Szczęśniak. Der Mann heisst Andrzej, die Frau Wiesława und das Töchterlein Paulina.

«Wir fahren bald in die Ferien nach Griechenland», sagt Frau Szczęśniak eines Tages zu Elżbieta bei einem Wiedersehen auf der Strasse, «und wir haben eine Knacknuss mit unserem Wellensittich Zeus. Er ist alt und krank, wir können ihn so, ohne Aufsicht, nicht alleine lassen. Dabei kennen wir auch niemanden, dem wir den Vogel anvertrauen könnten. Vielleicht aber Ihnen?»

«Überhaupt kein Problem», versichert Elżbieta der Frau, «wir machen's sehr gerne. Wir mögen Tiere.»

Jeden Abend besuchen wir Zeus, dessen Käfig hinter einer halbtransparenten Glasscheibe hängt, welche die Küche von dem Speiseraum trennt. Regungslos hockt der klitzekleine Vogel auf seinem Holzstock; selbst wenn ich die abnehmbare Käfigbodenschale entferne, um sie zu reinigen, bleibt er total passiv. Eines Abends gehen wir mit Napoleon wieder in die Wohnung. Bevor er wieder die Räume «inspiziert», klinke ich den Käfigboden aus, öffne den Abfallbehälter unter dem Lavabo, schütte den Dreck und die Futterkörnchen hinein. In diesem Augenblick werfe ich intuitiv einen Blick nach links auf den Käfig hinter der Glaswand. Was soll das? Zeus fällt plötzlich wie eine Kugel und... verschwindet aus meinem Blickfeld. Schleunigst schaue ich auf den Boden hinter der Wand, und das, was ich zu sehen bekomme, versetzt mich in einen Schock – Napoleon hält ihn stolz schon in seinem Maul. Oh, Gott!

«Lass ihn los», schreie ich wie verrückt, «auf der Stelle!»

Napoleon gehorcht. Wir untersuchen Zeus: Er ist tot. Und ganz kalt. So schnell wurde er kalt, wieso? Seltsam. Zwischen dem Gefieder rötet ein winziger Blutfleck. War Napoleons Biss beileibe die Todesursache, oder war der Vogel im Flug zum Boden bereits tot?

Den armen Zeus nehmen wir mit nach Hause; respektvoll eingewickelt in eine Papierserviette liegt er auf dem Regal im Abstellraum. Doch was sollen wir seinen «Eltern» sagen? Dass Napoleon ihn getötet hat? Dass er ein blutrünstiger Killer ist? Sie werden uns bestimmt keinen Glauben schenken, dass der Vogel von selbst gestorben ist.

Am nächsten Tag taucht zwischen der üblichen Post auch eine Postkarte aus Griechenland auf. Die sympathischen Nachbarn schreiben: *«Hat unser Zeus dem Napoleon gut geschmeckt?»*

Wir sind perplex – woher wissen sie das? Oder geht es hier womöglich um die alles erklärende übersinnliche Telepathie?

Schliesslich fahren wir mit Zeus zum Zooladen im Einkaufszentrum Glatt. Der Verkäufer vergleicht seine Wellensittiche mit unserem verstorbenen und findet einen ganz ähnlichen. 80 Franken kostet er. Der Vogel wird gekauft; Napoleons Ehre soll über jeden Verdacht erhaben bleiben. Voilà!

«**W**as habt ihr mit unserem Zeus gemacht?», telefoniert die Wiesława eine Woche später. «Als wir in die Ferien gingen, war er halb tot. Jetzt singt er, tobt, fliegt, schwirrt herum. Seine Pirouetten beginnen schon um fünf Uhr morgens. Habt ihr ihn irgendwie besonders gefüttert? Oder ihm uns irgendeine unbekannte Arznei verabreicht?»

Wir wollen nichts verheimlichen und zeigen den Nachbarn ihren Zeus. Sie staunen nur mässig, damit haben sie gerechnet. Umso mehr, als der kleine Blutfleck inzwischen verschwunden ist. Kein Indiz auf Napoleons möglichen Vogelmord! Aber den misteriösen Inhalt der Postkarte aus Griechenland können sie auch nicht logisch erklären. Was war das, nur noch ein Scherz? Oder doch eine hellseherische Prophezeiung?

KURZLEBIGE ERFOLGE

Der Traum von den Bildern aus allen Kantonen will jedoch nicht aufgehen. Die Gemälde «Urnerboden» und «Sankt-Johann-Kapelle» werden bald verkauft. Für die teure und zeitraubende Motivsuche fehlt mir jegliche Zeit. Ja, meine Kunden habe ich im Augenblick noch, doch keiner von ihnen ist nachhaltig verlässlich. Für jeden einzelnen mache ich etwas anderes; das bedeutet, dass ich gezwungen bin, Aufgaben zu verrichten, die in einem perfekt nach Fächern geordneten Land wie die Schweiz als Dinge aus völlig verschiedenen Regalen vorkommen mögen. Fürs Schweizer Satiremagazin «Nebelspalter» zeichne ich regulär bissige Cartoons; fürs Frauenmagazin «Meiers Modeblatt» kommen humoristische Karikaturen zum Zug; für einen Waschmaschinenhersteller in Wolfhausen kreiere ich einen Produktprospekt; für die PR-Agentur Leipziger & Partner wird fotografiert; für die PR-Agentur Farner verfasse ich Artikel über das Kernkraftwerk Leibstadt; für die Schweizerische Kreditanstalt gestalte ich ein Leasing-Plakat; für den Flughafen Zürich entwerfe ich Werbekleber und illustriere mit den im Flughafen gezeichneten Strichzeichnungen den Jahresbericht, und für die Nachrichtenredaktion Kanal+ des Schweizer Fernsehens bin ich fast jeden Tag mit der Videokamera unterwegs ... So träume ich von einer Acht-Tage-Woche, welche meine permanente Zeitknappheit kompensieren könnte.

Im Juli 1992 organisiert die SKA-Filiale am Zürcher Werdmühleplatz eine grosse Ausstellung meiner Cartoons. Auf drei Stockwerken der vom Banksponsoring grandios geplanten Veranstaltung werden fast 100 Bilder präsentiert. Am Abend der Vernissage schwappen alle Bankräume von Gästen über. Na ja, resümiere ich, alles dank den regelmässigen Veröffentlichungen meiner Cartoons im «Nebelspalter», für den ich bereits seit vier Jahren zeichnen darf. Die Laudatio spricht der Chefredakteur des «Nebelspalters», Werner Meier, persönlich. Das heisst der Mann, dem ich meinen Aufstieg in die Zunft «der eigenen Leute» zu verdanken habe. Zehn Jahre lang «bombardierte» ich stur seine Vorgänger mit meinen Cartoon-Ideen. Erfolglos! Die Antworten waren konstant dieselben: «Kein Interesse», «Kein Bedarf», «Wir pflegen einen anderen Stil» oder eben von vornherein mich ablehnende «Wir haben unsere Leute». Kein Wunder, dass mein Hass auf diese Neinsager war riesig. Als ich Werner Meier kennen lernte, wurde ich komplett überrascht. Er erwies sich als hochkultivierter, adretter Mensch mit breiten Interessen, feinen Manieren und würdevoller Wesensart. Man konnte seinen erlesenen Scharfsinn gleich nach einigen Sätzen regelrecht spüren.

«Eigentlich möchte ich um die Bilder von Lubomir T. Winnik einen breiten Bogen machen», sagt er zu Beginn seiner Laudatio bei der Eröffnung der Ausstellung. «Die Bilder, die fast brutal die Untugenden entblössen, die in jedem von uns bewusst oder unbewusst schlummern, hinterlassen keinen Platz für unbeschwertes Lachen oder heiteres Amüsieren. Das sind Karikaturen, die einen zum Erschaudern bringen.»

Das «erschauderte» Publikum kauft noch am gleichen Abend Zeichnungen und Bilder im Wert von 9000 Franken. Ungeachtet dessen, dass die Ausstellung noch drei Wochen dauert, wird sie in den Medien mit keinem Wort erwähnt. Nach dem SKA-Erfolg wurde ich eingeladen, die Cartoons im nahe liegenden Restaurant auszustellen. Einen Monat hingen sie nutzlos dort als «Nullgang zum Kotelett», wie ich dies nenne. Nicht einmal ein Bild wurde verkauft. Auch diesmal nahmen die Zürcher Medien von der Ausstellung keine Notiz. Der «Gang» erwies sich in der Tat als eine Null.

DER DIEB VON NEBENAN

Auch unsere zweiten Ferien mit Napoleon wollen wir in der Bretagne verbringen. Das Land hat uns sehr behagt, auch die Preise für Unterkünfte sind für den Entschluss entscheidend. Und ich bin fest entschlossen dort wieder zu malen.

Eine Woche vor der Abreise muss Napoleon erneut eine schmerzliche Erfahrung über sich ergehen lassen. Unser Mehrfamilienhaus steht hoch über einer Leimbacher Ausfallstrasse nach Adliswil. An der Nordecke des Hauses befindet sich eine Betontreppe, über die man die unten liegende Strasse erreichen kann. Am helllichten Tag schnupperte Napoleon wie üblich nahe dieser Treppe im Gras. Damit er es bequemer haben sollte, klinkte Elżbieta die Leine aus. Wie aus der Leere kreuzte unverhofft ein dunkelhäutiger Mann auf. Wortlos schnappte er Napoleon und rannte mit ihm die Treppe hinunter. Bevor Elżbieta begriffen hatte, was sich da abspielte, tauchte ein zweiter Mann auf – ein Weisser. Wortlos huschte er dem Dunkelhäutigen über dieselbe Treppe nach. Und als er den kräftigen Verfolger entdeckt hatte, liess er Napoleon in vollem Lauf auf die Betonstufen fallen.

«Der Dieb ist mit Sicherheit aus dem Asylantenheim gekommen», mutmasste der unbekannte Schweizer in Richtung der, zu Tode erschrockenen Elżbieta, «die meisten Insassen dort sind tamilische Flüchtlinge. Das Hundefleisch finden sie lecker. Seien Sie also vorsichtig mit Ihrem Kleinen.»

Doktor Coradis Röntgenaufnahmen wiesen keine Knochenbrüche auf. Aber massive Prellungen und Zerrungen an verschiedenen Körperstellen verfolgen Napoleon noch wochenlang. Stressbedingter Durchfall sowie Ängste vor dem Gassigehen bereiten ihm noch grössere Probleme. Er hat offensichtlich begriffen, dass Menschen hinterhältige, gemeingefährliche Heimtücker sind, und dies in Bezug auf alles, was lebt! Vor diesem Vorfall ging er stets voller Vertrauen auf jeden ohne Scheu zu. Nun blieb er der zweibeinigen Spezies gegenüber fortan immer misstrauisch. Zu Recht!

BRETAGNE 2

Anders als vor einem Jahr fahre ich diesmal über Basel, Belfort, Dijon, Fontainebleau und Paris. Unsere Übernachtung in der Stadt Le Mans war geplant. Zwar sieht man von der weltberühmten Autorennstrecke kaum etwas; dafür ist das Motel Papéa am Rande der Stadt herrlich. Gemütliche Holzhäuschen mit Terrassen und Vordächer für Autos stehen verstreut im waldähnlichen Park herum. Das Wetter spielt verrückt; nasse Kälte und anhaltende Sturmböe erscheint grotesk für die Jahreszeit. Darüber machen wir uns jedoch keine Gedanken – in der Bretagne wird es bestimmt besser werden, tröste ich mich. Ein niedliches Häuschen mitten im Grünen findet Napoleon einfach fabelhaft. So viele neue Gerüche und Erfahrungen! Das bedeutet wieder intensiv graben, diesmal unter der Terrasse. Er schnauft und winselt, seine Pfoten schleudern büschelweise Sand und Lehm nach hinten. Ohne Zweifel wittert er dort etwas Lebendiges, das er unbedingt jagen will. Bis zur Hälfte steckt er bereits unter dem Fundamentbalken.

«Hör auf!», schreit Elżbieta besorgt. «Napoleon, aufhören!»

Plötzlich winselt er, hört tatsächlich für einige Sekunden auf zu scharren. Hat er sich vielleicht verletzt? Elżbieta schreitet ein, zieht ihn aus dem Loch heraus, aber eine Wunde oder Blutung ist nicht zu sehen. Gott sei Dank!

Wir danken Gott zu früh, wie sich später herausstellen wird.

Wir sind wieder in Sant-Guénolé. Leider kann uns die vertrauenswürdige «Agence Atlantique» nichts anbieten, da sämtliche Unterkünfte längst vermietet worden sind – an Italiener, heisst es. Auch das Haus des Fischers in Ploemuer ist besetzt. Damit haben wir nicht gerechnet; vor einem Jahr waren in dem Ort gar keine Italiener anzutreffen. Kein einziger!

Weil es bald dunkel wird, beschliessen wir, die Nacht im Hotel zu verbringen. Napoleon lassen wir im hübschen Zimmer mit Blick auf den Ozean und gehen zum Abendessen. Während ich noch das Menü studiere, kommt eine Kellnerin zum Tisch. Ihr Gesicht ist ernst; mit Mühe erklärt sie uns auf Deutsch, worum es geht – um Napoleon. Die Hotelbesitzerin will sein Gebell gehört haben.

«Bellt er immer noch?», frage ich.

«Nein.»

«Wo liegt also das Problem?»

«Die Hotelbesitzerin fordert Sie auf, das Hotel sofort zu verlassen. Hunde sind bei uns generell nicht erlaubt.»

Um 22 Uhr sitzen wir also wieder im Auto. Was tun? Das Wetter artet mittlerweile zu einem Sturm aus. Der heftige Wind jagt allerlei Unrat, Mülltonnen und leere Behälter über die Strassen. Tosende Wassergüsse aus dem schwarzen Himmel prasseln auf die Fensterscheiben mit solcher Gewalt, dass sie zu platzen drohen. Die Temperatur sinkt auf unwahrscheinliche +5 Grad.

«Wir sollten vielleicht nordwärts, Richtung Brest fahren», überlege ich, «unterwegs sind ja viele Orte und Motels. Da lässt sich bestimmt ein Zimmer finden. Nur keine Panik!»

Unsere Hoffnung wird jedes Mal enttäuscht: Überall, wo ich anhalte und nach einer Unterkunft frage, lautet die Antwort «Besetzt». Zwar haben zwischen Brest und Sant Brieuc zwei oder drei Motels noch einige Zimmer frei, aber nur für Kundschaft ohne Hunde. Ich werde langsam müde. Die katastrophalen Sichtverhältnisse machen meinen Augen schwer zu schaffen. Über 250 Kilometer lege ich dennoch wieder zurück, wir nähern uns der Normandie – und nach wie vor ohne jegliche Perspektive auf Schlaf in einem normalen, bequemen Bett.

Drei Uhr in der Früh. Ich verlasse die Hauptstrasse in der Hoffnung, in den kleinen Orten unterwegs nach St. Malo noch ein Zimmer zu ergattern. Auch vergebens. Um vier Uhr taucht aus der Finsternis in St. Malo ein grell beleuchtetes Hotel auf: voll ausgebucht! Zum Glück erblicke ich auf dem Parking vor dem Hotel noch eine freie Fläche. Hier wird geschlafen. Sitzend. Dabei sind wir nicht allein. Links und rechts von uns kauern ähnliche Leidensgenossen in ihren Autos. Wind und Regen peitschen ohne Unterlass aufs Auto. Unsere sommerliche Bekleidung – und meine Shorts – halten der Kälte kaum stand. Etwas Wärmeres aus dem Kofferraum zu holen ist auch unmöglich, alles wäre an Ort und Stelle nass. Ein Stück Lammfellbezug aus dem verschrotteten BMW, auf welchem Napoleon in seinem «Thron» schläft, soll uns vor der Kälte schützen. Es ist aber kläglich klein; wir wärmen uns damit alle drei – abwechslungsweise. Bis zur Morgenröte.

St. Malo ist eine charmante und höchst interessante Stadt. Stilhäuser und mittelalterliche Befestigungen machen sie weltberühmt. Ebenfalls die Preise! Hier zu bleiben – unmöglich. Ausserdem sind die Hotels sowieso hoffnungslos überfüllt. Das Dilemma, das uns jetzt beschäftigt, lautet: Wie soll es mit unseren Ferien weitergehen? Vielleicht liesse sich ostwärts, wenn ich nach Le Mont St. Michel steuere, etwas Passendes finden.

Das Unwetter ist vorbei; ein herrlicher, leicht windiger Tag kündigt sich an. Die Strasse entlang dem Meer fahrend, bewundern wir noch die bretonischen Häuser mit ihren kunstvoll geflochtenen Strohdächern, eingebettet in eine beschauliche Landschaft. Dort offenbart sich dem Auge eine schier endlos grüne Ebene, mit grasenden Schafherden darauf, die so sehr den vorbeiziehenden Cumuluswolken ähneln. Der innige Klang der unzähligen Glöckchen schwirrt zart durch die Luft, und es ist zuweilen unmöglich zu erraten, wo Land und Meer sich berühren. Auch Napoleon ist hell begeistert – von den Schafen. Trotz mangelnden Komforts im Auto wirkt er ausgeschlafen, ist ganz munter und strotzt vor Energie. Mit penetrantem Blick mustert er die Herden, in seiner Kehle gurgelt das gestaute Bellen. Wuff, wuff! Die Hinterbeine scharren, er springt nach links und nach rechts, duckt sich und winselt vor Zorn. Die doofen Schafe machen ihm echt zu schaffen.

«Guck mal nach Osten hin», sagt Elżbieta plötzlich, «ist der pyramidenähnliche Berg mit dem Turm am Horizont die Abtei Le Mont St. Michel?»

Klar, das ist sie. Etwa 10 bis 15 Kilometer Luftlinie von uns entfernt. Mamma mia, dass wir es sehen dürfen! Was für ein unvergesslicher Augenblick, zumal bei dieser durch das Licht durchfluteten Ferne das spektakuläre Bauwerk wie eine Fata Morgana erscheint.

Pech und nichts als Pech haben wir heuer, jetzt ebenfalls mit «unserem» Le Mont St. Michel. Allerdings stehen wir ganz nahe vor ihm; hinter den Hausdächern sieht man seinen oberen Teil – die Türme, die Wehrmauer und die berühmte Engelsfigur auf der Spitze des kolossalen Gebäudes –, aber wie kommt man hin? Ein Stau lähmt jede Bewegung, Hunderte Fahrzeuge und noch mehr Menschen verstopfen alle Zufahrtstrassen. Ein totaler Kollaps!

«Selbst wenn wir hier einen ganzen Tag warten, kommen wir unmöglich durch», seufzt Elżbieta essigsauer enttäuscht. «Und sollten wir mal die Brücke zum Kloster erreicht haben, wo lassen wir dann das Auto stehen?»

In der Tat, wo? Die Parkchancen bei diesem Menschenandrang sind gleich null. Ich halte am Strassenrand an. Zum Nachdenken. Elżbieta geht mit Napoleon zum Souvenirladen gegenüber; unterdessen wühle ich in meinen Papieren nach einer Adresse in Paris. Es geht um eine günstige Unterkunft, die ich einmal irgendwo notiert habe. Da habe ich sie! Das Hotel namens «Wagram-Étoile*» weist ganze zwei stolze Sterne auf. Genau auf die Werktätigen zugeschnitten! Dagegen aber ist es sehr gut gelegen an Rue Brey 3, dass heisst nur wenige Gehminuten vom Triumphbogen, und dadurch auch von den Champs Elysées entfernt. Wir fahren hin.

PARIS

Meine erste Begegnung mit Paris hatte ich im Sommer 1977. In Zürich lernte ich einst einen betagten gebürtigen Ukrainer kennen, der seit der Zwanzigerjahre in Frankreich lebte. In seiner Jugend war er Ange-

* *Erläuterungen auf Seite 315*

höriger der Leibgarde des Präsidenten der unabhängigen Ukraine (1918–1920), Symon Petlura. Als die Ukraine von den Russen wieder besetzt wurde, wanderte er nach Frankreich aus. Masur, so hiess der Mann, wohnte mit seiner gleichaltrigen Frau in einem Dorf westlich von Paris. Die Herrschaften luden mich für ein paar Tage ein. In Erinnerung blieb die Bemerkung des Gastgebers über die Besitzer der prunkvollen Villen und teuren Autos in seinem schönen Dorf.

«Hier leben lauter Kommunisten», konstatierte er deprimiert.

«Kommunisten?» Die Information machte mich stutzig. «Ich dachte die Vertreter der Bourgeoisie, auf keinen Fall das Lumpenproletariat. Wissen die überhaupt, was der Kommunismus ist?»

«Selbstverlogenheit ist der Menschheit grösste Tugend. Und die Blinden hier hatten das Glück, nicht im Kommunismus leben zu müssen», sagte der alte Mann. «Paradoxerweise wäre aber nur der Kommunismus in der Lage, diese beknackten Dümmlinge davon zu heilen. Leider kommt er niemals zu uns!»

Ein weiteres Mal staunte ich nicht chlecht, als ich die Untergrundbahn in Paris verliess und die Treppe zur Notre-Dame emporstieg. Dort sah ich den ersten echten französischen Polizisten. Er stand am Ende der breiten Treppe, und weil ich ihn aus der unteren Perspektive betrachtete, schien er mir ungefähr so gigantisch wie ein Polyphem: breit gespreizte Beine, die beiden dicken Arme verschränkt auf der Brust und hinter ihm die ebenso gigantische Kulisse der berühmten Kathedrale. Aus dieser Höhe starrte mich der Polizist mit seinem fast leblosen Blick an. Das Besondere: Er war bestimmt schwärzer als der Kaminfegerhut. Bislang hatte ich gedacht, dass die Vertreter der negriden Rasse in der Rolle der Polizeibeamten zum üblichen Stadtbild der USA gehören. Aber hier, in Europa? Das war mir absolut neu. Und beängstigend.

Eines Tages lernte ich zwei junge Frauen kennen. Ich wurde auf sie aufmerksam, weil sie sehr laut auf russisch sprachen. Noch ein Novum für mich.

«Sind Sie aus Russland?»

Nein, aus Israel.»

«Also Jüdinnen! Sie sprechen privat eine fremde Sprache und nicht Jiddisch oder Hebräisch», fragte ich naiv. «Wieso ausgerechnet Russisch?»

Die Frauen kicherten:
«Weil's uns so passt. Und woher kommen Sie denn?»
«Aus der Schweiz. Aber ich stamme aus der Westukraine.»

Diesmal amüsierte meine Antwort die Frauen erst recht; sie brachen in schallendes Lachen aus.

«Sie sind also aus der Ukraine? Das ist aber etwas ganz Neues für uns – ein Antisemit kümmert sich um die Juden!»

Ihre bissige Ironie habe ich nicht verstanden. Mit den Juden in der Ukraine bin ich aufgewachsen, ohne zu merken, dass sie anders oder irgendwie unsympathisch wären, weil sie Juden waren. Ihre ethnische Herkunft war doch jedem total egal. Ich kannte nicht einmal den Begriff «Antisemitismus».

Das Wagram-Hotel entpuppt sich als sehr gemütlich. Es ist recht sauber, ruhig, einfach, aber alles funktioniert tadellos. Na ja, man hat das WC und die Dusche nicht im eigenen Zimmer, doch für die bescheidenen Tarife alles zu verlangen, wäre wohl zu viel. Die lange, bisweilen gefährliche und schlaflose Fahrt durch die ganze Bretagne bis hin nach Paris fordert ihren Tribut. Todmüde fallen wir prompt ins Bett. Vor dem Einschlafen höre ich noch Napoleons leises Winseln. Er will unbedingt mit uns schlafen. Elżbieta beruhigt ihn, streichelt ihn, küsst ihn und legt ihn in sein Körbchen auf dem Fussboden ... Sie weiss, ich lasse ihn nicht ins Bett rein. Noch nicht!

Unser Marsch durch Paris beginnt am nächsten Tag. Zu Fuss. Bald wird mir bewusst, wie täuschend der Stadtplan ist – dort steht doch alles so nah beieinander! Etwa die Distanz vom Triumphbogen entlang der Champs-Elysées bis zum Concordiaplatz – ein visueller Katzensprung. Schön wär's! Es sind fast zweieinhalb Kilometer! Bevor man allein den Place de l'Étoile umrundet hat, ist eine Stunde verstrichen. Wann gelangen wir endlich an den Concordiaplatz?

Wie eine schrankenlose Schneise mit leichtem Gefälle nach Südosten gerichtet, liegen die Champs-Elysées vor uns. In meine Gedanken drängt sich spontan alles, was man von dieser Meile gehört, gelesen und gesehen hat: auf den Fotos, im Kino, im Fernsehen. Hier war in den Zwanzigerjahren mein Vater, der sechs Jahre in Frankreich gearbeitet hatte. Diese unglaubliche Strasse sahen seine Augen, hier auf diesen Bürgersteig setzte er seinen Fuss. Noch in unserer Kindheit erzählte er Geschichten über Paris, die uns wie ein Märchen aus einer anderen Galaxie vorkamen. Nun bin ich zum zweiten Mal hier, überglücklich. Die Mühsal der Reise ist im Nu verflogen. Ob Napoleon der gleichen Meinung ist? Seine körperliche Ausdauer stellt er in dieser Stadt eindrucksvoll unter Beweis. Wir können noch so schnell gehen, er hält mit. Seine winzigen Pfötchen scheinen keine Müdigkeit zu spüren. Wobei: Er legt vielfach längere Strecken als wir zurück; wegen all der Pfosten oder Bäume entlang der Promenade, die er penibel auf Gerüche untersuchen muss: Hier liegen ja zahllose Botschaften verstreut, welche die französischen Artgenossen «geschrieben» haben. Nach dem «Lesen» – das Hinterbeinchen hoch – und adieu! Auch ich war in Paris!

Zum Concordia-Platz erstreckt sich noch ein langer Weg; ich möchte dem kleinen Napoleon nicht zumuten, so weit laufen zu müssen. Der vor einem Jahr in Verona gekaufte Stoffkorb leistet gute Dienste dabei. Ausserdem liebt es Napoleon, auf diese Weise zu reisen. Aus dem Korb schaut nur sein Kopf heraus; ein Umstand, der überall Aufsehen erregt. Die Passanten reagieren auf die Entdeckung eines niedlichen Dackelgesichtchens, das aus dem Korb herausragt, ziemlich unterschiedlich: Die einen sind überrascht, die anderen lachen oder schmunzeln freundlich; oft wird er fotografiert, und die Kinder rennen uns schreiend nach:

«Mami, Mami, schau, ein Hündchen fährt im Korb!»

Napoleon bleibt stoisch ruhig; er verhält sich so wie ein Kinostar, der den Rummel um seine Person gewöhnt ist: das Rampenlicht geniesst er. Am besten spüren das meine Hände. Da der Hund sechs Kilogramm wiegt, fressen sich die schmalen Stoff-Traggurte nach kurzer Zeit schmerzhaft in meine Handflächen ein. Das beschränkt meine Bewegungsfreiheit erheblich, leider kommt eine andere Lösung sowieso nicht in Frage – Napoleon gehört bereits zur Familie, das anerkenne auch ich. Nun, vorwärts! Diesmal bis hin zum Eiffelturm. Vorerst an der Seine entlang, dann drehen wir irgendwo zwischen den Häusern nach Süden ab, immer in Richtung des Turms, den man beständig im Blickfeld hat. Er ist wirklich der grösste und überragt alles. Die Hitze setzt uns zu, zum Glück findet sich allerorts eines dieser berühmten Pariser

Strassencafés, wo ein Schluck Bier oder Wasser wahre Wunder wirkt. Eine Verschnaufpause in einem solchen Café einzulegen, ist lohnenswert. Nicht nur des Imbisses oder des Trankes wegen. An einem kleinen Tischchen sitzend, spürt man den Puls dieser herrlichen Metropole, die legendäre französische Lebensart schlechthin. Eigentlich pressiert hier niemand irgendwohin. Wie ist das Phänomen zu bewereten? Mit welchen Worten oder Überlegungen. Mir kommt nichts Passendes in den Sinn. Vielleicht sind dies nur oberflächliche Trugbilder eines Touristen? Bei uns ist es doch alles völlig umgekehrt – alle sind in Eile, gestresst, hektisch und grimmig. Niemand hat Zeit. Hier scheinen die Uhren anders zu laufen – gemächlicher. Wieso? Und dennoch funktioniert alles. Wie ist das möglich? Die an den Nachbartischen sitzenden Gäste sind meist elegant und sympathisch. Viele apart gekleidete Frauen fallen auf. Diese behagliche Atmosphäre wird akustisch von dezenter Hintergrundmusik und Chansons versüsst, die selbst in den unauffälligen Cafés in den verborgenen Seitenstrassen und Gassen ertönen.

Und doch – wie einige Tage zuvor in Le Mont St. Michel – haben wir auch beim Eiffelturm Pech. Weshalb? Es herrscht Hochsaison; unter dem berühmten Wahrzeichen von Paris tummeln sich Abertausende Touristen, die unbedingt jetzt nach oben gelangen wollen.

«Da müssen wir stundenlang an der Kasse anstehen», meckert Elżbieta, genauso wie in Le Mont St-Michel. «Ist das wirklich unbedingt nötig zu besteigen? Können wir das nicht ein anderes Mal machen?» Ich teile ihre Meinung, obwohl ich mit diesem «ein anderes Mal» nicht eins bin. Wer weiss, ob es «ein anderes Mal» je geben wird. Das Leben ist voller Überraschungen. Jetzt, 27 Jahre später, wo ich diese Zeilen mit tränenden Augen schreibe, sehe ich meine düstere Ahnung von damals bestätigt; ein zweites gemeinsames Mal am Eifelturm wird sich für uns niemals mehr wiederholen ...

Ich schaue hinauf auf die mittlere Turmplattform, die ich anno 1977 besuchen konnte. Mit hungrigem Magen war ich hinaufgefahren, und erst dort ergatterte ich ein Sandwich. Die ältere, unglaublich bunt geschminkte Kioskverkäuferin sprach halbwegs verständliches Deutsch. Zwischen uns entwickelte sich ein kleines Gespräch.

«Nirgendwo in der Stadt konnte ich etwas zum Essen kriegen», ärgerte ich mich, «die Leute taten so, als verstünden sie nicht, was ich möchte.»

Die Verkäuferin schmunzelte:

«Und in welcher Sprache haben Sie sie angesprochen?»

«Auf Deutsch, selbstverständlich.»

«Darin lag Ihr Fehler, Monsieur. Man sagt doch nicht umsonst, dass Reisen bildet. Diese Weisheit sollten Sie sich fortan gut merken ...»

Zwei Stunden «baden» wir im bunten Menschengewühl aus der ganzen Welt am Fuss des Eiffelturms. Eine Art kollektive Weinseligkeit hängt in der Luft, die alle Anwesenden in gleichem Mass erfasst und das Gefühl vermittelt, als stünde man im Auge des Universums. Den Omphalops von Delphi, einen etwa zwei Meter hohen Steinkegel, hielten die antiken Griechen für den Nabel der Welt. Wie ein Winzling wäre er im Vergleich zum Eiffelturm! Markierte also Gustave Eiffel 1889 damit hier das wahre Zentrum der Erde? Wer daran glauben will, darf darüber ungeniert spekulieren.

Eine Auszeit muss genommen werden. Meine Hände und Schultern leiden arg, da ich, ausser Napoleon in seinem Tragkorb, noch die «bleierne» Fotoausrüstung schleppe. Darunter die schwere Mittelformat-Kamera Zenza Bronica und Stativ. Eine Flasche Wasser, das Futter, einen Fressnapf und Sandwiches trägt Elżbieta in einem Plastiksack. Die Rast auf dem Marsfeld auf halbem Weg zwischen dem Turm und der École Militaire flösst heilende Entspannung in die dumpf schmerzenden Glieder ein. Man fühlt sich restlos ausgelaugt. Nur Napoleon nicht: Er tollt durch das grüne Feld, dreht in vollem Tempo unzählige Runden um uns herum, bellt vor überschwänglicher Freude ... und joggt weiter. Eben, müde ist er gar nicht. Wir sitzen auf dem Gras und schweigen – so viele Eindrücke auf einmal machen sprachlos. Das Panorama, welches wir stumm betrachten, kennt die ganze Welt: ein riesenhafter Turm am Ende der ebenso riesenhaften Marsfeldperspektive. Das mit eigenen Augen Gesehene wirkt fast erdrückend; man findet für die Definition der Genialität seines Schöpfers weder Worte noch Kraft.

Was uns und gewiss Napoleon in Paris stört, ist das unglaubliche Geheul der gummibereiften Züge der U-Bahn sowie die muffig-schwüle Luft in den unterirdischen Tunneln. Das Gleiche erwartet einen in den mit halsbrecherischer Geschwindigkeit durch die stockdunklen Röhren rasenden Waggons mit offenen Fenstern. Das schrille Quietschen und Plärren von Rädern, zumal in den engen Kurven, wird zuweilen unerträglich. Napoleon bellt nervös, versucht aus seinem Korb zu springen, um davonzulaufen. Wir ebenso. Mit der Métro muss man trotzdem leben; es ist unmöglich, jeden Tag voll beladen 20 Kilometer zu Fuss zu marschieren. Die Museen dürfen wir wegen Napoleon nicht betreten. Na gut, bewundern wir sie also von aussen: den Palais Royal, den Louvre, die Sacré-Cœur-Kirche, Künstlerplatz Place du Tertre und so weiter. Plötzlich eine Ausnahme: Keine Proteste schlagen uns in der Kathedrale Notre-Dame entgegen. Im Gegenteil: Manche Besucher finden es ulkig, wie ich Napoleon im Korb auf meinen Händen trage. Die ganze Zeit über verhält er sich muksmäuschenstill, als verstünde er die Erhabenheit des Augenblicks. Dann besichtigen wir in aller Ruhe das legendäre Bauwerk, das geradezu nach Geschichte riecht. Wie etwa nach der von Victor Hugo und seinem «halb geformten» Quasimodo. Also, mal innehalten und die Fantasie walten lassen. An diesem geweihten Ort spielte sich das namhafte Drama ab: Der hässliche Kathedralenglöckner soll hier der Sexy Zigeunerin Esmeralda das rettende Asyl vor dem spätmittelalterlichem KGB – der Inquisition – gewährt haben. Interessant: Von welcher Stelle genau schleuderte er die schweren Steinblöcke auf die fanatischen Belagerer und nachher auf den eigenen Ziehvater, Richter Claude Frollo? Und wo sollen Quasimodos Wurfgeschosse auf den Platz gedonnert sein? Hier, dort? Oder ob überhaupt?

Am letzten Abend in Paris machen wir einen Spaziergang dem Seine-Ufer entlang zur Concordia-Brücke. Ein Pärchen spricht uns an, die Leute haben Elżbietas polnische Rufe an Napoleon vernommen. Die Polen befinden sich auf der Flucht, erfahren wir bald. Freimütig erzählt der etwa 25-jährige Mann, wie er in Kattowiz ein Reisebüro gegründet, das Geld der Kundschaft in den eigenen Sack gesteckt hat und mit seiner Freundin nach Frankreich abgehauen ist.

«Mit anderen Worten, Sie haben die Leute betrogen, deren Geld gestohlen?», sagt Elżbieta ohne Umschweife. «Ist Ihnen überhaupt klar, was Sie angerichtet haben? Sie sind ein scheusslicher Wichser und gemeiner Dieb!»

Der Mann grinst gelassen:

«Nein, nur ein Geschäftsmann wie alle anderen, auch hier im Westen. Indes die ‹Betrogenen› doch komplette Banausen waren, die nicht begriffen haben, dass wir schon im Kapitalismus leben – Geld ist alles!»

Zwei Wochen nach der Rückkehr aus Paris kratzt Napoleon vehement an seiner Nase. An der Kratzstelle bildet sich umgehend eine rötliche Wunde. Am nächsten Tag fällt ihre markante Vergrösserung auf. Die schwarze Nasenhaut löst sich pflasterweise ab und enthüllt das nackte Fleisch. Bald übersäen die ersten Eiterflecken Napoleons Mauwinkel. Gegen Abend steht es fest: Er ist von irgendeiner Krankheit befallen worden. Von welcher?

Doktor Coradi weiss Bescheid: Mäusegift. Napoleon müsse von einer Maus gebissen worden sein, stellt er fest. Wo? Jetzt entsinnen wir uns des Tages auf dem Campingplatz von Le Mans, als er unter der Terrasse gegraben hatte. Sein kurzes Winseln deutete damals auf den bösen Mausbiss. Mit einem Metallspachtel schabt Coradi das schwärende Fleisch von seiner Nase, die inzwischen wie ein Stück Kotelett aussieht. Der Eingriff bereitet dem leidgeprüften Napoleon höllische Qualen, die ich, ohne zu zögern, ihm wegnehmen würde, um sie selber zu leiden. Aber wie? Wie, wenn jedes Wesen auf dieser Welt dazu verdammt wurde, seine Schmerzen allein zu ertragen? Nichts und niemand kann uns helfen ...

Nach dem Schaben bekommt Napoleon Salben, Spritzen und viele andere Medikamente, die das tödliche Gift neutralisieren sollen. Und sie zeigen Wirkung: Die Wunden verheilen innerhalb drei Wochen fast vollständig, aber die hässlichen Flecken auf dem Fell um sein Maul herum bleiben noch lange Zeit sichtbar.

KRETA

Ich habe wieder einen schönen und gleichzeitig schwierigen Auftrag vom Reiseunternehmen «Nautilus» bekommen – die Reise geht diesmal nach Kreta. Es bahnt sich jedoch ein Problem an: Mich plagen an der rechten Rückenseite stechende Schmerzen. Weil diese nicht nachlassen wollen, begebe ich mich zum Arzt. «Auf den Röntgenfotos konnten wir einen kleinen Nierenstein ermitteln, der sich in der Harnröhre nach unten bewegt», sagt der Fachmann und verschreibt zwecks Schmerzlinderung starke Entkrampfungstabletten. Ein leidiger Trost! Kurz vor der Abreise spüre ich nur noch Schmerzen, doch der Doktor befindet sich in den Ferien. Sein Stellvertreter kommt auf eine ganz andere Idee: Er ist überzeugt, dass ich an einer Prostataentzündung kränkle. Meine Erzählungen von den vielen Röntgenfotos und einem Nierenstein ignoriert er vollends. Und de facto: Während der Untersuchung heule ich von Schmerz. Wirklich Prostata?

Mit nagender Ungewissheit und etwas geistesabwesend komme ich in Kreta an. Zwei Wochen harter Arbeit stehen mir bevor. Wie soll das gehen, wenn jeder Schritt wehtut?

Am gleichen Abend im gediegenen Hotel «Ikaros Village» in Malia löst sich das Problem von selbst: Beim Urinieren vernehme ich plötzlich ein leises, hartes Geklirr im Porzellanklo. Auf Anraten des ersten Doktors legte ich vorher einige Schichten Toilettenpapier hinein; nun entdecke ich einen winzigen schwarzen Punkt darauf – den spitzigen, glatt polierten Nierenstein.

Umgehend sind die Schmerzen vorbei. Für alle Zeit!

Die Historie mit der entzündeten Prostata entsprang also der Fantasie des zweiten «Facharztes». Gut, dass ich die teuren Tabletten mit den verheerenden Nebenwirkungen nicht eingenommen hatte. Die überfällige Kontrolle sowie die hohen Arzneikosten hat die Krankenkasse gedeckt. In solchen Fällen ärgert mich immer die mangelhafte Qualität. Die Mediziner dürfen pfuschen, raten oder experimentieren, ein Automechaniker beispielsweise hingegen nicht. Er erhält sein Geld so lange nicht, bis der Schaden geflickt wird. Wieso gilt das gleiche Gebot nicht für die Ärzte, denen wir etwas anvertrauen, was man nur ein Mal hat – unser Leben? Im alten China, habe ich mal gelesen, kam ein Heiler erst dann zu seinem Honorar, wenn er den Patienten definitiv geheilt hatte.

Ein grüner Opel Corsa steht mir diesmal zur Verfügung. Natürlich ohne Klimaanlage. Das macht aber nicht viel aus, ich bin hitzeresistent. Mit dem Auto bin ich von Sonnenaufgang bis spät in den Abend unterwegs, weil mein Programm die ganze Insel umfasst. Tausende Fotos von Hotels, Anlagen, Menschen und Landschaften schiesse ich mit zwei Fotokameras: mit meiner privaten «6×4,6 cm»-Zenza Bronica ETR und der dienstlichen Nikon.

Obschon ich auf Kreta nicht ein Neuling bin, geht auch diesmal mein alter Traum, die Ruinen des antiken Palastes von Knossos zu besichtigen, nicht in Erfüllung. Jammerschade! Stattdessen zwänge ich mich jeden zweiten Tag mit dem Auto durch die rundwegs unantiken, restlos verstopften, stinkenden Strassen dieser Stadt, in der nichts an die glorreiche minoische Kultur erinnert. Und doch – auch sie entbehrt nicht der Anmut des Südens. Im Grunde mag ich den gärenden Rummel und ein wenig Chaos, das heisst etwas, was nach der übertrieben geregelten Schweiz einer seelischen Massage gleichkommt. Dies zumindest für die Dauer des Aufenthalts.

Des Öfteren fühle ich mich unheimlich einsam auf dieser «Insel der Götter»; dies ungeachtet dessen, dass man tagtäglich vielen Leuten begegnet. Man spricht oder bespricht mit verschiedenen Direktoren die Aufnahmebedingungen, hin und wieder diskutiert man sogar über Allgemeines. Nicht selten beneiden sie mich um meinen Beruf, den sie für ungemein romantisch und abwechslungsreich halten. In ihren Augen bin ich natürlich der absolute Topreporter, der zweifelsohne auch Tophonorare kassiert, wie dies in der wohlhabenden Schweiz üblich ist. Ach, dieses unverwüstliche, positive Image der Schweiz im Ausland ist einfach allgegenwärtig!

Dessen ungeachtet setzt mir die Einsamkeit zu. Ich bin halt so geschaffen, dass ich nicht allein leben kann. Was nützt mir da alles Einmalige und Schöne, was ich hier zu sehen bekomme, wenn ich meine Begeisterung, Beobachtungen, Gedanken oder Enttäuschungen mit niemandem tauschen kann? Auch Elżbieta und Napoleon könnten mit mir hier sein. Ihm geht es unterdessen besser, sagte sie kürzlich in einem Telefongespräch. Drei Tage nach meiner Abreise lag er reglos auf der Fussmatte vor der Wohnungstür, verweigerte jegliche Nahrungs- und Wasseraufnahme und wartete auf mich. Dann passierte es: Ein ungeschickter Sprung und seine Hinterbeine blieben lahm. Die Familie Rait, die in unserer Nachbarschaft wohnt, kam zu Hilfe. Prompt fuhren sie mit dem Auto zum Tierarzt. Novalgin-Injektionen und Paraffinbad wirkten wahre Wunder, Napoleon kann wieder laufen, so meine Gattin.

Die Nachricht erfüllt mein Herz mit bedrückter Trübsal. Irgendwo auf der Strasse zwischen Heraklion und Hania mache ich im Schatten der Eukalyptusbäume einen Halt. Weihevolles Zikadenzirpen vibriert allweil in der heissen Luft. Wie von Silberpulver bestreut glitzern im Sonnenlicht die Kronen der Olivenhaine, die sich den Berghang unter mir bis hin zum ultramarin blauen Meer herabziehen. Welch sinnliche Farbschattierungen, welch wundervolles Bild! Dennoch: Was ist mit Napoleon los? Und überhaupt: Warum denke ich an ihn hier ebenso oft wie an meine Frau? Ja, ja, er ist unstreitig der einmaligste Hund, den ich je gesehen habe. Woran liegt das? Ich erinnere mich an die aufschlussreichen Erklärungen Elżbietas, wie sehr er mich liebe:

«Abgesehen davon, dass du ihn nur halbherzig behandelst, braucht er von dir nicht viel, nur ein bisschen Nähe. In seinen Augen bist du der Chef, der Rudelführer und Beschützer, auf den man sich verlassen kann. Gleich wie ein Bub in der Familie braucht auch er einen Vater, auf den er immer stolz sein kann.»

Ich ahne, dass sie recht hat. Jedes Mal, wenn ich ihn auf die Arme nehme, merke ich sofort, wie vertraulich er sich mit dem ganzen Körper an mich kuschelt. Dabei gähnt er und schluckt den Speichel; sichere Zeichen seiner grössten Ergriffenheit. Und er versäumt es niemals, einen Dankeschön-Kuss mit der Zunge an meine Nase zu geben. Früher ekelte mich so was an, jetzt nicht mehr. Jetzt weiss ich diese unwahrscheinliche Zuneigung zu schätzen, der winzige Napoleon eroberte schon seinen festen Platz in meinem Herzen. Nun fehlt er mir so sehr!

Einige Abende nacheinander bin ich der Gast des Hoteldirektors – ein Einheimischer – und seiner deutschen Ehefrau. Das auf einer Klippe innerhalb des Hotelareals eingerichtete Restaurant ist ein idealer Ort, nicht nur zum Zeitvertrieb und für Gaumenfreuden, sondern auch für stille Träumereien. Warum sind die Nächte im Süden so sagenhaft schön? Zum Greifen nah schimmern hoch über dem Kopf widernatürliche, zwiebelgrosse Sterne. Unermüdlich und beruhigend rauscht im Dunkeln, am Fuss des Felsvorsprungs, die unsichtbare Brandung, und eine wohltuende Wärme umhüllt den Körper mit verführerischer Sanftheit. Imaginäre und doch zweifelsohne Realität!

Die Gastgeber sind kulturinteressierte Menschen. Wir sprechen über die Kunst und Literatur, und – wie könnte es anders sein? – die glorreiche Vergangenheit der Insel. Die Herrschaften sind merklich überrascht von meinen fundierten Geschichtskenntnissen über Kreta, die Wiege unserer Zivilisation. Im Gegenzug erfahre ich von der Blutrache, die auf dem Eiland nach wie vor gilt, oder von uralten Bräuchen und Traditionen, die durch den Massentourismus und die damit verbundene Verpöbelung der autochthonen Lebensart zu verschwinden drohen. Der Mann ist ein Patriot, aber auch er weiss keine Lösung dieses Gordischen Knotens.

«Einerseits profitieren wir ökonomisch von dem Tourismus, darunter auch ich», sagt er, in Nachdenken versinkend, «anderseits ist sich jeder normale Kreter der wachsenden Gefahr voll bewusst. Viele Gäste kommen hierher, um sich, sagen wir gelinde, sittlich auszutoben, ohne Rücksicht auf unsere Gepflogenheiten. Weil sie bezahlt haben! Das Verhalten lässt sich mit lokalen Kulturvorstellungen nicht vereinbaren. Dies führt unweigerlich zu unnötigen Konflikten und in Zukunft wohl auch zu Spannungen oder sogar Hass. Der Direktor lobt seine Zusammenarbeit mit den Deutschen:

«Ihre Manager sind flexibel, passen sich schnell an unsere Mentalität an. Nicht so die Schweizer. Sie meinen, wir müssen nur nach ihrem Munde reden, wie dies vermutlich in ihrem Land Etikette ist. Die meisten zudem sind in puncto unserer Geschichte unbelesene Kinder; wie kann man sich mit ihnen arrangieren und mit ihnen Geschäfte machen, die für beide Seiten profitabel sind?»

Ob der sogenannte globale Massentourismus tatsächlich zu einer besseren kulturellen – und politischen – Völkerverbundenheit beiträgt, darüber bin ich mir noch weniger sicher als der charmante kretische Hoteldirektor. Noch Ende der Siebzigerjahre widmete die Zürcher «Die Weltwoche» diesem Thema einen ganzseitigen Artikel. Akribische Recherchen der Journalisten brachten recht ernüchternde Fakten zutage, wonach die Horden von Sex-Touristen à la Neoimperialisten in zeitgenössischer Gestalt über 70 Prozent aller ausländischen Besucher ausgemacht hatten!

Eine rundherum fragwürdige «Völkerverständigung».

Napoleon im Wald bei Rafz

NEUE GEFAHREN

Meine ohnehin halbwegs sichere Position beim «Nautilus» gerät zunehmend ins Wanken. Ich habe einen gefährlichen Gegner in der Person des stellvertretenden Abteilungsleiters Günther Kanal. Seine Abneigung mir gegenüber habe ich vermutlich mir selber zu verdanken. Als ich Mitte der Achtzigerjahre zum «Nautilus» kam, behandelte er mich – ein begeisterter Russophile – stur wie einen Russen. Ebenso obstinat korrigierte ich ihn, dass ich mit diesem Volk nichts Gemeinsames habe. Vergebens. Eines Tages prahlte Kanal wie besessen mit seiner Grossmutter, die Lenin gesehen haben soll. Meine Befremdung konnte ich kaum zurückhalten:

«Sie sah also den grössten Gauner aller Zeiten», sagte ich. «Ist das wirklich Anlass für einen derartig frenetischen Kuhstolz?»

Während die Kollegen Tränen lachten, verdüsterte sich Kanals Gesicht. Von nun an wusste ich, dass er mich hasst. Dazu gehörte auch noch das Berufliche. Die Konzernangestellten erfreuten sich grosszügiger Ferienermässigungen und reisten viel. Auf ihren Reisen knipsten sie in allen Teilen der Welt Fotos für die Werbeabteilung. Dafür wurden sie finanziell gut entlohnt. Den lukrativen Nebenverdienst mochten alle, auch Kanal. Die Sache hatte jedoch einen Makel: Den massenweise gelieferten Bildern fehlte professionelle Qualität. Mit wachsender Konkurrenz und höheren Ansprüchen der Kundschaft entstand die Notwendigkeit inhaltlicher, optischer und technischer Verbesserung des Bildmaterials.

So schlug meine Stunde: Im spanischen Marbella schoss ich innerhalb einer Woche über 2.000 Fotos. Der Abteilungschef Christian Moller war höchst zufrieden, die Bilder fanden sofort Verwendung in den Katalogen und Plakaten. Aus Ägypten brachte ich 4.000 Fotos mit. Weitere Tausende Fotos liefere ich aus Italien, Griechenland, den Ägäischen Inseln ...

Die schwerste Knochenarbeit, die ich beispielsweise in der Wüste von Sinai leiste, nehmen offenkundig nur wenige vom Team wirklich wahr. Von Zeit zu Zeit hört man halbwitzige Bemerkungen über meine durch Reiseunternehmen «bezahlten Ferien», die ich unter dem Vorwand des Fotografierens «geniessen» könne. Kanal unterlässt keine Gelegenheit zur Kritik des gebrachten Materials. Fleissig und unermüdlich findet er stets «nichtssagende» Bilder, welche «tollpatschig» oder «dilletantisch» seien. Na ja, seit ich im Ausland fotografiere, kam ihm willkommene zusätzliche Geldsegen abhanden. Zum Glück steht Christian Moller noch auf meiner Seite. Was mich beeindruckt, ist seine Direktheit. Unverblümt betitelt er die Ausländer als «stinkenden Misthaufen»; er ist zumindest offen und pfeift keck auf den antirassistischen Maulkorb (Art. 261bis StGB). Ausdrücklich den «Osteuropäern» gelten seine unverblümten Epitheta: Sie seien gewohnheitsmässig «faul» und «diebisch». Da auch ich aus diesem «Osteuropa» stamme, denke ich spontan an den verhängnisvollen Apfel, der, bitte schön, nicht weit vom Baum fallen darf. Moller ist ein kräftiger, energiegeladener Mann mit viel Sinn für Humor. Seine direkte Art sehe ich eher als vorteilhaft für unsere Beziehung denn als Makel; man instrumentalisiert mich und ich weiss genau, woran ich bei ihm bin. Nur, wie lange noch wird er den «Misthaufen» in meiner Person dulden?

«Herr Winnik, hüten Sie sich davor zu denken, Sie wären vielleicht besser oder brauchbarer als die anderen hier», warnt mich Moller eines Tages herablassend, «ich gestatte Ihnen ausschliesslich, jene Aufträge zu erledigen, die unsere Leute nicht machen wollen.»

«Ja, diesen Sachverhalt habe ich längst erfasst», sage ich, «und ich bedanke mich für Ihre Grossmut.»

SELTSAME MALEREIEXPERTEN

Im künstlerischen Metier scheint auf einmal etwas in Bewegung geraten zu sein. Vom traditionsreichen Aargauer Erstklasshotel «Chateau Säntis» erreicht mich ein recht vielversprechender Brief: «Da das Hotel auf einen grossen kulturellen Werdegang zurückblicken kann, beschloss man, eine Kunstgalerie zu eröffnen... Wir hoffen, wir könnten Ihr Interesse wecken – denn wer weiss: Vielleicht ist es gerade die Galerie ‹Säntis›, die Ihrem zukünftigen Erfolg verhelfen kann», schreibt die Geschäftsleiterin Marina Bucheli in ihrer Einladung. So eine Chance! Ich rufe sofort an. Die Frau, mit der ich spreche, nennt sich Galeristin. Nein, meine Bilder habe sie noch nie gesehen, darum soll ich einige Kostproben präsentieren.

Zu dritt fahren wir nach Aargau. Elżbieta und Napoleon sind auf das Angebot nicht minder gespannt als ich selbst. Das Hotel trägt seinem gediegenen Image Rechnung – es ist super. Ja, fürwahr ein einmaliger Platz für eine Ausstellung, denke ich, während wir die vielleicht ebenso imposante Galerie suchen. Na endlich, geschafft! Aber was soll das? Die vermeintliche Galerie ist lediglich ein Anbau, im Grunde ein weiss getünchter Schober mit flachem Dach und drei verglasten Wänden. Die vierte, die feste Hotelwand, verdecken Regale mit allerlei Souvenirs, Schmuck, Töpfen. Wo soll ich denn hier mit meinen 90×90 cm grossen Leinwänden hin? «Versteckte Talente werden plötzlich gross geschrieben, und der erste Schritt in die Kunstszene ist sichergestellt», entsinne ich mich weiterer vielverheissender Zeilen aus dem Schreiben von Marina Bucheli. Kurz darauf reisst sie mich rau aus meinen Träumereien.

Ihre fachliche Kompetenz und Niveau haut mich regelrecht vom Hocker.

«Das sind also Ihre Bilder. Was ist das für eine Farbe?»

«Farbe? Das ist Öl», erwidere ich etwas erstaunt.

«So, so, Öl, sagen Sie! Und womit wurden diese dicken, hässlichen Farbschichten draufgemalt?»

«Mit dem Spachtel. Das ist sozusagen mein Stil.»

Die Galeristin runzelt verlegen die Stirn:

«Ach so! Ich meine, die Bilder sind etwas zu gross geraten. Vielleicht aber taugen sie am besten fürs Restaurant?»

«Fürs Restaurant?», frage ich komplett überrumpelt, «Sie haben doch von der Galerie geschrieben.»

«Ich hab eben gesagt, diese Malerei ist mir zu wuchtig.»

Wir gehen hinauf. Elżbieta schüttelt unterwegs den Kopf und hebt die Augen Richtung Himmel.

«Lass uns sofort wegfahren!», höre ich ihre zischende Stimme. «Du hast hier nichts zu suchen, dämmert dir das immer noch nicht?»

Und in der Tat: Das Restaurant ist so geräumig wie gediegen, obschon ich auch hier kein bisschen Platz für meine Bilder entdecke. Es bieten sich nur schmale Wandflächen zwischen den Fenstern an, die mit einigen gedruckten Dalí-Kopien behängt sind. Alles. Die lustige Galeristin ruft eine der Kellnerinnen herbei.

«Gefallen Ihnen diese Bilder?», fragt sie die junge Frau.

«Diese? Da bin ich mir nicht so recht sicher», sagt sie und wirft einen flüchtigen Blick auf die entlang der Wand aufgestellten Bilder. «Nein, sie passen nicht zu unserem Mobiliar.»

Beim Verlassen des mondänen Gästehauses bepinkelt Napoleon ausgiebig die vergoldete, blitzblank geputzte Eingangstür, dies unzweideutig aus Solidarität mit meinen wenig erhabenen Gefühlen!

DIE GEFÄHRDETE NASE

Einen Monat später müssen wir abermals zum Tierarzt; eine hässliche Geschwulst oder Zyste an Napoleons rechter Nasenseite beschert uns neue Sorge. Was ist das schon jetzt wieder?

«Das Ding stört mich», urteilt Doktor Coradi, «es muss sofort weg.»

Mit beklommenem Herzen schaue ich Napoleon an. Er wittert wieder etwas Böses, ächzt und zittert am ganzen Körper vor Angst. Seine weit aufgerissenen Augen flehen uns an, ihn vom eisernen Doktor-Tisch wegzunehmen. Ich umarme ihn, mit Streicheln und Küssen suche ich ihn einzulullen, während der Doktor geschickt eine Spritze setzt. Er schläft sanft ein. Eine Stunde später dürfen wir ihn abholen. Der Arme steht auf seinen wackligen Pfötchen auf der über den Fussboden gelegten Bettdecke und begrüsst uns mit schwachem Schwänzchenwedeln. Zu Tränen gerührt, gehen wir beide vor ihm auf die Knie. Und erneut spüre ich mit jeder Faser meines Körpers, wie unendlich wichtig dieses kleine Hündchen für mich geworden ist: Nun treffen seine Leiden mich genauso schmerzhaft, als wären sie meine eigenen. Welch ein unbarmherziges Schicksal haben ihm die Menschen bereitet!

Napoleons Nase vernarbt innert kurzer Zeit, ein Nebeneffekt dieser Operation bleibt jedoch für immer. Da die Schnittstelle ganz dicht am Nasenloch vorgenommen wurde, entstand dort eine Art kurioser Verengung: Napoleon fängt an, leise mit den Nüstern zu schnarchen, sobald man ihn streichelt oder liebkost. Von Zärtlichkeiten ergriffen, schluckte er bisher immer den Speichel, gähnte oder hatte einen beschleunigten Atem.

DER ALBTRAUM

Die Zeiten ändern sich selten zum Besseren. Die neue Weltlage nach der Militäroperation «Desert Storm» gegen Irak (1991), bekannt als der erste Golfkrieg, markiert auch eine ominöse wirtschaftliche Wende in Europa. Die bis dato blühende Konjunktur fängt unverhofft zu schwanken an. Medien berichten über die ersten Massenentlassungen, in den Betrieben häufen sich sogenannte «Fusionen» – ein Tarnvokabular für brutale Personalreduktionen; man hört vom Sparen. Das mörderische «Sparen» lernt man bei den US-Amerikanern. Ihre Manager suchen scharenweise die Schweiz heim, um unseren Wirtschaftsgewaltigen ihre nicht zimperliche Spar-Weltanschauung beizubringen. Es gibt nun kein Ölembargo à la 1973. Auch keine anderen relevanten wirtschaftlichen Gefahren oder Ursachen bedrohen Europa als tatsächliche oder hypothetische Katalisatoren der herannahenden Rezession. Und doch: Sie kommt, wie eine Dampfwalze. Diese Dampfwalze hat einen Namen, der heisst «Umdenken». Die Philosophie des «Umdenkens» ist simpel: Dort, wo gestern noch zehn Menschen gearbeitet haben, sind heute ganze fünf beschäftigt. Natürlich müssen diese die Arbeit der früheren zehn verrichten – für den gleichen Lohn unter immer länger werdenden und kräftezehrenden Arbeitszeiten. Wo gestern noch tüchtig in Ausbau, Schaffung von neuen Arbeitsplätzen oder in etwaige Verbesserungen der Infrastruktur investiert wurde, wird heute der rote Stift eingesetzt. Schluss!

Als Erste fallen die Fremden dem obskuren «Stift» zum Opfer. Mein Schweizer Pass (inzwischen bin ich Schweizer Bürger geworden) erweist sich in dieser Lage als völlig nutzlos, bald bekomme ich es hart zu spüren: Das Auftragsvolumen geht ungebremst dramatisch zurück, ein Kunde nach dem andern braucht mich nicht mehr!

Es gibt wohl nichts Schlimmeres als die permanente Abhängigkeit von einzelnen Personen. Zwei Jahre nach der erfolgreichen Ausstellung bei der SKA-Filiale in Zürich endete meine Zusammenarbeit mit dem «Nebelspalter» abrupt, als der Chefredakteur Werner Meier den Hut nahm. Dem neuen Boss mit dem Spitznamen «Iwan der Schreckliche» passten plötzlich die Winnik'schen Cartoons nicht in den Kram; die altbekannten Ausreden wie «nicht unser Stil» holten mich wieder ein. Damit wiederholte sich der Fall vom Jahr 1980 fast auf den Punkt genau. Seit 1974 zeichnete ich Cartoons für die Wochenzeitung «Die Weltwoche». Der stellvertretende Chefredakteur Markus M. Ronner hat meine Arbeit geschätzt; ihm allein waren die Publikationen in diesem honorigen Blatt zu verdanken, er war schliesslich der erste Redakteur einer grossen Zeitung, der mir eine Chance gegeben hat. Doch die Ade der «Weltwoche» war kurz: Markus M. Ronner schied aus der Redaktion aus und mit ihm auch mein Erfolg. Sein Nachfolger setzte mich just ab. All mein Können, meine berufliche Erfahrung, Erfindungsreichtum oder Fleiss zählen offenbar hierzulande nicht, dachte ich äusserst enttäuscht; die Bereitschaft zur Kontinuität wagen nur einzelne Auftraggeber einzugehen. Und noch weitere, sicherlich nicht abwegige Fragen wurden aufgeworfen: Hängt hier etwa alles von ruchlosen «Beziehungen», dubiosen «Lobbyisten» und «Seilschaften» ab, die man nicht hat? Das stinkt doch evident nach zügelloser «Vetterliwirtschaft», oder irre ich mich da in meiner Not gewaltig?

Am 18. Dezember 1994 schrieb Markus M. Ronner in einem Brief: «Ganz abgesehen davon, dass ich Sie nicht unterstützt haben würde, wenn Sie nicht sofort Ihr grosses Talent unter Beweis gestellt hätten... Was Sie von meinen Landsleuten erzählten, ist auch mir nur allzu bekannt. In jedem anderen Land der Welt hätten Sie es menschlich leichter gehabt...»

Wie dem auch sei, häuften sich in meinen Schubladen wieder, wie vormals, neue Ideen, Entwürfe und fertig gezeichnete Cartoons; dort blieben sie auch für immer begraben. Noch einige Monate durfte ich für «Nautilus» die

Prospekte gestalten und Illustrationen zeichnen. Eines Tages rief mich der dynamische Moller in sein riesiges Büro. Er war wie immer äusserst «offenherzig».

«Also, Herr Winnik, es ist nun so weit», teilte er kurz und bündig mit, «ich habe für Sie keine Aufgaben mehr. Jetzt heisst es mal, fleissig zu sparen und an unsere eigenen Landsleute zu denken. Adieu!»

Die Monate vergehen. Jeglicher Versuch, Aufträge zu finden, endet in einem Fiasko. Telefonate, Briefe oder persönliche Besuche bei Firmen, Redaktionen, Büros, Banken bringen nichts. Wir leben schon über ein Jahr von den Reserven, die mit jedem Monat unaufhaltsam schmelzen. Zu alldem kommt noch ein weiteres Problem: Das Mehrfamilienhaus, das 1974 vor meinen Augen gebaut wurde, wurde saniert. Die Liegenschaftenverwaltung kam auf einmal auf die Idee, die Balkone zu hässlichen Terrassen auszubauen. Wozu? Bald wird es klar: des Mietzinses wegen; er stieg rapid. Damit nicht genug: Die neuen Bewohner aus Kleinasien und dem Balkan ziehen ins Haus ein. Die bislang ruhige Liegenschaft, wo ich über zwei Jahrzehnte gewohnt hatte, wird plötzlich unerträglich laut: rüde Schreie der Erwachsenen und ihrer unzähligen Kinder, dröhnendes Musizieren, Abfälle im Treppenhaus, in der Garage, im Keller. Überall! Alles Dinge, worüber man in der Schweiz bereits nicht mehr offen sprechen darf. Der Lebensstil und die mentalitätsbedingten seltsamen Bräuche der Leute nehmen zuweilen bizarre Auswüchse an, die wir weder begreifen noch über uns ergehen lassen können.

«Wir haben heute unseren Waschtag», berichtet Elżbieta. «Als ich in die Waschküche ging, um die Wäsche zu holen, fand ich sie auf dem Boden vor. Eine Muslimin stoppte vorher mutwillig die Maschine, nahm unsere Sachen heraus und füllte sie mit den eigenen. Weil sie viele Kinder habe, während ich nur einen Hund hatte, fuhr sie mich grob an. Deshalb stehe ihr das Recht zu, als Erste die Maschine zu benutzen. Ihr Bub hockte neben ihr und verrichtete völlig unbeirrt seine Notdurft direkt auf den Fussboden.»

Unsere Appelle an den Hauseigentümer, die Schweizerische Rentenanstalt, Ordnung zu schaffen, bleiben ohne Resonanz. Einsehbar, warum: Man hat uns der neuen «Integrationspolitik» der Behörden zum Frass hingeworfen.

Eine andere Wohnung suchen wir – günstig und ruhig. Viele Interessenten melden sich inzwischen für die bisherige, doch sie kommen und gehen. Endlich: Eine iranische Familie reserviert sie. In der Überzeugung, in eine neue Zweieinhalbzimmerwohnung ausserhalb von Zürich ziehen zu können, annulliere ich die Inseraten-Publikationen. Welch ein fataler Fehler! Knapp eine Woche vor unserem Umzug, das heisst nach drei langen Wochen Zuwarten, telefoniert der Iraner:

«Ihre Wohnung übernehmen wir nicht, da sie keinen Geschirrspüler hat», lautet sein Urteil. Es passiert dennoch ein Wunder: Zwei Tage vor dem Ablauf des Termins kann ich die Wohnung unerhofft absetzen – eine kurdische Familie, eine ganze Sippe zieht ein. Allah sei Dank!

Unser neues Zuhause in einem Zweifamilienhaus ist entschieden zu klein, um den vielen Möbeln aus der früheren Vierzimmerwohnung genügend Platz bieten zu können. Zwei Kleiderschränke, ein Schlafsofa, einige Kommoden, Tische, Stühle und dergleichen habe ich verschenkt oder in die Brockenhäuser gebracht. Es gibt so gut wie keinen Keller, nur eine enge und nassfeuchte Nische unter der faulenden Treppe. Von vielem Brauchbaren muss ich mich wieder einmal trennen; der vorhandene Raum reicht nur für die Winterreifen aus. Die Erdgeschosswohnung weist jedoch einen signifikanten Vorteil auf: Wir haben zwar einen sehr kleinen, aber eigenen geschlossenen Garten. Auch Platz für Elżbietas Blumen ist da. Während ich mit allergrösster Freude den im Garten so gerne spielenden Napoleon beobachte – für ihn ein Stück echte Natur –, umso grösser wird mein Kummer um unsere nahe Zukunft: Nicht mal Elżbieta ahnt, dass wir völlig pleite sind. Mit dem Rest der Ersparnisse lassen sich lediglich zwei bevorstehende Monatsmieten und Krankenkassenbeiträge bezahlen. Und keinen Deut mehr!

Die Jobsuche wird fortgesetzt. Ein Güterbahnhof in der Nähe weckt meine Aufmerksamkeit. Ich gehe hin, spreche mit einem Leiter. Nein, mein Alter stört ihn gar nicht; die Arbeit ist doch einfach, die Eisenbahnwaggons be- und entladen. In drei Schichten. Der Lohn pro Stunde: ganze 15 Franken. Elżbieta bricht in Tränen aus, als ich ihr vorsichtig offenbare, was ich nun zu arbeiten beabsichtige:

«Du hast den Verstand verloren, die Arbeit mit schweren Lasten bringt dich um. Hast du die Doppelleistenbruch-Operation schon so schnell vergessen? Und alles noch für diesen elenden Hungerlohn? Was sind das für alberne Ideen? Du bist mir ein Packesel!»

«Nein, vergessen habe ich die Operation nicht», lüge ich, «ich bin jedoch gezwungen, etwas zu tun, was Geld bringt. Sonst ...»

«Was sonst?»

Ich schweige. Ich darf ihr nicht alles verraten, dass mich zum Beispiel Albträume verfolgen, dass ich kaum noch schlafen kann, dass ich hin und wieder sogar mit Selbstmordgedanken spiele. Dass ich mich wie ein Versager fühle, ein unbeholfener Schlappschwanz und kein Mann.

Das vage Vorhaben mit dem Güterbahnhof wird vorläufig ad acta gelegt. Eine PR-Agentur auf dem Zürichberg braucht für einen Werbeprospekt professionelle Innenaufnahmen. Weil die einstmals recht gut zahlende Agentur ebenfalls jäh zu «geizigen Schotten» geworden ist und «sparen» muss, fotografiere ich die gewünschten Objekte für eine lächerliche, jedoch bedeutend höhere Entlohnung, als dies am Güterbahnhof angeboten wurde. Der Auftrag gibt mir auch das Gefühl der Brauchbarkeit zurück, und das verdiente Geld ermöglicht, für noch fällige monatliche Krankenkassenbeiträge aufzukommen. Aber, wie soll es weitergehen? Jedes nahende Monatsende stürzt mich in tiefste Verzweiflung: Wo ist der Ausweg? Wo? Vielleicht Sozialhilfe beantragen? Das geht auch nicht; einem Freelancer wie mir steht sie nicht zu.

DIE ERSTE BRILLE

Womöglich ein Zufall – oder Vorsehung – wollte es, dass mich unverhofft Agatha Gambi anrief. Sie ist eine qualifizierte Grafikerin, hat ein eigenes Atelier, ist selbstständig. Früher arbeitete auch sie fürs Reiseunternehmen «Nautilus».

«Für Nautilus», erzählt sie am Telefon, «bin ich nach wie vor tätig. Nun habe ich von ihm einen, würde ich sagen, künstlerischen Auftrag erhalten, mit dem ich selber nichts anfangen kann. Aber vielleicht du?»

Agatha lebt in Spreitenbach, ziemlich weit von Kernwill, unserem jetzigen Wohnsitz. Ich fahre unverzüglich hin. Die Frau erklärt den Sachverhalt der bevorstehenden Aufgabe.

«Es handelt sich um nicht typische Reisekatalog-Umschläge. Originell müssen sie sein, und dies nicht nur als kreative Idee, sondern ihre ästhetisch-technische Ausführung ebenso. Könntest du so was bewerkstelligen?»

Mir kommen die Zeiten in den Sinn, als ich noch ausreichend Kundschaft hatte. Ziemlich oft wurde nicht das fertige Bild bestellt, sondern nur ein origineller Gag. In meinen Bewerbungen habe ich immer hervorgehoben, dass ich es schaffe, zu jedem noch so ausgefallenen Thema einen treffenden Geistesblitz zu bekommen. Darüber wusste auch Agatha Bescheid.

«Also, wie üblich», sage ich ihr, «benötige ich als Erstes genaue inhaltliche Angaben der zukünftigen Kataloge, wie etwa die Länder, Destinationen, Städte und Orte. Ebenfalls interessiert mich die geplante Druckart sowie die Papiersorten der Kataloge. Das ist Basis, danach beginnt die Kreativität.»

Zu Hause beginne ich flugs, grafisch zu visualisieren. Die noch unklaren Ideen müssen sofort aus dem Kopf heraus auf Papier übertragen werden. Eine Skizze folgt der andern; es ist aber nicht so einfach, das Imaginäre ins Reale umzusetzen. Nur Ruhe bewahren, sonst wird die unterbewusste Eile zum störenden Denkhindernis, besänftige ich mich selber. Wie gut, dass der treue Napoleon stundenlang neben mir auf dem Boden liegt. Sein Maul stützt er liebevoll auf meinem Fuss ab, der körperliche Kontakt zwischen uns ist nicht mehr wegzudenken. Er ist darüber sicher höchst erfreut, dass ich jetzt so oft und so lange zu Hause bleibe! Wenn er bloss wüsste, weshalb! Auch seinetwegen, denn in jedem Moment könnte wieder etwas Unvorhergesehenes hereinbrechen. Wo nähme ich dann das Geld für den teuren Tierarzt her? Zu meiner Beruhigung habe ich Napoleon bei der «Epona»-Tierkrankenkasse versichert. Therapiekosten bis 1.000 CHF werden dort ohne Weiteres übernommen. Die Versicherung funktioniert ebenso reibungslos wie der ETI-Schutzbrief des Touring-Clubs der Schweiz.

Nach zwei Tagen heisst es «Heureka»: Ich hab ihn, den richtigen Einfall. Na klar, Papiercollagen sollen es sein, Collagen, die dem Betrachter strukturell ungewöhnliche optische Effekte bescheren würden. Auch das Verfahren, wie ich sie herstelle, wurde mehrmals ausprobiert und perfektioniert. Zuerst zeichne ich im Endformat A3 nur Konturen des thematischen Bildes, etwa mit dem Titel «Arizona». Hernach wird eine matte Papierfolie daraufgelegt, die Konturen des gewünschten Bildfeldes mit dem Rapidograf abgepaust. Die Folie mit den Umrisslinien wird auf das gewählte Farbpapier gelegt und anschliessend mit dem spitzen Grafikermesser samt diesem Papier möglichst genau ausgeschnitten. Den Ausschnitt klebt man präzise auf «seine» Stelle auf der konturierten Bildvorlage auf. Schritt für Schritt, zwei, drei, vier Tage nacheinander, je nach der Kompliziertheit der Bildkomposition. Das Ganze erfordert unendlich viel Geduld, Arbeit und Zeitaufwand; anders geht es nicht.

Agatha ist mit meiner Erfindung zufrieden. In ihrem Atelier steht ein grosser Tisch mit starken Halogenlampen zur Verfügung. Den ersten Tag verbringe ich wieder bei «Racher»; das Ladenangebot an farbigen Papieren ist immens. Nachher arbeite ich ununterbrochen zwei Monate bis in die Nacht hinein. Als Agatha die ersten Bilder bei «Nautilus» präsentiert, werden diese ohne Widerrede angenommen. Nur der argwöhnische Kanal, wie dies später mein Freund Wolfgang Sommer berichtete, schöpfte Verdacht:

«Agatha ist nur eine Grafikerin, keine Küstlerin. Solche Bilder kann sie unmöglich machen. Aber Winnik – ganz bestimmt», meinte er.

Agatha bezahlt meine Arbeit x-fach besser, als das die PR-Agentur für die aufwendigen Innenaufnahmen getan hatte. Ich bin natürlich sehr froh und hoch motiviert; lediglich meine Augen beunruhigen mich. Das grelle Halogenlicht setzt mir zunehmend zu. Die lästigen Tränen verschleiern die Sicht, dann tauchen plötzlich schwarze Flecken im gesamten Sichtfeld auf; immer häufiger unterbreche ich die Arbeit, lege kühle Kompressen auf die Augen, die wenig helfen.

Als die letzte, die 18. Papiercollage fertiggestellt wird, trage ich bereits meine erste Brille ...

Napoleons «Wachdienst» am Strand von Santa Lucia, Sardinien

BLUTIGER ERNST

Der arme Napoleon ist wiederum in Not. An den Fersen seiner Hinterbeine wuchern plötzlich blutige graue Eiterblasen. Mit jedem Tag nehmen sie an Grösse zu, bald sehen sie wie zwei Riesentrauben aus. Die unheimlichen «Dinger» bereiten Napoleon höllische Leiden; sie hindern ihn beim Laufen oder Hocken, er kann nicht mal das Beinchen hochheben und schläft nicht mehr auf dem Rücken – ein alarmierendes Zeichen eines ganz schlechten Befindens.

«Die gottverdammten genetischen Schäden haben jetzt an dieser Stelle zugeschlagen», sagt mitfühlend Doktor Coradi, «was soll ich denn unternehmen? Vielleicht lohnt sich ein kleiner chirurgischer Eingriff, denke ich.»

Mit dem Skalpell macht er an jeder Blase einen Anschnitt, schiebt in die blutenden Wunden mit Chemie getränkte Wattestäbchen. Wahrscheinlich Antibiotika. Der Eingriff ohne Betäubung ist offensichtlich extern schmerzhaft, Napoleon heult und winselt markerschütternd; aus Mitempfinden mit ihm erzittere ich bis an die Haarwurzel, mein Kopf platzt bald vor Überdruck.

In solchen grauenhaften Augenblicken sinne ich unwillkürlich und wutgeladen über menschliche Verwerflichkeit nach, über die Züchterin in Warschau, die aus Profitgier und nicht aus Sorge um den Erhalt der Rassenreinheit solche Invaliden produzieren lässt. Warum bestraft sie niemand, auch der scheinbar gerechte Gott nicht? Was hat er mit dem Monster, das er vermeintlich nach eigenem Vorbild schuf und Adam nannte, bloss angerichtet! Was für ein fataler Irrtum oder es ist eben die zum Himmel schreiende Gedankenlosigkeit, die uns gestattet, andere Lebewesen – nicht geringere Geschöpfe desselben Gottes – als Sachen zu behandeln! Mein leidgeprüfter Napoleon ist ein krasses Beispiel dessen. Die Fersenabszesse quälen ihn noch viele weitere Wochen, und es gibt am Ende keine andere Lösung, um ihn von dem Elend zu befreien, als eine neue Operation. Sein Schicksal ist mein tiefer Gram!

ZYPERN

Mit dem bei Agatha verdienten Geld habe ich eine kurze finanzielle Verschnaufpause. Damit sind die materiellen Sorgen noch lange nicht vom Tisch. Das grässliche Dilemma der unsicheren Zukunft klafft in meiner Vorstellung nach wie vor wie ein gähnender Abgrund. Alle neuen Bemühungen, Jobs oder Aufträge zu ergattern, scheitern kläglich.

Unsere Religion beteuert, dass wir alle unter dem Schutz Gottes stehen. Zuweilen stimmt das sogar; ein überraschender Telefonanruf von Christian Moller aus dem «Nautilus» beweist es.

«Wir benötigen dringend tolle Fotos von Zypern»,* höre ich staunend seine Stimme, «wären Sie bereit, diese Reise anzutreten?»

Lediglich zwei Vorbereitungstage habe ich zur Verfügung. Und da Geschichte sich zu wiederholen pflegt, stösst mir genauso wie vor einigen Jahren wieder etwas zu: Das Augenlid ist geschwollen, eine Entzündung bahnt sich ausgerechnet am rechten Auge an – meinem «Hauptwerkzeug», mit dem ich fotografiere! Wie soll das jetzt funktionieren? – ich bin ja praktisch halb blind! Eine Augenärztin verschreibt irgendeine Salbe; sie bringt vorerst keine Linde-

Erläuterungen auf Seite 315

rung. Im Gegenteil, die Entzündung nimmt noch rasanter zu, und so trete ich die Reise an. Im halb leeren Flugzeug der Olympic Air sitzend, beobachte ich den Landeanflug der Maschine in Larnaca. Die Landepiste, die Häuser und die Strassen unten sind so deutlich sichtbar wie auf einer Nahaufnahme. Herrlich! Aber was soll das? Die Autos ... Gott, die Autos bewegen sich auf der linken Strassenseite! Linksverkehr?! Horror! Während der fieberhaften Reisevorbereitungen habe ich total vergessen, dass die Insel bis 1960 britische Kolonie war! Die Entdeckung versetzt mich in helle Aufregung, und die blosse Vorstellung, in wenigen Minuten dort ein Auto mit dem Steuerrad auf der rechten Seite fahren zu müssen, wirkt auf mich wie eine kalte Dusche.

Vor dem Flughafengebäude händigt mir eine Zypriotin – die Firmenvertreterin – die Inselkarten samt Schlüsseln eines weissen Mitsubishi aus. Und verschwindet. Was jetzt?

Ich muss nach Ayia Napa*, das östlich von Larnaca liegt; das bedeutet eine gewagte Fahrt quer durch die ganze Stadt, die ich nicht kenne. Wie soll ich das schaffen? Eine Alternative gibt es ohnehin nicht; es muss gefahren werden. Um mich etwas an das Auto zu gewöhnen, drehe ich sicherheitshalber die ersten 100 Meter Proberunden auf dem grossen Platz vor dem Flughafen. Hm, Herrgott, jedes Mal, sobald ich in einen anderen Gang schalten will, greift die rechte Hand unwillkürlich nach rechts und trifft auf die... Türklinke. Das Auto treibt seinen Schabernack mit mir! Nach kurzer Übung wage ich mich auf die Strasse. Mamma mia, die entgegenkommenden Autos fahren allesamt auf der «falschen» Strassenseite – wie kann ich mich daran gewöhnen? Ich bin ja ein «Linker», mein Hirn ist seit Jahrzehnten darauf programmiert. Aber das wirklich Veloziferische steht mir noch bevor – der erste Kreisel. Allen bisherigen Regeln zuwider muss ich dort nach links abbiegen. Na gut! Wie aber komme ich aus dem teuflischen Kreisel heraus? Zumal die Einheimischen nicht bloss fahren, sie rasen wie verrückt. Ein wahres Rodeo!

Die Einfahrt in den Kreisel habe ich bereits hinter mir. Weil der Kreisel zweispurig ist, versuche ich nun aus der zweiten Spur in die links gelegene Ausfallstrasse nach Ayia Napa abzubiegen. Mein unschlüssiges Kriechen erbost die anderen Lenker offensichtlich masslos; sie hupen, drängen, tippen

* Erläuterungen auf Seite 315

mit dem Zeigefinger an die Stirn. Einer setzt plötzlich zu einer halsbrecherischen Überholung an, just in dem Augenblick, als ich gerade dabei bin, endlich nach links abzubiegen. Die Bremsen kreischen; wir halten beide abrupt an. Aufgeregt schreit er mir etwas zu, die anderen hupen, sofort bildet sich ein langer Stau. Eiligst entschuldige ich mich durch das offene Fenster auf Englisch. Aha, das wirkt, er begreift, dass ich ein Ausländer bin, nickt verständnisvoll mit dem Kopf – «All right!» – und lässt mich durch.

Schön ist Ayia Napa allenfalls, denke ich, während ich aus dem Auto steige, und fühle, wie schwach meine Beine geworden sind. Die Fahrt mit der ständigen Angst im Nacken hat mich regelrecht verbraucht. Davon zeugt auch der Fahrersitz auf der rechten Seite. Er ist klatschnass, als hätte ihn jemand mit vollen Kübeln Wasser begossen: von meinem Schweiss.

Als Belohnung für die durchgemachten Strapazen bekomme ich ein echt feudales Appartement. Aus der Höhe der zehnten Etage des Hotels «Dome» eröffnet sich mir der Blick auf einen famosen Strand; unzählige türkisblaue Schwimmbäder versinken zwischen Palmen und üppiger tropischer Vegetation. Einfach märchenhaft! Dennoch ein leidiger Trost für mich: Das kranke Auge verschliesst nicht nur die Welt vor mir, es tut auch noch empfindlich weh. Morgen soll mit der Arbeit begonnen werden; die Terminliste ist lang, sie umfasst den gesamten griechischen Teil der Insel. Was soll ich tun, wenn ich nicht einmal ins Okular der Kamera schauen kann? Statt die Auftragsliste zu studieren, begebe ich mich zum Hotelmanager. Der dicke, elegante Mann erfasst schnell meine verdriessliche Lage und ruft jemanden an. Trotz der späten Stunde trifft kurz danach ein Augenarzt im Hotel ein – aus dem 60 Kilometer entfernten Larnaca! Ich bekomme zwei Salben, Augentropfen und penetrant riechende feuchte Umschläge. Nur schweren Herzens gelingt es mir, langsam einzuschlafen. Am nächsten Tag spüre ich den Augenschmerz nur noch ganz leicht, ja, es ist sogar noch besser: Ich kann ganz bestimmt in die Kamera gucken. Das klappt. Nicht zu fassen!

Der erste Tag in Ayia Napa ist vorbei. Todmüde liege ich auf dem Bett mit einer Kompresse auf dem rechten Auge. Gegen Abend schwillt es erneut an; es wurde eindeutig überstrapaziert. Einige Tageserinnerungen drängen sich in meinen Kopf. Die erste von zwei Frauen Mitte vierzig. Sie sassen auf einem Erdgeschoss-Balkon an einem kleinen Tisch mit einer Weinflasche darauf und beobachteten meine «Kletter-Kunststücke» beim Fotografieren. Weil ich davon ausgehe, dass die obere Perspektive vorwiegend für gute oder gar überraschende optische Effekte sorgt – sonst sehen wir alles nur aus der Höhe des eigenen Wuchses –, studiere ich geduldig die Umgebung nach irgendeiner Erhebung. Zwar ist die höhere Lage nicht immer leicht erreichbar; dann muss man halt klettern: sei es auf Bäume, Türme, Balkone oder Gemäuer. Egal was, nur hoch genug soll es sein. Beim heutigen Klettern auf einen Schuppen rutscht mein Fuss aus, die schwere Zenza Bronica entgleitet mir aus der Hand und befindet sich schon auf dem Flug zum Betonboden, als ich sie in der Luft schnappen kann. Die Rettung des Geräts bleibt nicht ohne Folgen – ich ziehe mir eine blutige Ellbogenprellung zu, womöglich als leise Rache der rauen Schuppenwand, gegen die ich gestossen bin.

Die freizügig bekleideten Frauen auf dem Balkon lachten mir freundlich zu, schliesslich luden sie mich zu einem Glas Wein ein. Meine hässliche Wunde haben sie behutsam mit einem Pflaster versorgt, was ich sehr lieb fand. Die Holländerinnen langweilten sich und waren zum Scherzen aufgelegt, gemixt mit prickelnden Wortspielereien.

«Lohnt es sich überhaupt, wegen eines Fotos so viel zu riskieren?», fragte eine der Blondinen. «Sie hätten sich dabei auch etwas anderes, Schlimmeres als den Ellbogen verletzen können. Und was dann?»

«Dann», sagte die andere, «wäre es Schluss mit der Manneskraft, ne?»

«Alles möglich», entgegnete ich, «für manch gelungenes Foto haben unzählige Fotografen mehr als ihre Männlichkeit verloren, sogar ihr Leben.

«Ach so!» Die Frauen brachen wieder in Gelächter aus. «Wir dachten, dass die Männer in puncto ihrer Kronjuwelen besonders umsichtig sind. Aber Sie scheinbar nicht?»

«Mag sein, das ist alles meiner Gedankenlosigkeit zu verschulden», versuchte ich auf der Wellenlänge der Frauen zu bleiben, «und wo sind Ihre Männer?»

«Wir sind alleine hierhergekommen.»

«Ich verstehe, Sie sind Partnerinnen.»

Die Frauen sehen einander an:

«Gewiss. Aber wir verschmähen beide die Männergesellschaft ganz und gar nicht. Wir sind für alle Optionen offen. Und die Nächte hier sind so herrlich, sie laden förmlich zu etwas Lyrischem ein. Kommen Sie doch vorbei!»

Ich wäre ein Lügner, wenn ich jetzt pharisäisch behaupten würde, die Frauen wären nicht nach meinem Gusto gewesen. Im Gegenteil: Sie gefielen mir ungemein, ihre anziehenden Körperreize, die sie so gekonnt zur Schau stellten, betörten mich geradezu, und in meiner Fantasie habe ich mir rasch vorgestellt, wie heiss ein Dreier mit ihnen sein könnte ... Ja, es könnte ... Nein, Angst vor Versagen, es mit zwei Frauen gleichzeitig zu treiben, hatte ich gar nicht, weil ich auch ein Sexverehrer bin. Und doch ... ich kniffte. Was darauf folgte, werden viele diese Zeilen lesende Männer todsicher als Hypokrisie oder komplette Dummheit, noch schlimmer, als Sünde bewerten: Ich sagte den Frauen ab!!! Ja, ja, ich bin ein Arsch, der unseres Geschlechts nicht würdig ist. Und warum? Weil ich eben schon eine liebe Frau hatte, der ich Treue schwor, so altmodisch das auch tönen mag. Ausserdem war ich auch nie ein Anhänger von gelegentlichen Seitensprüngen und blieb somit gerne «ridikül» ... Für Wein und Gastfreundschaft bedankte ich mich bei den Holländerinnen:

«Ich befinde mich auf einer Dienstreise, nicht zum Spass im Urlaub. Mein Zeitplan ist wahnsinnig eng, und schon morgen Früh geht die Reise weiter. Darum muss ich gehen ...»

Das zweite, wohl weniger amüsante Abenteuer hatte ich am Strand. Eine Gruppe junger, laut schreiender Engländer machte sich über mich lustig, als ich dort fotografierte. Sie meinten, ich sei einer dieser zahlreichen Hobbyfotografen – fetter Bauch, eingefallene Brust und strahlende Glatze –, die hier nach attraktiven Frauen auf der Pirsch sind. Es biedert sich doch überall, wohin man blickt, so viel nacktes Fleisch an; eine einmalige Chance für ihre privaten Fotoalben. Ich sprach die Männer an:

«Sie spotten über mich, nicht wahr?»

Statt zu antworten, umringten sie mich; einige rupften mutwillig an den Fotokameras, jemand stiess mich grob gezielt von hinten, damit ich umfalle.

Das rief bei den Männern noch wilderes Gelächter hervor.

«Knipst du hier nur die Weiber», schrien sie durcheinander, «und uns Männer nicht? So ein schlüpfriges Arschloch bist du!»

«Nein!», widersprach ich auf Deutsch, «ich fotografiere nicht zum Vergnügen, sondern mache nur meine Arbeit. Euch kann ich auch aufnehmen.»

«Really?»

«Really!»

Bereitwillig stellten sich die lausbübischen Männer in eine Reihe rückwärts zur Kamera, beugten sich und ... liessen ihre Slips nonchalant runter. So blieben sie auch – mit anderen Strandbesuchern im Hintergrund – auf dem Bild für ewig festgehalten.

Die dritte Tagesbegegnung ereignete sich an einem Schwimmbecken beim Luxushotel «Eneas». Ein fettleibiger Mann beobachtete grimmig jeden meiner Schritte, meine Anwesenheit mit der Kamera war ihm sichtlich nicht geheuer. Das habe ich sofort gespürt. Eine ebenso dicke Frau und zwei Kinder planschten neben ihm im Wasser; von weit her vernahm ich Russisch.

«Wer sind Sie?», fragte er mich, selbstverständlich auf Russisch. «Es ist verboten, hier zu fotografieren.»

«Da irren Sie sich», antwortete ich, «sonst würden die Gäste hier ebenfalls nicht fotografieren dürfen. Und doch fotografieren alle, machen Fotos zum Andenken, was normal ist. Wir sind hier schliesslich nicht in Russland.»

Aus Erfahrung weiss ich, wie verblüfft die Russen im Ausland reagieren, wenn sie merken, dass jemand ihre Sprache versteht. Seine Frage war mir nicht neu:

«Wo haben Sie unsere Sprache gelernt?»

«In der Schule.»

«In welchem Land?»

«In der Schweiz.»

«Ach so. Man merkt jedoch gleich, dass Sie Ausländer sind, sprechen aber ziemlich gut. Haben die Sprachschulen in Ihrem Land wirklich so ein hohes Bildungsniveau?»

«Sie sagen es! Vor allem jene für Journalisten.»

«Habe ich mir's doch gedacht», triumphierte der Russe, «ein Tourist fotografiert meist mit einer kleinen Amateurkamera, nicht mit solchen Profi-Kanonen wie Sie eine haben. Sie sind wohl auf der Jagd nach bestimmten Personen. Oder?»

«Nein. Diesmal mache ich lediglich Werbeaufnahmen von Objekten, das hat mit Personen nichts zu tun. Okay, ich muss weiterziehen. Adieu!»

Solange ich noch im Blickfeld des Russen war, schaute er mir misstrauisch nach. Meine beschwichtigenden Argumente überzeugten ihn kaum. Er hatte offensichtlich einiges zu verbergen – womöglich als Oligarch, Minister oder hoher Staatsbonze. Wie hätte er sonst das 1.000-Dollar-Hotel pro Woche berappen können?

«Golden Beach» heisst das Fünfsternehotel nahe der Ortschaft Protaras, nur zehn Kilometer vom türkisch besetzten Nordteil der Insel entfernt. Der Luxus im Hotel ist ebenso überschwänglich wie störend; das Personal verhält sich derart höflich, dass, wenn jemand niest – das muss man sich mal vorstellen! – es sogleich dem Gast die Nase putzt.

Der Üppigkeit stehe ich immer mit verhaltenen Gefühlen gegenüber. Dass hier Leute mit Geld ihre Zeit vertreiben oder gar hier wohnen, macht mich nicht neidisch. Jedem das Seine, meine ich gelassen. Mich interessiert eher die künstlerisch-technische Seite der Anlagen. Stets bewundere ich den Einfallsreichtum der Architekten und Handwerker, deren Ideen und Hände solche Bauwerke zustande bringen: die exakte Materialbearbeitung diverser Marmorgattungen und Steine, Glas, Keramik und sogar scheinbar montonen, abweisenden Betons. Sowohl das fachliche als auch das kreative Schaffen dieser Menschen beeindruckt mich gewaltig, und es ist gut so, dass jemand mit dickem Portemonnaie ihnen die Chance gibt, dieses geistige Gut lebendig umzusetzen. Darum sage ich «Viva Luxus!» und bin bereit, selbst im Schloss Chambord Quartier zu nehmen. Warum denn «Nein» sagen?

Zur Aufklärung des Lesers sei an dieser Stelle angemerkt, dass der geschilderte Komfort mitnichten zum Alltag eines Reporters gehört. Ich habe schon in Beduinenzelten, in verrotteten Autowracks, auf steinigem Boden, in schmuddeligen «Hotels» ohne Türen, Fensterscheiben, Wasser und Matratzen gewohnt – einstmals drei Tage und Nächte lang in der ägyptischen Stadt Marsa Al'Alam am Roten Meer, wo man grössere Angst um die teure Fotoausrüstung als um sein Leben hatte.

Nach den obligaten offiziellen Aufnahmen von Hotel, Strand, Restaurant, Buffets und dergleichen – alles bunt, schick und gediegen für ebenso bunte Werbeprospekte – habe ich vor, das zu machen, was mir den grössten Spass bereitet: Fotos von der Umgebung. Der Auftraggeber erwartet viele solcher Bilder; stimmungsvoll sollten sie immer sein, romantisch, nostalgisch, verführerisch etc. Solche Bilder aber hängen von zahlreichen Bedingungen ab: vom aktuellen Wetter, vom Licht, von der Tages- oder Abendzeit und zu guter Letzt von der Topografie. Das bedeutet, sich ans Steuer zu setzen und stundenlang durch die Gegend zu irren, meist über staubige, holprige, vergessene Strassen und Schleichwege. Das Fotografieren verlangt auch Visualisieren, etwa ein und dasselbe Objekt oder ein Landschaftsfragment, das im ersten Augenblick nicht sonderlich interessant oder gar profan aussieht, sich in einem anderen Licht vorzustellen. Wie geht man dann vor? Ganz einfach: Ich fahre wieder und wieder in den Busch zu dieser Stelle hin, ungeachtet dessen, wie weit und beschwerlich die Route sein mag und wie gut oder mies ich mich gerade fühle. Der Weg zu einem gelungenen Foto kann unter Umständen nicht nur ungemein schweisstreibend und zermürbend sein, sondern auch gefährlich und äusserst undankbar, Dinge, welche der Betrachter am Ende nicht sieht. Ihn interessiert schliesslich nur das Motiv.

Markante Windmühlen prägen das Gefilde rund um Protaras. Das ist exakt das, was ich suche, denke ich. Aus der Ferne gesehen erscheinen sie einfach zum Fotografieren. Schön wär's! Oftmals stehen sie weitläufig über die kahl verbrannten Hügel zerstreut; zu ihnen zu gelangen, erweist sich als mühevolle Knochenarbeit. Ich ersticke fast im Auto von rotem Staub und Hitze. Zum Glück macht der klapprige Mitsubishi keine Probleme. Er läuft wie am Schnürchen. Was würde mit mir geschehen, falls er mitten in dieser Ödnis den Geist aufgeben würde? Ein Mobiltelefon habe ich nicht, auf irgendeine Hilfe hoffen könnte ich nicht. Kein Mensch weit und breit!

Diesen lästigen Gedanken verdränge ich aus meinem Kopf; im Ge-

gental halte ich an, klettere auf den nächsten Hügel, halte Ausschau nach den Mühlen. Da sind sie, aber noch zu wenig plastisch, wenn ich es von hier aus geschossen hätte. Völlig phrasenhaft! In solchen Fällen betrachte ich das Kollektive wie durch einen viereckigen Raster und «teile» das Gesehene in separate Fragmente ein. Alle Materie besteht, wie allseits bekannt, aus einzelnen «Steinchen». Das bezeichnen – soweit ich weiss – die Physiker als Higgs-Felder, die auf der Ebene der Elementarteilchen auf die «Masse» wirken, obwohl sie unsichtbar sind. Nun «schneide» ich quasi virtuell so ein verstecktes Teilchen aus dem Ganzen heraus, und siehe da – eine neue Komposition entsteht. Falls ich mich ihnen wegen etwaiger Hindernisse nicht genug annähern kann, «ziehe» ich sie mit einem 300-mm-Teleobjektiv heran. Dabei erreicht man – dank der sogenannten reduzierten Perspektive – zumeist eine ausgesprochen eindrucksvolle optische Wirkung des geknipsten Bildes. Dutzende von skurrilen Windmühlen habe ich schon in meinem «Kasten», doch der Tag geht zur Neige, die Abendröte setzt bereits ein; Zeit, heimzufahren. Samt meinen mit Schweiss total durchnässten Klamotten gehe ich unter die Dusche. Fürs Abendessen fehlt mir jede Kraft; ich falle ins Bett und schlafe sofort ein.

  Heute steht Larnaca auf dem Plan. Bevor ich mich in die engen, verwinkelten Strassen begebe, rufe ich von einem Postamt Elżbieta an.

  «Zu Hause ist alles normal», sagt sie, «nur Napoleon bleibt hoffnungslos traurig. Seit deiner Abreise verweigert er jegliche Nahrungsaufnahme, Wasser trinkt er ebenfalls nicht mehr. Ich verabreiche ihm Glykosespritzen gegen Dehydration und Stress. Noch keine einzige Nacht hat er bei mir geschlafen, sondern nur liegt er tageland voller Pein auf der Fussmatte vor der Tür auf dich wartend ... Sein Elend bereitet mir grosse Sorgen, nicht dass er erkrankt.»

  Die Erzählung Elżbietas erfüllt mich mit elegischer Traurigkeit. Meine seelische Abhängigkeit vom lieben Napi – so nennen wir Napoleon abgekürzt – kommt jetzt, fern von ihm, einer Wunde gleich. Wie bodenlos ignorant sind jene, die nur von Instinkten oder Hundetreue quasseln! Beides in einen Topf geworfen: Instinkte und Treue. Wenn dem so wäre, ist auch menschliche Treue bloss ein Instinkt, keine seelische Befindlichkeit einer hoch entwickelten Intelligenz. Der kleine Napoleon beweist mit seinem Verhalten und mit seiner

Körpersprache jeden Tag unmissverständlich, wie sehr er sich seines Seins bewusst ist. Ihm fehlt nur die Fähigkeit, seine Gedanken verbal ausdrücken zu können – die Sprache. Dafür jedoch trägt jemand anderer die Schuld – sein Schöpfer. Er hat ihn des wichtigsten Kommunikationsmittels mit dem Menschen beraubt! Nun wird er von ihm willkürlich für etwas bestraft, was er nicht verbrochen hat. Sein Denken setzt der «Herr der Erde» – der Mensch – auf die niedrigste Stufe des Bewussten herab, und zwar auf die Ebene des «Instinkts». Hingegen werden die «Gefühle» des Menschen masslos aufgewertet. Welch satanisches Unrecht! Mark Twain brachte es einst auf den Punkt: «Wenn du einen verhungernden Hund aufliest und ihn satt machst, dann wird er dich nicht beissen. Das ist der grundlegende Unterschied zwischen Hund und Mensch.» Was für eine logische Schlussfolgerung drängt sich da auf? Dass das Menschliche unmenschlich, während das «Hündische» menschlich ist. Die Hunde-Intelligenz kennt keinen Neid, keine Raffgier, keine Geltungssucht, keine Undankbarkeit und keinen Egoismus. Eine Wesenhaftigkeit, die dem Homo sapiens vulgo total fremd ist. Wem gebührt hier also mehr Respekt?

Für mich ist die Antwort auf diese Frage einfach – meinem Napoleon.

Darüber reflektiere ich, unterwegs in den Strassen von Larnaca, immer noch. So gelange ich zur imposanten Kirche des Heiligen Lazarus, der in Israel nach seiner Auferstehung von den Toten hier zum zweiten Mal gestorben sein soll. Da er laut Bibel in seinem Land verfolgt wurde, ergriff er die Flucht in die Fremde, nämlich nach Zypern. Hier soll er sogar der erste Bischof gewesen sein. In der düsteren Gruft unter dem Altar steht ein Sarkophag mit dem eingemeisselten Wort «Larnax» – der Steinsarg –, in dem er angeblich bestattet wurde. Vielleicht, vielleicht aber auch nicht? Das weiss niemand genau. Ausser den Gläubigen. Beim Verlassen der Kirche fällt mir ein wohl ziemlich frivoler Gedanke bezüglich der Lazarus-Geschichte ein. Wäre es nicht klüger gewesen, wenn Jesus zu ihm etwas anders gesagt hätte, etwa: «Lazarus, komm lieber nicht heraus. Das Leben hier draussen ist gefährlicher als im Jenseits!»

Die Kirche ist durch ihre reichlich gemischten Stilrichtungen interessant – byzantinisch, romanisch, gotisch. Es gibt viel zu fotografieren, was ich auch gemacht habe, doch für mich bleibt sie ein typisch griechisches Gotteshaus. Die Luft im Raum ist stickig, riecht penetrant nach brennenden Kerzen und Weihrauch. Scharen von Gläubigen küssen andächtig die reihenweise aufgestellten, vermutlich uralten prächtigen Ikonen, bekreuzigen sich inbrünstig unzählige Male, wonach sie ihre Hände im geweihten Wasser waschen, das aus einem normalen Wasserhahn an der Wand sprudelt ...

Der Jachthafen von Larnaca ist mein nächstes Ziel. Hunderte, wenn nicht Zigtausende von dicht zusammengepferchten, schneeweissen Masten bilden eine Art bizzares Takelage-Dickicht. Das im grellen Sonnenlicht strahlende Weiss hebt sich machtvoll aus dem tiefen Ultramarin des Himmels und des Meeres hervor. Ein märchenhaftes Panorama bietet sich dem Betrachter und überall, wo man hinschaut, sieht man unzählige Bildkompositionen, auch ohne den «Ausschnitt». Die Flaggen von ganz Europa flattern auf den Masten der Segelschiffe; die seltensten davon sind zypriotisch – weisses Feld mit gelber Insel-Silhouette. Der Umstand spricht für sich: Die Insulaner verfügen über eine spürbar schmalere Geldbörse als die angereisten Gäste. Viele Schiffe beeindrucken mit ihrer Grösse und gediegener Ausstattung, das sind «Spielzeuge», die Millionen kosten. Sie zeugen, dem Gejammer mancher Meckerer zuwider, doch davon, dass es zahllosen Europäern bedeutend besser geht als zum Beispiel mir oder den kleinen Zyprioten. Ich bin jedoch vollumfänglich dafür, dass es reiche Leute gibt, die sich derartigen Luxus erlauben können. Im Kopf mache ich die ungefähren Berechnungen der Kosten. Die Schiffe stationieren hier; das ist ihr Heimathafen. Die Besitzer begleichen die «Parkgebühren» für ihre Schiffe, deren technischen Unterhalt und Treibstoff. Sie zahlen sicher den lokalen Behörden auch Steuern dafür. Sie kommen für die Flugkosten nach Zypern auf, sie zahlen für die Hotels, Golfplätze und ganz gewiss die Abgaben für das Eigenheim beziehungsweise die Villen auf der Insel. Dank ihnen boomt die einheimische Tourismus- und Baubranche permanent. Sie stellen einen wichtigen Wirtschaftsfaktor der Republik dar.

Im Mastenwald erregt meine Aufmerksamkeit eine kleine Flagge, die ich auf einem Schiff noch nie gesehen habe – die ukrainische. Ein Schiff aus der armen Ukraine unter den Reichen? Interessant. Ich gehe hin. Es ist ein imposanter Katamaran; von der Kaimauer sehe ich an Deck eine junge Frau. Gegen frische Brise schreie ich ihr auf Ukrainisch «Dobryj den'»* zu. Sie zögert, runzelt verlegen die Stirn, dann antwortet sie auf Russisch:

«Sdrastie!»*

«Sind sie aus der Ukraine?»

«Da.»**

An Deck kommt vom Schiffsbauch heraus ein rothaariger Mann Mitte fünfzig; er horcht eine Weile zu, dann sagt er ebenfalls auf Russisch:

«Wir sind aus der Ukraine, aus Dnipropetrowsk. Woher sind Sie denn?»

«Aus der Schweiz.»

«Ein Ukrainer?»

«Die Gräber meiner Vorfahren befinden sich in Galizien, in der Westukraine, sonst bin ich Schweizer.»

«Fabelhaft! Kommen Sie doch runter zu uns. Ich bin der Inhaber dieses Schiffs, trinken wir mal etwas miteinander?»

Im engen Raum des Schiffsrumpfs liegt auf der Koje noch ein Besatzungsmitglied. Ein Asiate wahrscheinlich, denke ich.

«Das ist Grischa», stellt der Kapitän den Mann vor, «der Ehemann von Galina. Ich hingegen heisse Fima. Wir sind hier quasi ein internationales Team: Galina ist Ukrainerin, Grischa Kalmüke und ich Jude.»

Ich lache. Mich amüsieren nicht ihre ethnischen Unterschiede, sondern nur das Faktum, dass sie alle aus dem Staat Ukraine kommen, und keiner von ihnen beherrscht die offizielle Landessprache. Schon sehr eigenartig.

«Heutzutage arbeiten fast auf jedem Schiff Seeleute aus aller Herren Länder», erwidere ich höflich, «das ist normal. Als Kommunikationsmittel gilt dort Englisch, damit die Verständigung klappt. Ihre Mannschaft hingegen besteht nicht etwa aus Inder oder Afrikanern, sie stammt aus ein und demselben Land, bedient sich dabei einer fremden Sprache. Warum denn?»

Der Kapitän denkt nach, schenkt Tee ein:

«Verstehen Sie mich richtig, bei uns in der Ostukraine es hat sich einfach historisch so eingebürgert, dass wir meist Russisch sprechen. Im Übrigen sind doch die Ukrainer und die Russen Brüder.»

«Brüder? Von wegen!», erzürne ich mich. «Jetzt sind Sie an der Reihe zu

Erläuterungen auf Seite 315

verstehen, dass ich persönlich nichts gegen die Russen habe. Die Geschichte, von der Sie sprechen, sagt aber auch, dass bis zum Jahr 1721 die heutigen Russen sich Moskowiter nannten und sowohl ethnisch als auch mental mit den Ukrainern so viel gemein haben wie ungefähr Juden mit Mongolen.»

«Das ist gar nicht wahr», meldet sich gereizt die Russisch sprechende Ukrainerin zu Wort, «das ist eine ukrainisch-nationalistische Lüge! Alle Menschen sind Brüder!»

Diesen noch zu Zarenzeiten erfundene PR- und Propaganda-Hokuspokus von angeblicher «Bruderschaft», unter deren Vorwand Moskowien seine barbarischen Eroberungskriege gegen die Ukraine sowie alle Nachbarn führte, nannte man pharisäisch stets «Befreiung». Die selbstverlogene Vorstellung hat sich unwiderruflich auch in den Köpfen der neuzeitlichen Russen eingenistet, ihre wahre Geschichte wollen sie gar nicht wissen. Wie könnte man einer russifizierten Ukrainerin – Ausgeburt und Opfer dieser Hegemonie zugleich –, die als russische Kolonial-Leibeigene über eigene Abstammung keinen Schimmer hat, dies überzeugend erklären?

«Wenn Sie recht haben», fahre ich fort, «wieso beharren diese angeblich ‹befreiten Brüder› dann auf der Bewahrung ihrer nationalen Eigenart? Und was ist das für eine brüderliche Gerechtigkeit, wenn die Ukrainer im eigenen Land jahrhundertelang rassistisch gezwungen waren, die Sprache des Okkupanten, Russisch, zu sprechen? Die Sprachen seien gleich?! Wäre es also denkbar, dass die Russen in ihrem Russland miteinander Ukrainisch reden? Tun sie das?»

Der sympathische, rothaarige Kapitän schweigt verlegen. Dann bemüht er sich, Ukrainisch zu sprechen. Es geht, wenngleich ziemlich mühsam.

«Unterlassen Sie das, bitte», unterbreche ich ihn, «das ist nett von Ihnen. Ich beschuldige hier niemanden persönlich. Mich wundert allein die geistige Einstellung einer heterogenen Crew, in der niemand ein ethnischer Russe ist, gleichzeitig aber bis an die Ohren in der sogenannten ‹russischen Welt›, steckt. Das ist der Punkt.»

«Ja, das ist der Punkt», sagt der Kapitän nachdenklich, «der Grund dafür mag eine gewisse menschliche Bequemlichkeit sein, die auf einem pragmatischen Denken basiert. Wenig nützlich wird es für jemanden, der aus der Ukraine, einer neuen Nation kommt. Das Land ist in der Welt zu wenig bekannt; es zählt auf der internationalen Bühne noch wenig. Das habe sogar ich hautnah zu spüren bekommen. Wir segelten doch zu einer Regatta nach Israel, quasi in meine Urheimat. Und wie hat sie mich empfangen? In Haifa durfte ich nicht einlaufen, weil auf dem Mast meines Schiffes wohl oder übel die ukrainische Flagge flatterte.»

Ob die Abneigung der russisch Sprechenden gegen Sprache und Kultur des Landes, wo sie leben und ihr Brot essen nur dem hypothetischen Nutzen zuschreiben kann, tönt wenig überzeugend, denke ich beim Verlassen des Katamarans. Eher der bereits morsche imperiale Anspruch Moskaus auf diesen Teil Europas, gedankenlos bejaht von solchen geistigen Vasallen wie der Mannschaft des Segelschiffes, ist noch nicht erloschen.

Am nächsten Tag bin ich wieder auf Achse. Diesmal steht mir die Überquerung der Insel von Ost nach West bevor. Vorerst steuere ich auf die um die 70 Kilometer entfernte Stadt Limassol zu, später wird die an der Küste entlanglaufende Schnellstarsse – Achtung, derselbe Linksverkehr! – verlassen und nach Norden, ins Troodos-Gebirge, gefahren. Unweit der Demarkationslinie im Ort Pano Platres befindet sich das geplante heutige Ziel. Augenblicklich heisst es jedoch, gut auf die Strassenschilder zu achten, um sich nicht zu verfahren. Die griechischen Toponyme können bei Personen, die nicht ortskundig sind, für leidige Verwirrung sorgen. Auch hier. Ein und derselbe Begriff wird zweierlei geschrieben: mal Limassol, mal Λεμεσος. Manche Ortsnamen weisen sogar mehr Varianten auf!

Die Strasse nach der Ausfahrt von der Autobahn wird mit jedem Kilometer immer schwieriger. Je höher, desto steiler und desto schlangenförmiger die Serpentinen; ein Glück, dass nur hin und wieder meist kleine Pkw entgegenkommen. Hinter einer Kurve lauert die Verkehrspolizei. Die Beamten staunen über meine Zulassungspapiere; sie verstehen nicht, wieso ich, als Fremder, dieses Auto fahre. Auch ich rätsle darüber, worüber sie staunen. Endlich Klarheit: Die Einheimischen fahren Autos mit gelben Kennzeichen. Die Touristen mit roten. An meinem Mitsubishi sind gelbe Schilder angeschschraubt! So fahre ich hier quasi illegal, womöglich sogar mit einem gestohlenen Auto.

Legen mir die Polizisten gleich die Handschellen an? Nein. Ein Firmen-Logo der Reiseorganisation auf der Windschutzscheibe ist ihnen gut vertraut, meine Dokumente bestätigen dies ebenfalls. Ich darf ungehindert weiterziehen. Während die Fahrt fortgesetzt wird, kommt mir der Kreisel in Larnaca am ersten Zypern-Tag in den Sinn. Erst jetzt begreife ich die Wut der einheimischen Lenker über mein unbeholfenes Fahren, weil sie mich für einen tollpatschigen Landsmann-Armleuchter hielten, der das Auto mit dem Hut fährt.

Die anscheinend müde gewordene Sonne verschwand bald hinter den matten Wolken, die kahlen Berge verloren ihre räumliche Einprägsamkeit, sie wurden flach, nur wenig «Stimmungsvolles» bietet sich dar. Die Strasse führt an den wenigen, arg heruntergekommenen Dörfern vorbei, die wie ausgestorben wirken. Triste Armut in einer Welt, die so extrem krass im Widerspruch zum Jachthafen von Larnaca steht. Langsam wird es wieder grün; riesige Zedern verengen die ohnehin schmale Fahrbahn von beiden Seiten bis hin zum Hotel «Forest». Nach einem schnellen, nicht besonders schmackhaften Mittagessen im riesigen leeren Speisesaal des Restaurants fahre ich wieder. Das Ziel: der Troodospass, 1950 Meter hoch. Was ist dort Interessantes? Wenig. Einige schäbige Souvenir-Kioske. Ein junger Mann bietet Reitausflüge auf seinem Kamel an, doch die Kunden sind rar: Die Touristen, die soeben einem Bus entstiegen sind, nehmen keine Notiz von ihm. Was könnte man hier Attraktives vor die Linse bekommen? Wo? Die Natur. Das Objektiv «betrachtet» die Welt etwas anders als unser Auge. Wir sehen, wie man weiss, mit dem Hirn in 3 D und in Echtzeit. So bleibt das imaginäre Langweilige auch unverändert langweilig. Die tote, gleichgültige Linse hingegen kann hier – wenn man sie geschickt einsetzt – Wunder wirken. Es beansprucht nur etwas mehr Zeit. Die vorab erwähnte «reduzierte Perspektive» eines starken Zoomobjektivs leistet dabei einmalige Dienste. So setze ich die Kamera auf das Stativ und studiere übers Okular scharf die nahe und ferne Landschaft. Man sucht die Ausschnitte aus dem Ganzen. Ähnlich wie bei einem Feldstecher türmen sich im Blickfeld des Teleobjektivs wie übereinandergestapelt Bäume, Hügel, Berge. Ich knipse ein Bild nach dem anderen. Die gleichen Motive werden nach längerem Abwarten und verändertem Licht erneut aufgenommen. So lange, bis man Gewissheit hat, mindestens einige gute, verwertbare Fotos geschossen zu haben. Das nennt man souverän Erfahrung und Intuition.

Das Hotel «Forest» entspricht seinem Namen – Wald. Betäubende Stille hängt in der Luft; die im Wind baumelnden Zeder-Äste lugen neugierig durch die Fenster ins Zimmer. An und für sich ein ideales Refugium für echte, sinnliche Entspannung und Reflexion, es stört ja keiner. Doch ist das wuchtige Gebäude fast leer. Verständlich, warum: Die Stadtaffen schaffen es noch nicht einmal, im Urlaub vom heillosen Kuddelmuddel abzulassen; das Bad in der Menge ist noch willkommener als im Wasser. Oder eben im Wald. Nach solcher Pseudomorphose sind sie abgehetzter als zuvor!

Adieu, Páno Plátres, mein Weg führt nun nach Paphos, zurück in die «gelobte» Zivilisation, denn erst hier, nach Tagen voller Strapazen, konnte ich mich kurz, aber wirklich erholen. Diesmal wähle ich eine andere Route. Statt über Limassol zu fahren, begebe ich mich in südwestliche Richtung. Das signalisiert ein Weg, der auf der Karte nur noch mit einer schmalen gelben Linie angedeutet wird – über Berge und Täler, wohin sich kein Mensch, geschweige denn ein Tourist wagen würde. Aber ausgerechnet dort vermute ich die von Moller so sehr begehrten «Stimmungsimpressionen». Ehrlich gesagt: Dieser Inselteil, das Unbekannte, zieht mich magisch an. Egal, dass die Aussichten vorn, links und rechts vom Auto vorerst wenig Beachtenswertes für die Kamera bieten – die Fahrt geht weiter. Dies aus Überzeugung, wonach selbst die «hässlichsten» Landschaften in ihrer Sonderart schön sind. Die Erde kommt überall einem Kleinod gleich. Die auf der Karte gelb markierte Strasse bestätigt das Angesagte: kein Asphalt, lauter tiefe, kantige Schlaglöcher, aggressiver Staub, schmal und kurvenreich, gefährlich. Nur armselig anmutende Dörfchen oder einzelne, heruntergekommene Behausungen tauchen hinter einer Bergkuppe oder einem Hügel auf. Dafür sieht man häufiger die Strasse entlang Einheimische stehen, vorwiegend ältere Bewohner – vielleicht Bauern –, die ihre Erzeugnisse veräussern möchten. Dem selten herannahenden Auto winken sie derart leidenschaftlich und freundlich zu, dass es einem schwerfällt, nicht anzuhalten. Und was wird hier verkauft?

Fortsetzung auf Seite 125

DER ZEITDIEBSTAHL

Albert Einsteins Vermutung, die Zeit vergehe unter der Wirkung der Gravitationsfelder langsamer, wurde durch die moderne Wissenschaft bestätigt. Und noch mehr: Die Gerade der Zeit kann unter der gleichen Wirkung auch «gebogen», das heisst gekrümmt werden. Und wenn es jemandem einmal gelingen sollte, diese Gerade so stark zu biegen, dass sie den ursprünglichen Ausgangspunkt erreicht und zu einem Kreis wird, würde dies bedeuten, dass man real in die Vergangenheit zurückgekehrt wäre.

Die Zeit vergeht ebenfalls langsamer, je schneller man sich bewegt. Es wurde bewiesen, dass die Uhren in den Flugzeugen umso langsamer gehen, je höher die Geschwindigkeit ist. Sollten wir es irgendwann schaffen, mit der Lichtgeschwindigkeit (300.000 km pro Sekunde) durch den Raum zu rasen, holen wir dann ein und überholen sogar die eigene Lebensdauer ums Vielfache. Nach irdischem Zeitverständnis würden wir dann womöglich dadurch unsterblich werden!

Bevor es aber so weit kommt, hat nur eine einzige menschliche Erfindung die Macht, die Zeit anzuhalten, diese quasi zum Stehen zu zwingen – die Fotokamera. Indem wir spontan den Auslöser der Fotokamera drücken, beschäftigen wir uns kaum mit dem Gedanken, was wir eigentlich tun: Im Bruchteil der Sekunde stehlen wir der Zeit eben diesen Bruchteil seiner Geraden. Und schon der darauffolgende Teil derselben Sekunde wird nichts mehr ändern können, da die Welt und wir selbst bereits anders geworden sind. Eine Wiederholung, sprich Rückkehr, bleibt irreparabel.

Ebenfalls vergeht unser Gedächtnis. Die Realität auf dem Foto, herausgerissen aus dem zeitlichen Zusammenhang, bleibt hingegen unverändert. Das ist das Einmalige an der Fotografie: Das Gute und das Grausame in einem. Wir holen aus der Schublade ein eigenes Foto, das vor 10, 20, 30 Jahren geknipst wurde, stellen uns vor den Spiegel und machen den Vergleich mit dem Bruchteil der Sekunde, die der Zeitgeraden anno dazumal gestohlen wurde. Das Ergebnis erweist sich meistens traurig, und man denkt eher darüber nach, dass es wohl besser gewesen wäre, den Zeitdiebstahl mittels einer Fotokamera zu unterlassen …

Hier sind Zeitdiebstahl-Bilder mit meinem geliebten Napoleon. Damals, zu seiner Lebzeit, haben sie mich gefreut. Jetzt schmerzen sie mich ...

A. Napoleon ist ein Jahr alt. *B.* Elżbieta und Napoleon a Strand von Douarnenez, Bretagne, Frankreich. August 199 *C.* Wir mit dem Schauspieler Bogusław Kłodkowski (link Genf, 1992. *D.* Paris, August 1992. *E.* Schauspielerin Wa da Majer-Pietraszak (rechts) und Elżbieta. Sommer 199

115

A. Napoleon und die anderen, 1993. *B.* Kaltes Sankt Moritz, 1993. *C.* Elżbieta (rechts) mit Freunden aus Polen: Małgosia und Andrzej Rutkowski, der Hochseekapitän, 1993. *D.* Ich als Videoreporter beim Schweizer TV, Kanal+, 1993. *E.* Elżbieta und mein Bruder Roman. Worms, 1994.

A. Napoleon ist vier Jahre alt. Zürich-Leimbach. B. N[o]
jung und fit. Sommer 1994. C. Bloss Napoleons Schw[a]
ragt aus dem Gras. Sommer 1995. D. In unserem hol[o]
Brunnital. Juli 1996. E. Elżbieta (links) mit Freunden Chr[y]
tyna und Jacek Zarzycki. Kurpie, Polen, 1994.

A. CEO von Siemens-Polen Jerzy Rychlewski, Elżbieta und Jerzys Ehefrau, Schauspielerin Halina Głuszek. Warschau, 1995. *B.* Der Jagdhund Napoleon. *C.* Schauspielerin Alicja Wolska und ich mit Elżbieta am Chopin-Haus in Żelazowa Wola, Polen 1995. *D.* Grosse Liebe. *E.* Unsere israelischen Freunde Włodzimierz und Dora Menes, 1996.

A. Napoleon, 1996. *B.* Elżbietas Kollege, der Schauspie Bob Krzywicki (links). Zürich, 1996. *C.* Die zwei Unzertrer lichen. Juli 1997. *D.* Napoleon und ich. Saintes-Maries- la-Mer, Frankreich, 1997. *E.* Napoleon meinte: «Da ist m exzellenter Platz an der Sonne – das Brunnital!»

A. Nachdem ich die Pinien gemalt habe. Saintes-Maries-de-la-Mer, Frankreich, 1997. B. Ein Jahr später schenkte ich dem Inhaber der Hütte Marcel die Kopie des Pinien-Bildes. C. Elżbieta (links) mit einer Freundin ihrer Kindheit, Notarin Elżbieta Zygadło, und ich. Rytro, Polen, 1998.

A. Geranien, Napi, Glück, 1999. B. Kunstmalerin Marian Grant (links) mit Elżbieta, 1999. *C.* Am sardischen Stra[nd], 2000. *D.* Elżbieta (rechts) ihre Bekannte Anita und ich. O[lbi]na, Sardinien, 2001. *E.* Meine alten Freunde Graziella u[nd] Enzo Stefanelli. Ugento, Italien, 2000. *F.* Zu Hause, 200[0].

A. Ich (in der Mitte), Soldat der Historischen Zürcher Miliz Compagnie 1861. Kaserne Uster, 2002. **B.** Nun 14 Jahre alt! **C.** Mein Neffe Lubomir mit Napoleon in Warschau, 2003. **D.** Ich bin 60, mein Söhnchen Napi 76 Jahre alt. Mai 2003. **E.** Napoleons «Wache» an der Küche, 2004.

A. Veronica Skarda-Collenberg (links) und Elżbieta. Mor
sen, 2004. **B.** Mein Auge im Kopf – Napoleon. Grieche
land, 2005. **C.** Napoleons Kraft schwingt. Rosey, Fran
reich, 2005. **D.** Mutters Grab (von l. nach r.): Ich, Elżbie
mein Bruder Roman, der Neffe Lubomir, mein Bruder E
gen. Ukraine, 2004. **E.** Geschenke zum 15. Geburtstag.

A. Berlin, Mai 2005. **B.** Elżbieta (Mitte) mit Freunden Barbara und Ryszard Juszczak. Gebenstorf, 2005. **C.** Napoleon, Februar 2006. **D.** Neben Elżbieta mein Neffe Lubomir und dessen Vater Eugen. Krakau, August 2006. **E.** Herzzerreissend: das letzte Foto mit dem sterbenden Napoleon. Porto Sant'Elpidio, Italien, 17. September 2006.

Mit einer noch pixelschwachen Digitalkamera entwendete ich der Geraden der Zeit im Sommer 1999 diesen bewegenden Moment meiner kleinen Familie. Jeder Blick auf das Bild heute bricht mir das Herz!

Aha, Honig, Konfitüren, Gemüse, Trauben, selbst gebrannter Fusel und... wunderschöne Spitzentücher. Alles kunstvolle Handarbeit. Den Fusel betiteln die Verkäufer gravitätisch «zypriotischer Whisky», und weil der eine oder andere einige Brocken Englisch kann, interessiert sie vor allem, woher ich komme. Ich antworte scherzhaft:

«From Troodos.»*

«You are from Troodos? No, what is your country?»**

«Switzerland.»***

Die Leute sind ratlos, so ein country kennt niemand. Nun fällt mir ein, dass die Schweiz auf Griechisch Elvetia, mit Betonung auf «i», heisst. In den Augen der lieben Menschen steige ich sofort in den Rang eines betuchten Schweizer auf. Einen Schluck «zypriotischen Whisky» soll ich deshalb bedingungslos zu mir nehmen, wohl als Auszeichnung.

«I'm driver», lehne ich das Angebot freundlich ab, «I am not allowed to do it, you understand me?»****

Ja, sie verstehen mich. Aber auch ich verstehe zu gut, dass es höchst unhöflich wäre, mit leeren Händen hier wegzugehen. Die Menschen sind bitterarm, aber verblüffend leutselig und lieb. Und sie ahnen nicht, dass ich sie, sorry, «benutzen» will, weil ihre exotische Mittellosigkeit so ungemein gut in die knalligen Kataloge mit teuren Hotels und goldenen Stränden passt. Leise Gewissensbisse plagen mich; ich zögere, die Kamera auf sie zu richten. Nein, ich kann das nicht tun. Lieber schnell Adio sagen und von dannen ziehen? Die Lösung kommt von unerwarteter Seite. Ein Alter möchte gerne ins Okular der Kamera blicken, das Gerät fasziniert ihn. Das gestatte ich ohne Wenn und Aber; nun sind alle lockerer geworden, ich kann sie ungehindert fotografieren. Sie posieren sogar selbst höchst gerne. Mit einer gekauften Flasche «zypriotischem Whisky» und einem Tischtuch setze ich die Reise fort. Und schiesse unterwegs Hunderte neue Fotos. Am späten Nachmittag, müde, aber glücklich, erreiche ich Paphos und damit das Zielhotel «Amalthia Beach».

Die vier letzten Tage auf Zypern vergehen im Nu. Von Paphos aus hatte ich noch eine beschwerliche Reise zu dem Ort Tsada auf mich genommen, der weit in den Bergen liegt, nur um dort grossflächig angelegte Golfplätze –

Erläuterungen auf Seite 316

auf Kosten der jungfräulichen Natur – für Reiche und Schöne zu fotografieren. Viel interessanter war der Besuch der antiken Stadt Kourion, gelegen auf einem hohen, über dem Meer ragenden Berg und ruiniert durch ein Erdbeben im Jahre 365. Prächtige Bodenmosaike, imposante Gemäuer, Theater und Säulen haben dieses trotz der Zerstörungen bis heute überdauert. Objekte, welche in der Regel für eindrucksvolle Fotografien sorgen. Gewiss, wenn man sich Zeit nimmt, an jedem Bild akkurat zu arbeiten.

Mein besonderes Augenmerk galt dem Ort Petra tou Romiou, nur zehn Kilometer südlich von Paphos gelegen. Und sicher nicht einzig für mich, denn der unscheinbare, von mächtigen Klippen umsäumte Kieselstrand ist weltberühmt. Im offenen Meer, einige Hundert Meter gegenüber, erheben sich zerstreute Felsen, wobei eine der Formationen besonders ausgefallen ist; sie besteht aus aufeinendergeworfenen, gigantischen Megalithen. Deren Botschaft scheint eindeutig zu sein: Die olympischen Götter höchstpersönlich markierten mit diesen «Steinchen» den sakralen Platz, wo eine Göttin zur Welt kam – die Venus. Auf der meines Erachtens etwas naiven Vision des gefeierten Botticelli-Bildes «Geburt der Venus» gleitet die von geilen Musen begleitete Göttin der Liebe auf einer Muschel über die Wellen. Jedes Mal, wenn ich das Bild betrachte, assoziiere ich ad hoc diese Muschel in meiner Vorstellung mit einer … Shell-Tankstelle! Schon lustig. Der zweite Gedanke des modernen Individuums ist noch gewagter: Wie würde man heute dieselbe Venus darstellen? Wieder auf einer Muschel? Keinesfalls. Man würde die Göttin zuerst völlig von ihrer spärlichen Kleidung befreien – so wollen wir sie sehen! Und die Muschel? Altbacken, nicht mehr zeitgemäss! Die fortschrittliche Gott-Frau rast auf einem … Surfbrett dem Ufer zu!

Doch Spass beiseite. Der «Geburtsort» der Venus wird von Scharen überflutet, wenngleich die Geschichte dahinter nur ein Mythos ist, der Fantasie der alten Griechen entsprungen. Im Unterschied zu den Menschen aus dem 21. Jahrhundert war ihr Glaube an diese Götter völlig echt. Wir Christen glauben an den Heiland und dessen Auferstehung, obwohl seine Existenz bis dato niemand wissenschaftlich beweisen konnte. Was ist nun dran? Was ist Mythos und was Fakt? Karl Marx behauptete: «Erst die Arbeit hat aus einem

Affen den Menschen gemacht.» Wirklich? Und was stand davor, ehe mit der Arbeit begonnen wurde? Der Ansporn, die Motivation, das heisst die Fantasie. Nur ihr ist es zu verdanken, dass unsere Erzväter aus der Steinhölle herausgekrochen waren. Fantasien und Visionen waren die treibende Kraft und Voraussetzung jegliches menschlichen Schaffens. Ohne Fantasie bewegt sich wahrhaftig nichts, vom Ackerbau bis hin zum Sex. Wer fantasielos ist, der fristet sein Dasein als grauer Konsument: Die Farben des Lebens sucht er einzig in einem Nahrungsmittelladen. Das fällt ebenfalls auf dem Venus-Strand auf: Die einen Besucher verschwinden respektlos laut quatschend gleich nach ein paar hastig geknipsten Fotos; die andern - die Sensiblen - betreten fast klerikal den Platz wie ein wahres Heiligtum; stundenlang verharren sie hier, der Welt entrückt, tief versunken in meditativer Andacht ...

Alles, was vom Auftraggeber auf die lange Wunschliste gesetzt wurde, habe ich bereits auf unzähligen Filmen festgehalten. Das erste Mal stehen mir ganze drei Stunden zur Verfügung, um mal baden zu gehen. Nur einige Kilometer nördlich von Paphos erstreckt sich der berühmte Strand Golden Bay Beach; ich fahre hin. Der kilometerlange Strand ist leer; nur eine einsame Frau sitzt in der Ferne unter dem Sonnenschirm. Meine Kleider, Dokumententasche und Geldbörse lege ich in den Kofferraum des Mitsubishi und schliesse die Heckklappe zu. Den Autoschlüssel will ich noch aus dem Zündschloss holen, doch wo ist er? Womöglich runtergefallen? Die Inspektion um das Auto herum bringt nichts. Auch darunter – kein Schlüssel! Vielleicht im Kofferraum? Ich drücke das Heckklappenschloss; die Taste versinkt in der Mulde, aber die Heckklappe rührt sich nicht. Jetzt begreife ich, was ich verbockt habe: Die Heckklappe verriegelt sich automatisch, also auch ohne Schlüssel!

Nur Slips habe ich an. Ich kann weder wegfahren noch hier übernachten, weil ich morgen früh schon im Flugzeug sein muss. Und wie schaffe ich das, wenn alles im Blechkasten steckt? Weit und breit kein Mensch zu sehen, ausgenommen die Frau. Könnte sie mir helfen? Wohl kaum. Am südlichen Strandrand, etwa 600 Meter entfernt, stehen einige Häuser auf einem Hügel. Da ich keine Wahl habe, gehe ich hin. An einem Haus wird gerade gebaut; ich spreche einen korpulenten älteren Herrn an, erkläre ihm mein Problem:

«Can you help me?»*
«Maybe. Where are standing your car?»**
«On the beach.»***
«Okay, please, wait there!»****

Eine halbe Stunde ist schon verstrichen, aber vom Helfer keine Spur. Von Verzweiflung platzt mir beinahe der Schädel. Der düstere Gedanke, wie ich aus der Patsche herauskomme, verschlimmert meine Frustration zusätzlich. Endlich, hinter den Dünen taucht ein Motorrad auf; bald ist es neben mir. Der mir schon bekannte korpulente Mann mit einem Jungen an seiner Seite überzeugt sich schnell, dass ich recht hatte.. Und ... fahren weg. Ich verstehe nicht, warum. Eine Viertelstunde später sind sie wieder da – mit einem Instrumentenkasten. Da der Kofferraum vom Schloss blockiert wird, suchen die Männer von vorn, durch die hintere Sitzlehne, einzubrechen. Die Temperatur im Autoinneren ist inzwischen sicherlich über 50 Grad oder noch mehr gestiegen, und obwohl die Helfer – Vater und Sohn – nur Shorts tragen, schwitzen sie bestialisch. Der Schweiss fliesst ihnen in Strömen herunter, als stünden sie unter einer brausenden Dusche; er rinnt ihnen in die Augen und trübt ihre Sicht, die Schraubenzieher rutschen aus ihren klatschnassen Händen, doch die hoffnungslos verrosteten Schrauben, welche die Sitzlehne halten, geben um keinen Deut nach. Mein Hilfsangebot lehnen die Männer ab; ich bin zum tatenlosen Zuschauer verurteilt. Über eine Stunde nimmt der Kampf gegen den Rost in Anspruch, bis es gelingt, die Schrauben zu lösen und den Kofferraum von innen zu öffnen ...

Für die Männer empfinde ich mehr als blosse Dankbarkeit; ich bewundere ihre Ausdauer und ihre Kraft, in meinen Augen sind sie wahre olympische Helden. Das muss anständig entlohnt werden, denke ich und bin bereit, jeden Preis dafür zu zahlen. Aber als ich sie nach dem Preis frage, höre ich etwas Unerhörtes: «It costs nothing.»***** Nothing? Die spinnen! Nein, ich möchte ihnen zumindest 150 Schweizer Franken geben, ein durchaus anständiger Betrag in Zypern, das haben sie sich redlich im Schweisse ihres Angesichts verdient! Stattdessen sagen sie «Bye-bye», klopfen mir freundlich auf die Schulter und fahren weg. Vor lauter Verblüffung vergesse ich das «Eucharisto»

Erläuterungen auf Seite 316

– «Danke» – zu sagen. Eine unverzeihliche Blamage! Die Lust zum Baden ist auch verflogen. Wobei ich wegen zweier Dinge weiterhin total gestresst bin: der blöde Kofferraum und der beispiellose Einsatz der heldenhaften Männer, deren Namen ich nicht einmal kenne. Sie haben diese Qualen absolut selbstlos auf sich genommen; ohne Wenn und Aber, als Hilfe ihrem Nächsten gegenüber, der sich in Not befindet. So gross ist die Macht der Mentalität!

UND ABERMALS SORGEN ...

Ich bin zu Hause. Mein Napoleon ist ausser sich, die Worte, welche seine Begrüssung beschreiben könnten, haben Menschen noch nicht erfunden. Er bellt, winselt, tobt. Mein Gesicht wurde schon mehrmals gründlich abgeleckt; ich falle auf die Knie, weinend umarme, streichle und drücke ich ihn ans Herz. Minutenlang schaut er mir schweigend tief in die Augen; er erzählt mir von seinem eine Ewigkeit andauernden Warten, von seiner uferlosen Traurigkeit. Wenn er nur sprechen könnte, würden die hier abgedruckten Buchstaben womöglich aufschluchzen. Er tut mir so furchtbar leid; ein Mensch – das zeigt Napoleon überdeutlich mit seiner Körpersprache – ist zu solch bedingungsloser Liebe weder bereit noch fähig. Was für ein Mysterium verbirgt sich in seinem kleinen Kopf? Im Alltag nimmt man es jedoch kaum zur Kenntnis; man geht einfach davon aus, dass die Hunde nach einem autoritären Leitwolf – uns – angeblich selber hinterherlaufen. Darum würden wir ihnen keine Gegenleistung oder Zuneigung schulden, die sie gar nicht missen. Tatsächlich? Alle seine Spielzeuge hat Napoleon zu meinen Füssen zusammengetragen. Das bedeutet: Sie müssen nun hin- und hergeworfen werden. Er rennt ihnen nach, bringt sie zurück, fordert mich auf, sie wieder zu schleudern; sein Glück und seine Freude wollen kein Ende nehmen, sie scheinen überirdisch zu sein. Zwei Wochen sind vergangen; erst während der letzten drei Tage kam er wieder zu Elżbieta ins Bett. Sie erzählt:

«Während der ersten Woche hörte er vollständig auf zu trinken und zu fressen. Ich hatte Angst um ihn, denn seine Traurigkeit war derart lähmend, dass sie ihn hätte umbringen können. Am Ende sah ich keine bessere Lösung, als mit ihm Coradi zu besuchen. Er lebte ja rund um die Uhr vor der Wohnungstür, und nichts in der Welt konnte ihn davon abbringen.»

Ja, der treue Napi hat merklich abgenommen, fast ein Kilo, das sind etwa zehn Kilo nach menschlichem Mass. Gefährlich viel für seinen kleinen Körper. Erst jetzt nimmt er seinen Fressnapf wahr. Der Appetit ist wieder da.

Nachdem die Filme entwickelt worden sind, fängt für mich eine neue grosse Arbeit an: über 5.000 Dias müssen katalogisiert werden. Jeder Ort, Menschen und Landschaften, Häuser, Szenen, Ereignisse, alles wartet auf eine präzise Beschreibung. Eine gewaltige Aufgabe; es darf dabei nichts verwechselt werden. Der Arbeitstisch in meinem winzigen Zimmerchen steht am offenen Fenster, das zum Garten hin gerichtet ist. Hinter dem Zaun, im Garten des benachbarten Hauses, sassen an heiteren Tagen unter dem Sonnenschirm ein betagter Herr und seine Frau. Ich weiss inzwischen, dass der scheue Herr früher ein Grossunternehmer war. Wie er heisst, weiss ich allerdings nicht, auch wenn uns nur dieser kleine Zaun trennt. Schon am ersten Tag signalisierten die Leute mit ihrem Verhalten, dass sie keinen Wert auf eine Bekanntschaft mit uns legen. Wir taten es ihnen gleich und hielten uns diskret zurück.

«Hallo, Nachbar», höre ich einen Tages, «sind Sie ein Ingenieur?»

Weil mein Blick und meine Konzentration auf die Dias auf dem Lichtpult gerichtet sind, vermute ich in Gedanken versunken, dass der Mann sich mit jemandem auf seiner Gartenseite unterhält.

«Hallo, Nachbar, hören Sie mich?»

Ich hebe den Kopf. Der Alte steht am Zaun, er spricht mich an:

«Ich habe gefragt, ob Sie Ingenieur sind.»

«Ich, Ingenieur? Nicht dass ich wüsste. Warum?», staune ich.

«Wir haben eine Gartenliege gekauft, die zwei Räder hat, und wissen nicht, wie man sie richtig montiert. Aber vielleicht Sie?»

«Gut, ich versuch's!»

Zehn Minuten später sitze ich wieder an meinem Tisch. Nun höre ich erneut die Stimme des Mannes. Er steht mit einer wuchtigen Einliterflasche Wein in der Hand am Zaun. Mir wird sofort klar, worum es geht; trotz inneren Widerstands begebe mich zum Zaun:

«Das ist eine recht imposante Flasche, finde ich. Und ich danke Ihnen dafür herzlich. Sehr lieb von Ihnen! Nur, erstens: Meine kleine Dienstleistung ist dieses teure Geschenk nicht wert. Und zweitens: Die Räder habe ich unentgeltlich montiert, das war, glauben Sie mir, nur ein Gefallen, und weiter nichts. Verstehen Sie?»

Nein, der Mann versteht mich nicht. Seine Pupillen haben sich ängstlich vergrössert; fast flehend bittet er mich, den Wein trotzdem entgegenzunehmen. Ich schaue ihn an und erinnere mich an einen ähnlichen Vorfall in der Tiefgarage in Leimbach. Ein Nachbar, der mich davor niemals grüsste, sprach mich unverhofft an. Er versuche, sagte er, eine verrostete Schraube am Kotflügel seines Pkws herauszudrehen; sie sass so fest wie angeschweisst. Der Mann fragte, ob ich nicht zufällig wüsste, wie man die Schraube herausbekommen könne. Ich riet ihm, Coca-Cola daraufzuschütten, abzuwarten und dann die Schraube zu drehen. Am nächsten Morgen wartete er mit einer Flasche Wein auf mich, als ich zu meinem Auto kam. Ich lehnte sie ab. Seither mied er mich in der Garage, als wäre ich leprakrank. In diesem Augenblick dachte ich an die Zyprioten am Strand bei Paphos. «Nothing», sagten sie damals zu mir, ungeachtet der Tatsache, dass es sie einen Knocheneinsatz gekostet hatte. «Nothing.» Ist nun der Herr am Zaun imstande, das Selbstlose zu begreifen? Wohl kaum. Wortlos nehme ich die gewichtige Flasche an; sichtlich erleichtert eilt der Alte zu seinem Sonnenschirm zurück. Elżbieta freut sich über die Flasche. Ihre Freude währt nicht lange.

«Ich verstehe die Schweizer einfach nicht», sagt sie, ««sie sind berühmt für ihre Sparsamkeit, drehen jeden Rappen zweimal um. Warum also so ein teurer Wein für eine derart mickrige Leistung?»

«Der Hund liegt nicht im Wert begraben», erläutere ich geduldig, «sondern im Prinzip.»

«Was für ein Prinzip?»

«Hätte ich dieses ‹Abgeltungsgeschenk› abgelehnt, würde sich der Mann ewig verschuldet fühlen und mit der Angst leben müssen, dass ich ihn eines Tages ebenfalls um irgendeine Gefälligkeit bitten könnte, die mir nun per se ‹zustehe›. Die geopferte Flasche hingegen hat das schreckliche ‹Wahrscheinliche› von vornherein ausgeschlossen. Nun sind wir quitt!»

«Das war aber nur eine Geste, eine Selbstverständlichkeit», gibt die dickköpfige Frau nicht nach, «wie kann man bloss so albern denken?»

«Das ist die Macht der Mentalität.»

«Die Macht ist mir echt schnuppe! Oje! Das muss auf meine Art ausgeglichen werden», sagt sie und verschwindet in der Küche. Nach einer Stunde steht sie am Gartenzaun; in ihren Händen hält sie eine frisch gebackene Torte. Sie ruft den Nachbarn herbei. Mit versteinertem Gesicht und Torte geht er nach Hause. An diesem Tag lassen sich die Rentner nicht mehr blicken. Auch fortan werden sie ihren Gartensitz fluchtartig verlassen, sobald wir in unserem Garten auftauchen.

Drei Wochen nimmt die Katalogierung der Fotos in Anspruch. Pingelig geordnet liefere ich sie Christian Moller ab.

«Dies war der letzte Auftrag für Sie», teilt er ungerührt mit, «wir haben kürzlich einen Schweizer als Fotografen in unserem Betrieb fest angestellt.»

Das auf Zypern verdiente Geld wird nach meiner Kalkulation für knapp zwei Monate reichen. Was kommt danach auf uns zu? Hin und wieder wird in irgendeiner Zeitung mein Text oder ein Cartoon abgedruckt; vom spärlichen Honorar lassen sich jedoch weder Wohnungsmiete noch Krankenkasse, geschweige denn die unerwartete Reparaturarbeiten am Auto oder Zahnarztrechnungen bezahlen. Immer häufiger kommt mir der berüchtigte Schweizer Spruch «Selber schuld!» in den Sinn. Klar, wenn man immer und überall «selber schuld» ist, kann man kaum damit rechnen, dass irgendjemand auf die Idee käme, einem «Lebensversager» seine helfende Hand zu reichen. Die Logik dieses Spruchs lässt mich erschaudern, weil sie mitleidlos, kalt-zynisch jegliche

Hoffnung auf Besserung nimmt. Gemäss dieser Logik bleibt man auch dann «selber schuld», wenn man etwa in einem Zug oder Flugzeug in eine Katastrophe gerät. Ich brauche keinen Zuspruch und keine Hilfe, nur einen Job. Allein der Gedanke, Menschen um Hilfe zu ersuchen, die mich als «Last der Gesellschaft» ansehen, kotzt mich an. Ich wäre bereit, das Land, in dem mich *so herzlich niemand haben will*, auf der Stelle zu verlassen, doch mit fast 60 Jahren auf dem Buckel irgendwo in der Welt das Leben von Neuem zu beginnen, kommt auch nicht infrage. Zähneknirschend begebe ich mich zum Sozialamt, und damit blamiere ich mich vor der neuen Gemeinde komplett; das ist der schlechteste Anfang, den man sich ausmalen kann! Nachdem die Sozialvorsteherin meine Dokumente durchstudiert hat, höre ich ihr Urteil:

«Als Selbstständigerwerbendem steht Ihnen überhaupt keine Sozialhilfe zu. Weil Sie aber niemals eine solche Hilfe in Anspruch genommen haben, bekommen Sie von uns eine auf zwei Monate befristete Unterstützung. Wir begleichen Ihre Mietkosten sowie die Krankenkasse. Ebenfalls erhalten Sie für diese Zeit etwas Geld als Existenzminimum. Das ist aber kein Geschenk. Sie werden verpflichtet, während der nächsten Monate einen Job oder Aufträge zu finden und nachher die von uns erbrachte Leistung in Raten zurückzuzahlen. Unverzüglich.»

Eine Galgenfrist also. Was jedoch geschieht, wenn ich nach Ablauf der nur acht Wochen keine Beschäftigung finde und das geliehene Geld nicht zurückerstatte? Stecken sie mich dann in die Klapsmühle? Knast? Oder holt das Betreibungsamt aus der Wohnung das Letzte was wir noch haben ab? Möglich ist jedes Szenario. Das ist das Einzige, was sicher ist.

NEUE HOFFNUNG

Eines Tages fällt mir eine Zeitungsredaktion unweit unseres Hauses auf. Das Blatt heisst «Der Wochenbote»; ich habe noch nie von ihm gehört. Aufs Geratewohl begebe ich mich dorthin. Eine sympathische Frau, die am risiegen Tisch sitzt, fragt mich, was ich will.

«Ich bin Cartoonist und Karikaturist und möchte gerne Ihrem Blatt ein paar Bildvorschläge anbieten.»

«Warten Sie mal», sagt sie, «für solche Themen ist unser Verleger, Herr Köppli, zuständig. Nehmen Sie doch Platz, ich frage rasch.»

Aus einem Hinterzimmer kommt ein Mann um die 60. Sein auffallend rotes Haar weckt spontan Erinnerungen an den Katamaran-Kapitän in Larnaca in mir. Köppli reicht mir freundlich die Hand:

«Karikaturist? Interessant, was Sie da produzieren. Haben Sie schon für andere Publikationsorgane gezeichnet?»

«Für viele, darunter sechs Jahre lang für den ‹Nebelspalter›.»

«Na so was! Das ist eine gute Referenz.»

Aufmerksam betrachtet er jede Zeichnung; manche davon bittet er, zu erklären. Die meisten Bilder haben keine Texte.

«Die Bilder ohne Texte sind Cartoons», erläutere ich. «Der Gedanke bzw. die Idee in einem Cartoon muss durch laute visuelle Darstellung für sich selbst sprechen. Damit ‹zwingt› man den Betrachter quasi zur eigenen Interpretation. Anders die Karikatur, die man vornehmlich an jemand Konkreten ‹adressiert›, sei es eine Person oder ein Ereignis. Darum bedarf sie eines erklärenden

Textes; sei es eine Beschreibung oder schlicht eine Legende.»

Köppli ist beeindruckt und die Geschichte wiederholt sich genau so wie anno 1974 mit Markus T. Ronner aus der «Weltwoche»: Der «Wochenbote»-Chef nimmt die Zeichnungen allesamt an!

Die ersten abgedruckten Cartoons bringen nur wenig Bares ein. Zwar bauen mich diese Publikationen moralisch mächtig auf – ich werde immerhin wieder gebraucht –, doch die materiellen Sorgen bleiben weiter bestehen. Meine Zeichentechnik ist kompliziert, die Herstellung jeden Bildes nimmt ungemein viel Zeit in Anspruch. Es ginge signifikant schneller, wenn ich einen Computer hätte, einen Macintosh, mit dem ich so gut zurechtkomme. Und die dazugehörigen Programme, vor allem QuarkXPress oder Photoshop, kenne ich wie das «Vaterunser». Das sind jedoch törichte, hoffnungslose Träumereien, für solche teuren Geräte fehlt es mir leider Gottes am nötigen Kleingeld!

Das Leben ist oft eine permanente Überraschung, im positiven wie im negativen Sinne: Niemals ist die Richtung bekannt, von der das Unerwartete kommt oder gnadenlos zuschlägt. Vor circa sechs Jahren beteiligte ich mich an der Megaausstellung «Kunstszene Zürich». Ausstellen konnte jedermann. Auch ich bekam eine kleine Parzelle mit Stellwänden in der riesigen Halle. Als die Bilder schon aufgehängt waren, brachen wir auf Besichtigungstour auf, was denn die anderen exponieren wollten. Auf der Parzelle gleich neben mir arbeitete gerade ein Jüngling an seinen Werken. Er ging zügig zur Sache: Eine meterbreite Papierrolle legte er auf den Boden; auf diese wurden wahllos die Farbklumpen geschleudert, dann mit einem Schmutzlappen wuchtig und nervös übers Papier hingeschmiert. Schweigend beobachteten wir sein Tun. Er sah uns grimmig an.

«Meine Malerei ist für die Arbeiterklasse gedacht», informierte er uns sarkastisch, «nicht für solche ausstaffierte Bourgeoisie wie Sie.»

«Davon sind wir absolut überzeugt», konterte ich im gleichen Tonfall, «die unbelesenen Werktätigen verdienen sicher nichts Besseres.» Unser «bourgeoisiesches» Aussehen rührte wohl von meiner gebügelten Hose und der Krawatte. Nicht minder «aristokratisch» präsentierte sich meine Frau; einen Rock und eine Bluse hatte sie an. Auch gebügelt.

Wir zogen weiter. In einer weiteren Parzelle befand sich ein Künstler in der Trance des Komponierens einer Installation. Seine bahnbrechende Schöpfung «witterten» unsere Nasen schon von Weitem. Den Boden der Parzelle verstellte er in Reih und Glied mit ausgetrockneten menschlichen ... Fäkalien.

Die nächste Installation gefiel uns am besten. Ihr «Spiritus Rector» – ein verlotterter Herr Mitte 90 mit umherirrendem Blick – benutzte ungeniert seinen Raum für einen bestialisch stinkenden Misthaufen, den er emsig in der Mitte des Raumes aufgeschüttet hatte. An dessen Spitze steckte er selbstbewusst einen langen Stock mit der ... Schweizer Fahne. Einfach genial!

Nach so viel unbeschwertem Patriotismus bewunderten wir die anderen ausgestellten Opus-magnum-Werke. Etwa die an dicke, morsche Bretter angenagelte verpinkelte und verkackte Unterhose. Die profund philosophische Idee wurde von einer archaischen Matratze, reichlich besudelt mit gelben Urinspuren und gelbbraunen Exkrementenflecken, abgerundet. Kostenpunkt für den kriminell riechenden Abfall: schlappe 40.000 Franken! Hier konnte man sich im wahrsten Sinne des Wortes davon überzeugen, dass Geld tatsächlich stinkt.

Mein Beschluss stand fest: Ich sehe von der Show ab. Dies ist ein Tummelplatz für diejenigen, die sich für Künstler halten; ich passe so gut hierher wie ein Sattel zum Schwein. Was erblicken wir aber da? Ganz hinten, am Ende der Halle, wohin sich kaum einer verirrt, in einer Ecke zwischen Abfluss- und Wasserrohren, hängen Bilder, die uns echt umhauen, lauter geradezu fantastische Landschaften! Ein malerisches Pianissimo, Werke, wie wenn sie von Fata Morganas Hand gezaubert worden wären. Die klaren, saftigen Acrylfarben fliessen, vereinen sich unauffällig mit Warm und Kalt; aus ihnen entspringen unzählige, mannigfaltige Formen, dezente Reflexe und Spiegelungen, ein Wechsel von Tiefschwarz bis zur Sonnenglut, die auf den Leinwänden zu brennen scheinen. Unglaublich! Die Bilder an sich absolut klassisch, zugleich jedoch hochmodern. Bilder von realen Landschaften, aber mit welch atemberaubender Fantasie interpretiert, pointierte Motive von unbändiger Einbildungskraft, vereint mit beneidenswertem Farbempfinden des Malers. Ein Maler? Ich las die Signatur unter einem Bild: Marianne Grant. Eine Frau?

Ja, eine Frau! Was sucht sie in dieser Halle?, fragte ich mich spontan, eingeklemmt zwischen Misthaufen und bekackten Unterhosen? Sie hat sich wohl verlaufen? Verirrt? Ihre magischen Werke sollten in den besten Galerien der Welt hängen! Die aussergewöhnliche Marianne Grant, die ich nicht kannte, tat mit herzlich leid. Die Zeitung «Züri Leu» berichtete von der «Kunstszene Zürich»: «Wir sind das Volk der Künstler», lautete der imposante Titel. Viele «Künstler»-Namen wurden huldigend erwähnt. Marianne Grant nicht!!!

MARIANNE GRANT

Erst vier Jahre später lerne ich mein Idol, Marianne Grant, kennen. Wie schön, dass sie ihren Bildern ähnelt! Das ist nicht immer der Fall. Von mittlerem Wuchs, schmächtig; sie spricht fliessend mehrere Sprachen, wir finden mühelos zueinander. Ich komme mir zuweilen ganz klein vor, wenn ich an ihre grossen künstlerischen Erfolge und Leistungen denke. Immerhin ist sie Mitglied der ehrbaren britischen Royal Academy of Art! Das muss man redlich verdient haben! Wahnsinn! Diese unscheinbare, bescheidene Frau! Ihr Mann Jean-Claude Jatton entpuppt sich ebenfalls als weltoffen und sehr sympathisch; auch er ist kreativ tätig – er kreiert prächtige Vitragen. Unsere Freundschaft entwickelt sich spontan und gestaltet sich ungezwungen; sie basiert auf gegenseitigen künstlerischen Interessen und menschlicher Sympathie. Marianne und Jean-Claude versäumen es niemals, mir zum Geburtstag zu gratulieren. Und weil Marianne noch dazu eine begnadete, humorvolle Schreiberin ist, verfasst sie diese Geburtswünsche bisweilen in Form eines Gedichts. Auch Napoleon-Napi kommt dabei niemals zu kurz; immer wird er mit mir geschickt in Verbindung gebracht:

> *Man sagt, zum Glück in dieser Welt,*
> *da brauchst du keinen Haufen Geld:*
> *So seine Kunst – kaum lukrativ –*
> *sind Wunderfotos – intensiv –,*
> *die jedermann gefällt.*
> *Auch Fotos, selbstverständlich bunt,*
> *von seinem tollen, kleinen Hund.*
> *Moral der G'schicht' ist jedem klar,*
> *der einmal in den Dackels Welten war:*
> *Das Glück – ist echter Herzensbund –*
> *von Lubi und dessen Napi-Hund!*

Definitiv recht hat Marianne Grant in ihrem Gedicht an der Stelle, wo sie vom Glück ohne dem «Haufen Geld» spricht. Auch ich verstehe die Menschen nicht, die trotz ihrer Milliarden unglücklich sind: weil womöglich die anderen in der Tat noch mehr Geld haben als sie! Die sind schlicht irre. Ich brauch's nur zum Überleben und für einen Computer. Im Keller des Hauses haben Marianne und Jean-Claude ihr Atelier. Marianne bemerkt mein besorgtes Gesicht und fragt, was ich «auf dem Herzen» habe. Widerwillig schildere ich meine missliche Lage, und da ich an allem ohnehin «selber schuld» bin, möchte ich um keinen Preis auch noch andere in meinen düsteren Abgrund herunterziehen. Am wenigsten Marianne und Jean-Claude!

Marianne hört jedoch gar nicht aufmerksam hin, wie es scheint; ihr ganzes Interesse gilt dem Bild, das sie gerade malt. Mit einem dumpfen Gefühl im Bauch verlasse ich ihr Haus. Das ist zweiflesohne das Ende unserer Freundschaft, denke ich wegfahrend; analoge Situationen endeten bisher erfahrungsgemäss fast immer auf diese Weise. Zwei Tage später telefoniert sie:

«Hoi, Lubi, könntest du vorbeikommen?»

«Aber störe ich euch nicht?»

«Gewiss nicht. Wir wollen mal etwas Kleines besprechen.»

Während der Fahrt rätsle ich darüber, über was sie mit mir sprechen will. Vielleicht über unsere gemeinsame Ausstellung? Oder dass ich ihre besten

Bilder fotografiere? Alle Malenden brauchen von ihren Werken gut gemachte, professionelle Kopien. Marianne gewiss ebenfalls.

Wie üblich begrüssen mich Marianne und Jean-Claude sehr herzlich. Sie bluffen nur, denke ich im Stillen; auch in ihrer Vorstellung gehöre ich zu den verlorenen Versagern. Doch was höre ich da?

«Schau, Lubi, wir haben uns Gedanken über deine Lage gemacht und haben beschlossen, dir unter die Arme zu greifen», sagt Marianne leise aber energisch, in der Hand einen Briefumschlag haltend. «Sei so gütig, nimm dieses Kuvert mit nach Hause. Darin hast du deinen Computer. Und wir wünschen dir viel Erfolg! Wir sind sicher, du schaffst es. Ende der Unterredung.»

Nach der kürzesten positiven Besprechung meines Lebens wachsen mir Flügel. Unterwegs nach Hause, glaube ich immer noch zu träumen; das Geschehene dünkt mich zu trügerisch, um wahr zu sein. Wie im Rausch halte ich an, öffne den Briefumschlag, zähle die Scheine: Die Summe reicht nicht nur für den Kauf eines Macintosh, sondern auch noch für alle nötigen Programme, Material sowie Zusatzgeräte. Ein «Haufen Geld», der mich überglücklich macht! Trotzdem.

Napoleons Reife

«DER WOCHENBOTE»

Elżbieta und Napoleon bestaunen die neue Technik. Freilich jeder aus seinem Blickwinkel. Die Frau ahnt nicht, dass sich mittels Computer so vieles so schnell und absolut perfekt machen lässt. Napoleon seinerseits entdeckt eine neue Möglichkeit, tagelang neben mir zu sitzen. Damit er es bequem hat, kaufen wir einen Klappstuhl mit dickem Kissen – der zweite «Thron». Vorwiegend döst er auf diesem vor sich hin oder verfolgt aufmerksam jede meiner Bewegungen.

Die ersten Fotos, die ich probeweise im Photoshop bearbeite, sind natürlich seine. Bis dato hatte ich begrenzte Zugangsmöglichkeiten zum Mac, sei es bei Agatha Gamba oder «Nautilus», immer hastig und ohne jegliche Hilfe, das komplizierte Programm zu erlernen. Nun habe ich Zeit, mir auch andere Programme mit Satz und Layout genau vorzunehmen. Die Erfolge lassen nicht lange auf sich warten. Was ich aber in der Redaktion beobachte, wundert mich zusätzlich. Dort stehen vier Computer; benutzt werden von Mitarbeitern nur zwei davon. Ihre Arbeitsweise kommt mir ziemlich merkwürdig vor: Mit dem QuarkXPress-Programm setzen sie einspaltige Texte; diese werden mit dem Printer ausgedruckt, mit Wachsleim beschichtet und auf die Papier-Maquetten geklebt. Eine lange, geneigte Montagewand, auf die sie die Spalten kleben, steht mitten in der Redaktion. Und noch ein Gerät verblüfft mich: eine riesige Reprokamera. Dies im Zeitalter des Computers! Ein netter Herr Krause bedient sie. Die Journalisten lassen ihre Fotos im Fotoladen entwickeln, diese werden mit der Monsterkamera aufgenommen, hierauf werden schwarz-weisse, meist graue, ohne Tiefe und notwendige Gradation, Abzüge auf die Papier-Maquetten geklebt. Archaisch! Und ich verstehe nicht, warum. Sollte ich mal Martin Köppli fragen? Ich kenne ihn aber zu wenig und mein Interesse könnte ihn vielleicht verärgern oder als Einmischung eines Aussenstehenden in sein Geschäft verstanden werden. Nein, lieber nicht. Es gibt noch etwas, das mich abschreckt: seine Mitarbeiter. Je häufiger ich die Redaktion besuche, je deutlicher spüre ich deren Missmut. Mein «Grüezi» erwidern sie noch gerade so, doch spürbar gezwungen; ich fange an, um meine Karikaturen zu bangen. Was geschieht, falls diese, vermute ich, gefährlichen Leute auf Köpplis Entscheidungen Einfluss haben?

Meine Befürchtungen erweisen sich vorerst als grundlos. Er steht zu mir, mehr sogar, er kommt zu uns zu Besuch. Ihm gefallen unzählige Ölbilder, die an unseren Wänden hängen, und er staunt, dass sie alle mit meinem Namen signiert sind:

«Ich wusste nicht, dass Sie auch noch so gut malen können. Ist das Talent oder doch irgendwo etwas gelernt?»

«Nein, das ist vor allem Begabung», schmunzle ich in Gedanken über seine Vorstellung vom «gelernten» Malen, «man lernt ja nur das Technische.»

«Na, sehen Sie, die meisten heutigen Künstler studieren Malerei, und was wird dann gemalt? Lauter Schmierereien! Die sind doch krank!»

Meine Meinung darüber ist etwas differenzierter:

«Malen beziehungsweise Schmieren ist jedem gestattet, das ist eine rein private Angelegenheit. Etwas anderes ist es, wenn einflussreiche Mäzene, skrupellose Händler sowie ihre tierisch ernsten Kritiker, die Komplizen desselben faulen Geschäfts, diese Hochstaplerei für hohe Kunst erklären und diesen Unfug mit allen Mitteln fördern.»

«Mich verdriesst, dass heutzutage sämtliche Galerien», mäkelt Köppli, «randvoll mit allerhand Müll gefüllt werden. Wie ich sehe, haben Sie hier einen Computer. Was machen Sie damit?»

«Ebenfalls allerlei. Zum Beispiel Fotos.»

«Fotos? Können Sie damit fotografieren?»

Seine Unkenntnis in der Materie amüsiert mich wieder.

«Nein, am Computer bearbeitet man die Fotos. Mit bemerkenswertem Erfolg. Soll ich zeigen, wie's geht?»

Es interessiert ihn. Ich betätige den Mac, gehe in den Photoshop, öffne Fotos mit Napoleon, zeige, wie man die Fotografien schnell verändern kann: retuschieren, ausschneiden, Störendes entfernen. Oder verfremden. Mit einigen Mausbewegungen verpasse ich Napoleon vier Augen.

«Das ist ja schier unglaublich», wundert sich Köppli, «lässt sich so was auch mit den Computern auf der Redaktion machen?»

«Nein, kaum. Ihre Computer haben keine entsprechenden Programme. Ausserdem sind sie zu schwach. Ihre Graphikkarten sind lediglich imstande, Texte zu verarbeiten, das sind ‹leichte› Dokumente. Aber keine Bilder.»

«Heisst im Klartext, ich müsste jetzt neue Computer kaufen?»

«Nicht nötig, die bestehenden lassen sich technisch rasch nachrüsten. Freilich, das kostet etwas», informiere ich Köppli. «Nur, das ist nicht alles.»

«Was noch?»

«Die Programme sind sehr kompliziert; um ein Programm gut beherrschen zu können, braucht man viel Zeit. Es sei denn, Ihre Leute können es.»

Köppli grübelt:

«Wenn sie's können würden, hätten wir das alles schon längst gehabt.»

Er schliesst die Augen und versinkt erneut in ein Nickerchen. Napoleon, der dem Gespräch beiwohnt, will ihm unbedingt auf die Knie springen. Er winselt, wedelt erregt mit dem Schwänzchen, strampelt; er setzt seine ganze Findigkeit ein, um wahrgenommen zu werden.

«Das ist aber ein herziges Hündli», kehrt Köppli aus dem Halbschlaf zurück. «Lustig ist, dass er Ihnen wie zwei Tropfen ähnelt. Man sagt, das sei angeblich immer so, dass Hunde das Gesicht des Herrchens kopieren.»

Zwei Tage sind vergangen. Köppli ruft an; er will mich sprechen. Worüber? Ich betrete die Redaktion, begrüsse die Anwesenden, die am Ende des langen Raumes sitzen. Nur einer reagiert gleichgültig – ich kann es hautnah spüren, wie sehr ich hier unerwünscht bin, vor allem vonseiten des «Triumvirats», wie ich den harten Kern der Verächter von zwei Frauen und einem jungen Mann insgeheim nenne. Die von ihnen ausgehende Bedrohung wittere ich mit jeder Pore. In der Tat, ich habe heute keine Karikaturen mitgebracht; jetzt beschäftigt mich die Frage, was oder worüber Köppli mit mir sprechen möchte. Oder hat mir etwa jemand «Dreck» in die Schuhe geschoben?

«Das, was Sie mir zu Hause am Computer vorgeführt haben», verkündet Köppli, «ist genau das, was wir brauchen. Nun will ich vorerst eines der Geräte nachrüsten und Sie an diesem arbeiten lassen.»

Die Nachricht trifft mich ein Blitzschlag. Endlich werde ich gebraucht, schiesst es mir durch den Kopf. Mein zweiter Gedanke kühlt mich jedoch auf der Stelle ab: Wenn ich das Angebot annehme, wird die teure Reprokamera, die vor zwei Jahren gekauft wurde, sofort überflüssig. Das würde dem auf der Lauer liegenden «Triumvirat» so gar nicht gefallen! Wie stehe ich dann da? Dann bin ich der Übeltäter, der ihnen das Leben schwer macht. Ich offenbare Köppli meine Bedenken. Er winkt ab:

«Ich habe mich mittlerweile von Fachkundigen beraten lassen. Auch habe ich mit Kollegen von anderen Zeitungsverlagen gesprochen. Fazit: Wir sind technologisch im Rückstand. Auch bezüglich des Layouts, sagten sie. Ich habe freilich nicht ganz verstanden, was sie explizit gemeint haben. Vielleicht klären Sie mich auf?»

«Zu Hause, Herr Köppli, habe ich nicht alles gesagt, damit Sie nicht denken, ich möchte hier irgendjemanden belehren. Sie sind der Chef. Was hingegen Ihre Kollegen erzählten, betrifft die – sorry – veraltete Zeitungsproduktion. Sie kleben noch alles so wie früher, so wie noch vor Jahren. Diese Praxis ist längst passé. Sie kostet mehr, es geht viel zu langsam, ist nicht so präzise, wie dies der Computer ermöglicht.»

«Layout, Satz und Bilder alles mit dem Computer?»

«Nur mit dem Computer und gewiss mit einem speziellen Programm. QuarkXPress heisst es.»

«Kennen Sie auch dieses Programm?»

«Natürlich. Kommen Sie doch bei mir vorbei und ich zeige Ihnen an meinem Mac an einer Seite Ihrer Zeitung, wie es funktioniert.»

Köppli ist einverstanden. Noch heute Abend will er das, was ich hier erzähle, unbedingt bestätigt sehen. Dann fügt er noch hinzu:

«Was die Reproduktionskamera angeht, lassen Sie das meine Sorge sein. Der technische Fortschritt frass immer schon unzählige veraltete Berufe, und damit die Arbeitsplätze weg. Und wenn jemand nicht gewillt ist, sich der neuen Anforderungen anzupassen, sich weiterzubilden, dann bleibt er auf der Strecke. Eine andere Alternative gibt es leider nicht.»

Mit gemischten Gefühlen gehe ich nach Hause. Wenn der Deal klappt, wie kann ich dann meine Unschuld erklären? Vor allem gegenüber dem boshaften «Triumvirat», das nur darauf wartet, über mich herzufallen? Bis anhin wurde ich hinlänglich toleriert; aber jetzt werde ich unverholen gehasst! Und vor diesem Bösen, vor seiner zerstörerischen Energie, kann mich weder Köppli noch die tolle Computertechnologie wirklich schützen.

KLEINE LEBEN GEFÄHRLICH

Geplagt von Sorgen, verging uns die Lust, mit Napoleon die Umgebung rund um unser Kernwill zu erkunden. Jetzt, wo sich die Lage zum Besseren zu wenden scheint, kann man sich einen Ausflug zu nahe liegenden Dörfern gestatten. Die Landschaft ist sanft hügelig; die Wälder sind nicht gross, sie wirken auf Napoleon aber dennoch höchst einladend. An ihm sieht man deutlich, wie naturverbunden Tiere wirklich sind. In Wald und Flur schaltet sich im Napoleon ein unsichtbarer Turbolader ein, der ihm förmlich enorme Kräfte verleiht: Stundenlang schnuppert er, unermüdlich läuft er, kilometerweit! Ich kann über seine Ausdauer und die ungeheure Leistung seiner zwergigen Pfötchen nur endlos staunen. Und das nach all seinen unzähligen Erkrankungen und Schmerzen, die er ertragen musste! Kein Halm und kein Gras entgehen seiner Aufmerksamkeit. Im Grünen ist er ganz in seinem Element, hier fühlt er sich rundum wohl und nimmt gewiss alles ganz anders wahr als wir Menschen: Er sieht, hört und spürt seinen Puls und seinen Atem. Was sehen wir denn hier? Na klar, das ist schön, obwohl immer mehr Wälder den Äckern zum Opfer fallen, genauso wie in den Städten die Grünflächen der schier gottlosen Invasion von Neubauten weichen müssen. Das ist Zivilisation: Wir predigen Purismus, lamentieren verlogen über Klimawandel, aber wollen noch mehr essen, ohne Unterlass konsumieren, alles noch bequemer haben und auf nichts verzichten ... Der kleine Napoleon ist schon überglücklich, wenn er mal wieder über einen Waldpfad laufen darf.

Doch alle Kleinen in dieser Welt leben gefährlich. Im Wald werden sie von Schlangen und Zecken bedroht sowie von grossen Hunden, deren Halter diese üblicherweise für friedlich halten. Keine Argumente können die Menschen zur Einsicht bringen, dass ihre Tiere für Napoleon lebensgefährlich sind. Aus irgendeinem Grund werden die kleinen – tatsächlich meist harmlosen – Hunde, wie es sich gehört, brav an der Leine geführt, aber nur selten die grossen. Wie in der Welt der Politik wirken in diesem Verhalten offenbar Mechanismen der unbewussten oder absichtlichen Machtdemonstration, die man mittels solcher Hunde zumindest optisch aufzupeppen vesucht.

Die Dackel – als einzige Hunderasse, die nicht dem Wolf, sondern dem Schakal entstammt – haben in diesen Hunden natürliche Feinde; sie werden von Letzteren sozusagen rassistisch diskriminiert. Dazu gesellt sich noch ihr kleiner Wuchs. Ein Dackel an unserer Seite bedeutet die Bürde einer ständigen Verantwortung, da er überall Bedrohungen ausgesetzt ist. Ein grosser Hund kann bei Gefahr sich selber zur Wehr setzen. Nicht der Dackel, den man – unter Umständen – mit eigenem Leib und Leben verteidigen oder retten muss. Mit ihm lässt sich niemand einschüchtern. Das Entgelt des Dackels ist dafür dessen legendäre Treue, die seinesgleichen sucht. Er ist ein einmaliges Individuum; fragil, voller seelischer Anmut, fesselnd. Wer sich einmal ins Dackel-Zauberland gewagt hat, bleibt für ein und allemal sein freiwilliger Gefangener und Diener. Unwiderruflich! Sicherlich: Genauso wie beim Menschen kann man ebenfalls den Willen des Dackels beugen oder brechen, ihm gewaltsam die eigene «Überlegenheit» aufzwingen, ihn gefügig machen und damit seine einzigartige Persönlichkeit zerstören. Der kleine Hund-Nonkonformist stellt eine Herausforderung für alle jene dar, die an chronischer Geltungssucht leiden; er widersetzt sich ungewollt dem primitiven Herrschaftsanspruch der Engstirnigen. Wehe dem Dackel, dem so ein Besitzer beschieden ist ...

Mein Napoleon «gehorcht» mir nicht. Wir sind gleichberechtigte Partner, er hört auf mich als seinen wohlwollenden Freund und Beschützer. Ohne sprechen zu können, hat er mich gelehrt, mit Sänfte, Verständnis und Güte alle Lebewesen als grösstes Wunder des Daseins zu achten und anzuerkennen. Jegliche Bindung ist erst dann rein, wenn sie nicht genötigt wurde. Und das wissen Napoleon und ich zu schätzen. Auf Ausstellungen oder auf der Strasse fallen jedoch öfter andere Hunde auf: mit untertäniger Angst in den Augen, mit gesenkten Schultern, traurigen Gesichtern und mechanischen, von den Herrchen bzw. Frauchen dünkelhaft gestatteten Bewegungen – wehrlose, ihrer Wertschätzung beraubte Sklaven der hundsgemeinen Halter!

Die phänomenale Klugheit eines Dackels ist sprichwörtlich. Es wäre jedoch vermessen, ihn mit dem Menschen zu vergleichen: Letzterer ist ein Träger der Apokalypse. Aber kein einziger Dackel! Und es gibt nichts Schöneres, als ihn mittels Berührung zu fühlen. Sein flauschiges Fell ist so schnuckelig angenehm, dass man flugs dem Bedürfnis verfällt, ihn bis in alle Ewigkeit streicheln zu wollen. Ein gesunder Dackel riecht verführerisch-dezent nach dem schwarzen Kaffee, er ist wohltuend warm und geschmeidig; beim Drücken oder Tätscheln spürt man unter der Hand seine kräftige Muskulatur. Nicht umsonst erreicht er mit seinen winzigen Pfötchen die Laufgeschwindigkeit eines Sprinters! Der Dackel ist ein angeborener Schmuser, er liebt es, in den Arm genommen zu werden und zu kuscheln. Das ist quasi ein inneres Bedürfnis von ihm ... Und bald danach klebt er treu und inbrünstig an unserer Brust, seine Wärme verschmilzt sanft mit unserer eigenen, man wird unbemerkt sage und schreibe unzertrennlich! Eins! Entspannt verlassen wir den Wald, und an eine bessere Zukunft glaubend, treten wir die Heimfahrt an. Napoleon quittiert dies mit glücklichem Gebell.

AUF ZU NEUEN UFERN

Einer der Macintoshs auf der Redaktion wurde mit allem Nötigen nachgerüstet: mit neuer, leistungsstarken Graphikkarte, mit den Programmen QuarkXPress und Photoshop, auch ein Farbfotoprinter, ein Scanner und ein zweiter Bildschirm kamen noch dazu. Schweigend und mit langen Gesichtern beobachteten die Kollegen meine Aktivitäten. Kurz davor erzählte Köppli von seinem Gespräch mit dem «Führer» des «Triumvirats» bezüglich der Zeitungsgestaltung am Computer. Der Mann bezweifelte ernsthaft, ob es möglich wäre, weil der Macintosh-Monitor doch viel kleiner sei als das Zeitungsformat. Es ist sicher nicht machbar, meinte er.

Am ersten Arbeitstag auf der Redaktion spricht mich niemand an. Die Kollegen unterhalten sich hin und wieder scheinbar locker, dies widerspricht der Anspannung, die ich trotzdem empfinde. Allerdings bin ich für sie vorerst noch nicht durchschaubar. Darüber mache ich mir jedoch keine Gedanken und konzentriere mich stattdessen auf das Bild. Es ist nicht für die Zeitung bestimmt, sondern für ein Architekturbüro. Ein Haus wird gebaut; man braucht nun eine authentische Abbildung für ein riesiges Plakat am Zaun der Baustelle. Als der «Fiirabig» kommt und die Kollegen nach Hause gehen, setze ich meine Arbeit fort. Ich habe ja die neuste Photoshop-Version bekommen, die erst ausprobiert und gelernt werden muss. Das braucht Zeit und Geduld: Obwohl, die Skizze des Hauses habe ich schon gemacht. Das Problem: Immer wieder ist es notwendig, die Architekten-Baupläne gründlich zu studieren; die Masse und die Proportionen müssen exakt stimmen, jegliche künstlerischen Fantasien wären hier fehl am Platz. Aus seinem Büro, in dem er im ledernen Sessel den ganzen Tag vor sich hin gedöst hat, kommt Köppli, guckt auf den Monitor:

«Aha, sehr beeindruckend ist das Bild. Unglaublich! Wie viel Zeit brauchen Sie, bis es komplett fertig ist?»

«Das geht momentan noch nicht so schnell, wie es sollte», erkläre ich, «das Programm ist brandneu, einiges davon muss ich mir noch rasch aneignen. Aber keine Sorge, bald kriege ich das hin.»

«Und wann fangen wir mit den Fotos für die Zeitung an?»

Ich schweige. Was soll ich antworten? Dass ich Angst vor seinen ominösen Angestellten habe?

«Die Fotos zu bearbeiten ist das kleinste Übel», sage ich ausweichend, «bevor es aber so weit kommt, braucht es eine Umstellung.»

«Nämlich?»

«Die Reprokamera, wie ich's schon vorgängig sagte, fällt total aus. Die Fotos werden von nun an digitalisiert.»

«Was bedeutet ‹digitalisiert›?»

«Das geht so.»

Ich lege ein Bild von Napoleon auf das Scannerglas. Eine Minute später erscheint es auf dem Monitor.

«Das Foto wurde kopiert, das heisst digitalisiert. Das, was Sie auf dem Monitor sehen, ist bereits ein elektronisches Bild.»

«Es ist aber farbig», versteht Köppli die Computer-Optionen nach wie vor nicht, «wir brauchen Schwarz-Weiss-Bilder. Und gerastert!»

Im Nu verwandle ich das Bild in Schwarz-Weiss.

«Ich habe das Bild auch gleich gerastert. In der ‹Kiste› stecken alle denkbaren Raster zur Verfügung. Nun drucke ich mal das Bild mit dem Printer aus und wir werden sofort seine Qualität sehen.»

Nach der Vorführung verschlägt es Köppli für einige Minuten die Sprache. Dann bricht es tadelnd aus ihm heraus:

«Wozu bloss wurde die blöde Monster-Reprokamera gekauft, die klobig ist und fünfmal teurer war als der Computer? Irrsinnig: Der Berg kreisste und gebahr eine Maus. Aber niemand hat mir je geraten, den Mac einzuführen. Seine neue Entscheidung überrascht mich nicht: Nachdem ich das Bild des Hauses fertigerstellt habe, beginnt in seinem Verlag eine trendkonforme Ära – die Fotos werden nur noch am Computer druckfertig gemacht. Von mir.

Obwohl mehrere Tage vergehen, ist ein freundlicheres Verhältnis zum «Triumvirat» nicht in Sicht. Bald kenne ich den Grund dafür: Köppli hat sie in Kenntnis gesetzt von der veränderten Lage, wie er mir selbst mitgeteilt hat. Jetzt haben die «Kollegen» begriffen, was ihnen bevorsteht: Sie werden sich umstellen müssen. Die komplizierten Programme lernen, viel Zeit verlieren, unzählige Überstunden leisten, weniger Freizeit haben; anderenfalls verlieren auch sie ihren Broterwerb. Verflixt! Und das alles durch meine Person! Dieser Umstand ist wohl Grund genug, einen solchen Typen zu hassen. Das kann ich nachvollziehen. Aber nicht ändern.

«Du sollst ihretwegen keine Gewissensbisse haben», bemüht sich Elżbieta, mich zu trösten. «Hast du unsere Nöte schon vergessen, die wir in diesen vielen Jahren durchgemacht haben? Kümmerte sich jemand um dich? Kein Mensch. Die Arbeitsweise beim ‹Wochenbote› ist einfach archaisch, und es war nur eine Frage der Zeit, dass eines Tages jemand anderer Köppli darüber aufgeklärt hätte. Du hast das Unvermeidliche nur beschleunigt.»

«Das verstehe ich doch selber nur zu gut», erwidere ich, «du hast leicht reden, weil ich und nicht du jeden Tag dort hocken musst.»

Jeden «Gang» zur Redaktion, wo ich dann stundenlang die abweisenden Blicke der Kollegen ertragen muss, erleide ich so, wie Heinrich IV. seinen legendären Gang nach Canossa empfunden haben muss. Der König würde mich bestimmt verstehen! Leider gibt es für mich, einen «Computer-Guru, der aus der Kälte kam», keine erlösende Alternative, und so bin ich gezwungen weiter Tag für Tag niederträchtige Bemerkungen zu dulden.

PERSONA INCOGNITA

Ich brauche eine gehörige Portion Zeit, um die Person Köppli zu knacken. Wer ist er, der Mensch, von dem ich erneut auf Gedeih und Verderb abhängig werde? Weil weit und breit ohnehin keine bessere Option auszumachen ist, beschäftigt mich arg die unvermeidliche Frage der etwaigen Gefahren, mag sein auch folgenschwerer Überraschungen, die von ihm ausgehen könnten – was erwartet mich?

Die Chancen, ihn etwas näher kennenzulernen, liefert er selber, und dies immer häufiger. Gegen Arbeitstag-Ende wünscht er unverhofft, dass ich meine Frau anrufe, weil er uns ins Restaurant zum Abendessen einladen will. Andere würden sich deswegen freuen, dessen bin ich mir bewusst. In einem Land, wo der Besuch eines mondänen Restaurants als gesellschaftliches Ereignis lobgepriesen wird, ziemt es sich nicht, ein solches Angebot auszuschlagen. Für uns jedoch ist ein Restaurant, ungeachtet seiner Anzahl von Sternen, nur eine Essstätte, wo man sinnlos seine Zeit vertreibt. Richtig essen sind wir daheim gewöhnt. Elżbieta ist böse. Ich muss jedes Mal mühsame Überzeugungsarbeit leisten, um sie dazu zu bewegen, ins Restaurant zu gehen.

«Gott, schon wieder der dämliche Gourmettempel?», stöhnt sie. «Was ist das hierzulande nur für eine Unsitte, sich vor dem Schlafengehen den Ranzen vollzustopfen, was höchst ungesund ist. Sich vollgegessen wird nur am Mittag! Zudem versteht dein Köppli das Wesen der Frau nicht, wenn er derart kurzfristige Termine ansetzt! Ich müsste mich noch vorbereiten, mich schminken, passende Garderobe wählen. Das braucht Zeit und geht nicht so hopphopp!»

Köppli versteht die Frau in der Tat nicht:

«Welche Vorbereitungen sind hier noch nötig? Unsinn. Sie soll gerade so kommen, wie sie in der Küche steht!»

Im Restaurant sitzend, ergreife ich die Chance, ihn als Privatmann zu ergründen. Seine exaltierte Klatschhaftigkeit erleichtert dies ungemein. Langsam bildet sich in meiner Vorstellung sein psychologisches Porträt, auf, wie das die Kriminalpsychologen zu nennen pflegen. Die Wege seines Werdegangs machen uns zuweilen fassungslos. Wir erfahren, dass er nur eine Sekundarschule abgeschlossen hat! Mehr zu lernen oder zu studieren brauchte er nach eigenen Worten kaum, da er nicht zu jenen gehöre, welche sich ihre *Intelligenz* auf der Hochschule aneignen mussten. Diese Intelligenz habe er auch ohne Diplome im «Grind». Er habe auch noch nie ein Buch gelesen; dafür fehle ihm Lust und Zeit. Als Bursche arbeitete er in einer kleinen Kneipe seiner Mutter als Gehilfe. Unentwegt belobhudelt er die Mutter; gleichzeitig kritisiert er harsch den Vater, einen angeblich naiven Linken. Dies abgesehen davon, dass er ein Kleinkapitalist war, der eine Käserei hatte. Im Lauf der Zeit gründete Köppli senior noch eine Art Betriebszeitung. Aus Langeweile besuchte Köppli junior zwei Mal eine einsame, alte Verwandte, und als diese starb, stellte sich heraus, dass die Frau ihr riesiges Vermögen an ihn vermacht hatte.

Über Nacht wurde er Millionär! Nach dem Tod des unliebsamen Vaters vererbte er ebenfalls dessen Geschäft. Volià!

Vieles über eine Person lässt sich, wie dies Psychologen autoritär versichern, durch ihr intimes Leben erklären. Für einige gilt diese Theorie als eine Art Zauberschlüssel. Sollte es so sein, ist Köppli auch in dieser Hinsicht ein Rätsel oder eben ein Paradebeispiel. Er ist verheiratet; seine junge Frau lebt jedoch im fernen Ausland. Nur selten besucht sie ihn. Komisch! Er tadelt sie oft; sie sei durch ihn reich geworden und wisse dies nicht zu schätzen. Da hat er völlig recht! Zugleich aber könne er ein und dieselbe Frau im gemeinsamen Haushalt nicht lange dulden. Die einzige Frau, die gelobt, geehrt und unbeirrt in Erinnerung bleibt, ist seine Mutter: Sie sei der Etalon aller weiblichen Weisheiten, Tugenden und göttlichen Güte gewesen. Wohingegen alle anderen Frauen ihm «fremd» seien, nicht anständig, dafür falsch und zwielichtig.

Gerne spricht er über die Frauen, doch seine Furcht vor ihnen ist entschieden mächtiger als das Interesse. Nun weiss ich, woran ich bin: Sein Argwohn ist allumfassend; er wagt es nicht, überhaupt irgendeinem Menschen sein Vertrauen zu schenken, geschweige denn das Risiko einzugehen, nicht die Mutter, sondern eine andere Frau selbstlos zu lieben. So ist er für immer das Mamisöhnchen geblieben – launisch, egoistisch, unberechenbar. Dieses alarmierende Resümee muss ich mir fortan stets vor Augen halten.

Es gibt jedoch noch weitere Beobachtungen im Charakter von Martin Köppli, welche mich schlicht verblüffen. Er kann unwahrscheinlich gut Kopfrechnen, ganz anders als ich: Die läppischen Fehler mache ich selbst mit einem Taschenrechner! Eine Firma zu führen, verlangt grosse Versiertheit. Diese Gabe scheint er von irgendwoher einfach zu haben. Während andere Zeitungen inzwischen aus der Presselandschaft verschwunden sind, lebt sein Blatt immer noch! Politisch steht er auf dem rechten Fuss. Die von «Classe politique» ideologisch disponierte Propaganda und die damit verbundenen Risiken für die Schweiz sind ihm ein echter Dorn im Auge. Stundenlang kann er sich darüber echauffieren; damit nicht genug, er muss in seiner Zeitung das Gedachte und Gesagte publik machen und ruft dadurch kontinuierlich unzählige Gegner auf den Plan. Ohne die andauernden Auseinandersetzungen mit zahlreichen Opponenten könnte er wahrscheinlich nicht leben, denke ich mitunter – und wären sie plötzlich nicht mehr da, verlöre sein Dasein umgehend jeglichen Sinn. Er hat Geld und Möglichkeiten, von denen der einfache Brotverdiener nur träumen kann: Ruhig könnte er um die Welt reisen, sich eine Insel oder Jacht kaufen, das Leben in vollen Zügen geniessen. Aber nein, den kleinen Ort verlässt er fast nie; stattdessen führt er dort diese pausenlosen, auch seine Nerven und Gesundheit zermürbenden Kriege. Wozu? Oder verbirgt sich dahinter wiederum der Ungeist seiner Mutter, die ihm unwiderruflich eingehämmert hatte, dem anderen unter keinen Umständen einmal recht zu geben? Wie ist sein Wesen zu bewerten? Ich kann bloss mutmassen und lobe nie den Tag vor dem Abend.

DIE ZWEI FRANKEN

Die elektronische Bildbearbeitung ist zum Alltag geworden. Auch die Reprokamera ist spurlos aus der Redaktion verschwunden und niemand von den «Kollegen» hat Schaden davongetragen. Der Umstand freut mich enorm. Dafür bedanke ich mich bei Köppli.

«Sie sind nicht Ihre Freunde, warum diese Sorge um sie?», fragt er.

«Ich weiss ehrlich nicht, ob ich um sie besorgt bin. Aber ich selber habe einiges durchgemacht und weiss genau, wie einem zumute ist, wenn man gezwungen wird, zu gehen.»

«So denken Sie?»

«Jawohl, so.»

«Wo sind dann meine zwei Franken?»

Ich verstehe nicht, worauf er hinauswill. In seinem ledernen Sessel sitzend, sieht er ziemlich bedrohlich aus; die Hand klopft nervös auf die Tischplatte, die mit unzähligen chaotisch verstreuten Zetteln übersät ist.

«Vor einer halben Stunde haben Sie für mich zwei Würstchen aus dem Laden geholt. Wo ist das Wechselgeld? In die eigene Tasche gesteckt? Die Slawen sind bekannt dafür zu klauen. Oder irre ich mich?»

Ich bin komplett bestürzt. Die zwei Franken habe ich umgehend zurückgebracht. Wenn sie nicht mehr da sind, bin ich verloren.

«Die Münze kann sich doch nicht in Luft aufgelöst haben; ich habe sie hier auf Ihren Tisch gelegt. Darf ich den Papierstapel mal zur Seite schieben? Sie muss darunter sein.»

«Gut, schieben Sie ihn zur Seite. Die zwei Stutz sind sowieso fort!»

Meine Schilderung des Vorfalls versetzt Elżbieta in eine schockähnliche Fassungslosigkeit. Langsam sucht sie nach den passenden Worten:

«Die Münze lag also unter dem Papierstapel, und ich verstehe den Mann trotzdem nicht. Einerseits verhält er sich leutselig und scheinbar kultiviert, redet mit uns wie mit Freunden, angeblich schätzt und achtet er dich. Anderseits schlummert auch in ihm diese unterschwellige Slawophobie, von der hier niemand laut spricht. Ein unverfängliches Missverständnis, und man wird auf der Stelle zum Täter degradiert. Welch eine Überheblichkeit!»

Ich will Elżbieta nicht gestehen, wie abscheulich mir nach diesem Tag zumute ist und welch düstere Bedenken mich verfolgen, nachdem ich Köpplis Charakter «entziffert» habe. Ich fühle, zwischen zwei Fronten geraten zu sein: hier das feindliche «Triumvirat», dort der unvorsehbare Zeitungsboss.

Elżbieta unterbricht mein Schweigen:

«Wieso kaufst du für ihn die Würstchen? Der Laden liegt vis-à-vis der Redaktion auf der anderen Strassenseite. Kann er das nicht selber tun?»

«Offenbar nicht. Er habe Wichtigeres zu tun, sagt er wie üblich und döst in seinem Sessel wieder vor sich hin. Stundenlang! Sein Auto wasche ich ebenfalls von Anfang an.»

«Das wusste ich nicht. Nun kapiere ich alles: Er hat dich zu seinem privaten Laufburschen gemacht!»

«Habe ich denn eine Wahl? Früher war er selber ein Laufbub; jetzt, als Big-Boss, kann er sich dafür rächen, indem er sich von den anderen bedienen lässt. Und der Umstand, dass ausgerechnet ich, Winnik, gezwungen bin, das zu machen, kitzelt womöglich seine Eitelkeit am meisten. Ich bin ja derjenige, der viele Bücher gelesen hat. Was hat mir das gebracht?»

Elżbieta, die in ihrer Karriere als Schauspielerin sehr geschätzt wurde, begreift endlich, dass ihr das Leben mehr Glück beschert hat, als mir:

«Na, klar, deine Situation stützt abermals deutlich seine Theorie von der Nutzlosigkeit der Bildung! Geld muss man haben. Ohne das Geld ist man in dieser Welt null und niemand. Und weniger wert als ein Stück Vieh.»

«Du sagst es! Und doch ist Köppli gar nicht weit von der Wahrheit entfernt. Wissen bedeutet Verstehen; darunter auch Probleme, ihre Ursachen und Zusammenhänge. Ein Umstand, der das Leben des Wissenden zusätzlich belasten kann. Die Unwissenden, zu denen das Gros der Menschheit gehört, leben somit gesünder; sie schlucken meist unbedacht das, was auf der Oberfläche schwimmt. Von der Tiefe, aus der mannigfaltige potenzielle Gefahren drohen, ahnen sie nichts, sie lässt sie kalt. Mein Wissen kann ich mir also sonst wo hinstecken und nur das tun, was Köppli wünscht. Keine Arbeit ist eine Schande, wenn man seinen Lebensunterhalt damit ehrlich verdient.»

«Dem kann ich nicht zustimmen», moniert die Frau, «viele Leute verdienen sich ihren Unterhalt mit Drogen-, Menschen- oder Waffenhandel. Ist das auch keine Schande?»

KÖPPLIS «ENTDECKUNG»

Endlich geht es uns etwas besser: Alles, was ich dem Sozialamt schuldete, wurde zurückbezahlt! Auf der Redaktion hat sich unterdessen in puncto Kollegialität kaum etwas geändert. Das «Triumvirat» fühlt sich komplett überrumpelt, als bekannt wird, dass ich ihm die Grundsätze des Photoshops beibringen soll. Seit Monaten sitze ich allein in einem kleinen Zimmer; damit ging Köppli auf meine Bitte ein. Nun ärgert meine Anwesenheit die Kollegen spürbar weniger. Dafür bin ich Köppli aufrichtig dankbar. Das Schlimmste jedoch ist noch im Anzug: die totale Umstellung der Zeitungsproduktion auf ganze Seiten-Layouts. Das bedeutet vermehrte Zusammenarbeit mit dem «Triumvirat», das mich als «Belehrer» mental nicht ertragen kann. Wenn ich wenigstens ein Indianer wäre; dadurch würde das Akzeptanz-Niveau meiner Person für diese Leute viel höher liegen als ihr Duldungsvermögen gegenüber jemandem aus dem «wilden» Osten! Im Handumdrehen stimmt Köppli sie jedoch um. Sein simples Argument: Er könne sie alle schon morgen entlassen oder gleich in die Kurse schicken, die aber eine Unmenge Geld verschlingen würden. Die günstigste Lösung für ihn bleibt zweifelsohne Winnik.

Mit dem Engagement des «Triumvirats» bin ich zufrieden, und nachdem es sich die wichtigsten Funktionen des Systems angeeignet hat, perfektioniert es seine Arbeit schon ohne meine Hinweise. Auch wundert sich keiner mehr darüber, wenn ich immer mehr für die Zeitung fotografiere. Köppli findet meine Bilder sehr professionell; er wisse nur nicht, warum. Schuldig dafür sei meine Mittelformat-Kamera, mit der ich fotografiere, die das möglich mache, meint er. Dass seine Angestellten mit der Profikamera Nikon fotografieren, blendet er aus. Die Erklärung der vermeintlich «besseren» Kamera kommt für mich unerwartet wenig später.

«Hier steht geschrieben: Text, Satz, Layout und Fotos von Lubomir T. Winnik. Sind Sie damit gemeint?», fragt Köppli.

Auf seinem Bürotisch liegt eine aufgeschlagene Zeitung mit meiner doppelseitigen Reportage aus Ägypten. Da ich nicht sicher bin, wie Köppli auf diese Entdeckung reagieren wird, verzögert sich auch meine Antwort:

«Ja, das ist meine Arbeit.»

«Waren Sie dort in den Ferien?»

«Nein. Auftragsmässig bereiste ich das Land drei Mal.»

«Merkwürdig! Sie haben also verschwiegen, dass Sie ein schreibender Journalist und Pressefotograf sind. Warum?»

«Ich dachte, dass interessiere hier niemanden.»

«So eine falsche Bescheidenheit! Die Fotos in diesem Blatt sind nicht nur hervorragend aufgenommen, sie sind auch farbig gedruckt! Und ihre Qualität ist unheimlich gut! Wo wurden die Lithos gemacht?»

«In meinem Computer.»

«Wahnsinn! Meinen Sie, wir wären imstande, auch unsere Zeitung farbig drucken zu lassen und dabei den Lithografen zu vergessen?»

«Selbstverständlich. Wir haben hier immerhin vier voll ausgerüstete erstklassige Macintoshs der neusten Generation.»

Köppli liest den Text der Reportage wieder durch. Dann lacht er.

«Deutsch ist nicht Ihre Muttersprache; trotzdem schreiben Sie so gut, wie wenn Sie ein Deutscher wären. Ich begreife das nicht. Wo haben Sie die Sprache gelernt?»

«In der Schweiz.»

«Wir sprechen hier aber Mundart. Deutsch zu beherrschen für Fremde ist daher bei uns sehr schwer, wie ist Ihnen das gelungen?»

«Ich bin halt stur.»

«Okay, diese Novität muss ich mir erst einmal durch den Kopf gehen lassen. Rufen Sie doch Ihre Frau an, wir treffen uns im Restaurant.»

Ich bin untröstlich; das stechend «duftende» Gericht, das auf die Tafel kommt, widert mich an – Sushi! Ich weiss, dass ich unverbesserlich rückständig bin, alle lechzen derzeit danach, den modisch gewordenen Japaner zwischen die Zähne zu kriegen. Der Mode – welcher auch immer – bin ich aber nie nachgelaufen. Ausserdem bin ich sowieso kein besonderer Fischfan. Und hier, auf dem quadratischen Teller, stolzieren ein paar mickrige Würfel rohes Fischfleisch! Allein diese dürftigen Portiönchen amüsieren mich masslos. Und jetzt? Jetzt muss ich Haltung bewahren und so tun, als befände ich mich im siebten Himmel. Deo gratias hockt Napoleon auf dem Stuhl zwischen uns; er soll mir aus der Patsche helfen. Während Köppli mit dem Kellner schwätzt, schiebe ich unauffällig einen Würfel nach dem anderen in sein Maul. Ich staune mächtig, dass er das exotische Zeug überhaupt frisst! Ein wahrhaft selbstloser Retter meiner Ehre! Oder hat er einen besseren Geschmack als ich? Nun staunt Köppli nicht schlecht, als er meinen leeren Teller sieht:

«Hat's gut geschmeckt, gell? Die Japsen-Küche ist zweifellos einmalig. Wollen Sie vielleicht noch einen Nachschlag?»

«Oh, nein, danke! Das Gericht ist sehr nahrhaft. Ich bin gesättigt.»

«Gut, dann geniessen wir mal etwas Edles.»

Der Kellner entkorkt eine vergoldete Flasche, die ich noch nie gesehen habe. Schenkt den Wein ein. Wir stossen an. Schon nach dem erstem Schluck spüre ich, wie exzellent der Trank ist.

«Der Wein schmeckt geradezu göttlich», sage ich zwanglos, «das ist etwas anderes als das, was wir trinken. Wohl sehr teuer?»

Ein zufriedenes Lächeln huscht über Köpplis Gesicht:

«Nicht übertrieben teuer, nur 500 Franken.»

«Diese Flasche kostet 500 Franken? Sie nehmen uns auf die Schippe!»

«Nein. Es gibt natürlich noch teurere. Irgendwann probieren wir die aus. Ich kann jedoch nur Weine dieser Klasse zu mir nehmen, weil mein Organismus die billigeren Sorten einfach nicht akzeptiert. Jetzt aber kommen wir zu dem, was ich heute über Sie erfahren habe. Erstens will ich die Zeitung in Farbe machen, Ihre Erfahrung mit der Materie ist gefragt. Zweitens möchte ich, dass Sie für den ‹Wochenboten› schreiben. Und zwar so originell, wie Sie's über Ägypten gemacht haben.»

Ich spüre erneut, wie mir die Flügel wachsen. Ich bin sofort bereit, sein Auto jeden Tag zu putzen, nur um des Schreibens Willen. Die Sache hat dennoch einen arglistigen Haken.

«Ich mache Grammatikfehler», informiere ich Köppli sicherheitshalber, «und nicht nur in Deutsch, in jeder Sprache, die ich spreche. Ich bin oftmals zu faul gewesen, richtig zu erlernen, wo welche Kommas, Trennstriche, Doppelpunkte oder Ähnliches gehören. Die Sprache bedeutet für mich lediglich ein Kommunikations- oder Ausdrucksmittel, darum kümmerte ich mich wenig um das Technische.»

«Das ist kein Problem», beruhigt mich Köppli, «wir haben Korrektoren, deren Aufgabe es ist, solche Fehler auszumerzen.»

«Tödliche Hauspflanzen» heisst mein erster Artikel im «Wochenbote», weil die meisten Hauspflanzen in der Tat giftig sind. Und schon bald höre ich im Hintergrund die ersten zickigen Kommentare des stets wachsamen, unermüdlichen «Triumvirats»:

«Er macht stümperhafte, geradezu lächerliche Fehler und masst sich an, auf Deutsch schreiben zu können. Schon ziemlich frech! Ganz typisch für eingebildete Leute aus dem Osten!»

Das ist erst der bescheidene Anfang der neuen Empörung über meine «Masslosigkeit». Jetzt wird jeder noch so harmlose Fehler, jede Formulierung und jedes fehlende Komma flugs haushoch vergrössert. Selbst die lateinischen Ausdrücke, welche die Korrektorinnen nicht kennen, werden meinen «schwachen» Deutschkenntnissen angelastet, und ich bin mir dessen bewusst, dass Köppli über jedes dieser Kommas fleissig informiert wird.

Er spricht mit mir. Er begreife selber nicht, warum sie das tun. Auf der Redaktion arbeiten zwei Korrektorinnen, die bislang die Fehler seiner Journalisten korrigiert haben. Ohne zu meckern!

«Mit Ihren Artikeln und Reportagen bin ich durchaus zufrieden», meint er, «Sie haben eine eigenwillige Schreibweise und Darstellungsbegabung. Das hat einen frischen Wind in die Zeitung gebracht. Vielleicht ist gerade das der Grund ihrer Irritation?»

«Nicht nur das», sage ich und denke scharf nach, ob ich jetzt weitersprechen soll. Das Gespräch ist an einen heiklen Punkt gelangt: die germanisch-slawische Gegensätzlichkeit. Der Vorfall mit den zwei Franken und dem «slawischen Dieb» hallt immer noch in meinen Ohren.

«Was denn sonst noch?», interessiert sich Köppli.

«Was noch? Ich erzähle Ihnen von einem Mann, der sich anno dazumal in einer ähnlichen Situation befunden hat. Sein Name war Joseph Conrad, einer der bekanntesten britischen Schriftsteller. Kennen Sie ihn?»

«Nie gehört.»

Ich kann ihn rasch im Internet zeigen.

«Nicht nötig, und was weiter?»

«Der wahre Name von Conrad lautete Józef Korzeniowski. Er war gebürtiger Pole, der aus der heutigen Westukraine stammte. Als Erwachsener wanderte er nach Grossbritannien aus, und erst dort hat er die englische Sprache gelernt. In dieser Sprache hat er begonnen, Bücher zu schreiben. Doch kein britischer Verlag wollte Notiz von ihm nehmen, über mehrere Jahrzehnte! Die erniedrigende Begründung: Englisch sei nicht seine Muttersprache, als Slawe könne er unmöglich auf Englisch «richtig» schreiben. Die anderen hingegen deuteten Korzeniowskis Wirken als lächerliche Prätention eines eingebildeten

Ausländers, der sich so eine respektlose «Ungeheuerlichkeit» überhaupt zuzumuten wagte. Sie fühlten sich in ihrem nationalen Stolz schlicht verletzt.»

«Sind die Engländer so verbohrt gewesen?», fragt Köppli naiv.

«Das kann ich natürlich nicht beurteilen. Korzeniowskis negatives Beispiel ist für mich stellvertretend symptomatisch für alle analogen Schicksale der begabten Europäer, die in ihrer neuen Heimat allzu oft der verbalen Ablehnung der Einheimischen ausgesetzt weden. Man wird undifferenziert in die anonyme Masse der vermeintlich intellektuell Minderwertigen, sprich niederen Wesen geworfen ... Und darin sehe ich die hässliche, ja die widerlichste Fratze jeden eigensüchtigen Nationalismus.»

«Glauben Sie wirklich an xenophobische Vorurteile der Westeuropäer den Slawen gegenüber?»

«Ich halte mich bloss an die bekannten Fakten und vergleiche sie. Ein Beispiel: Rabindranth Tagore. Seine Muttersprache war Bengali, nichtsdestotrotz hat er die Bücher auch auf Englisch geschrieben. Über zwanzig! Und das störte die Engländer auf keiner Weise. Als aber ein Weisser, ein Pole, dasselbe machte, wurden sie quasi an allen Fronten sauer. In diesem Fall haben wir mit einer Heuchelei zu tun, das heisst mit ‹politisch korrekter› Differenzierung von Menschen – weil Tagore dunkelhäutig war – indem diese mit gegensätzlich unterschiedlichen Ellenlängen gemessen werden. Da sind hier, denke ich, die Kommentare schlicht überfällig.»

Köppli, etwas bedeppert schaut auf die Uhr, steht auf:

«In einer Stunde habe ich ein wichtiges Treffen in Zürich, nun muss ich rasch weggehen. Na ja, schon recht interessante Sachen erzählen Sie da, Herr Winnik. Bücherlesen erweist sich zweifelsohne als nützlich. Wobei ich glaube, die Essenz Ihrer Botschaft verstanden zu haben; ... diese Welt ist in der Tat mehr schwachsinnig kompliziert, denn vernünftig eingerichtet!»

WARSCHAU

Wir sind nochmals übergesiedelt. Drei ungute Gründe trugen dazu bei: die unerträgliche Enge des bisherigen Domizils, die häufigen lauten Streitereien der Nachbarn und der abweisende Eigentümer, der mit seiner jungen, bulgarischen Frau in einem winzigen Zimmerlein im Keller hauste. Der Mann war offensichtlich pleite, ewig gereizt und grob; auf keines unseren Anliegen ging er je ein. Die Bulgarin, erfuhr Elżbieta zufällig, durfte mit niemandem sprechen, niemanden treffen und die «Wohnung» niemals allein verlassen. Ihr Mann behandelte sie wie eine Sklavin – eine ehemalige Mathematikprofessorin in ihrer Heimat! Sie war aber nicht die Einzige, die wir kannten, die für das scheinbare Privileg, in der Schweiz leben zu dürfen, einen so hohen Preis zahlen musste.

Die neue Wohnung ist viel geräumiger; selbst ein eigenes Arbeitszimmer habe ich und damit genug Platz für all meine Computergeräte. Doch wir haben eine längere Reise vor uns: nach Warschau. Elżbieta steht eine polnische Rente zu; jetzt müssen alle nötigen Formalitäten vor Ort erledigt werden. Es ist Ende Dezember; im Osten Deutschlands tobt der kalte Winter. Schneeverwehungen und gefährliche Eisglätte verlangsamen die Fahrt erheblich. Am späten Abend, 60 Kilometer von Görlitz entfernt, bildet sich ein Stau. Bis zum Morgengrauen bewegt sich auf der Autobahn gar nichts mehr; endlich setzt sich die endlose Kolonne in Bewegung. Als wir Warschau erreichen, fühle ich, wie mich diese strapaziöse, über 32 Stunden dauernde Odyssee ermüdet hat! Ich torkle wie ein Betrunkener, die Irrfahrt brummt noch in allen Gliedern!

Die Erledigung der Rente für Elżbieta bei ZUS – Amt für öffentliche Sozialversicherungen – läuft nicht reibungslos ab. Die fetten Beamtinnen am Schalter, die seit sozialistischen Zeiten noch hier sitzen, trinken meist Kaffee oder führen private Telefongespräche; sie reagieren sogleich gereizt, wenn man sie davon ablenkt oder, noch schlimmer, anspricht. Auf jedes angeblich wichtige Dokumentchen wartet man auf den langen Korridoren stunden- und tagelang. Und mich, der an die Schweizer Ordnung gewöhnt ist, schockieren ungemein die empörten Bemerkungen einiger von ihnen, die Elżbietas Anspruch auf die polnische Rente für eine unzulässige Frechheit halten – weil sie aus der «reichen» Schweiz komme! Das sei «unmoralisch». Die Moral des Amtes erweist sich am Ende als weit unmoralischer: Sie bekommt nur noch ihre geringe AHV-Rente. Alles, was ihr aus der parallelen Privatsozialversicherung gebührt – ähnlich wie die dritte Säule in der Schweiz – soll sie vergessen. Die Unterlagen, so die ZUS-Kaffee-Frauen, seien «spurlos verschollen»!!!

Ich will einen alten Bekannten in Warschau sehen. Edmund Grzybowski heisst er, der ehemalige Vize-Redakteur des populären Warschauer Magazins «Stolica» – «Hauptstadt» –, bei der ich in den Jahren 1971 bis 1973 als Journalist angestellt war. Die Grzybowskis wohnen in der Warschauer Altstadt, im Quartier, das ich für das schönste halte. Vom Parkplatz am Königsschloss muss man zu Fuss gehen. Es ist kalt und feucht, der Strassenbelag bedeckt von matschigem Schnee, zerfressen durch das Salz. Napoleon trägt wie üblich ein Pelzmäntelchen; frieren kann er also nicht, jedoch das Laufen über die nasse Brühe fällt ihm sichtlich schwer. Viele Autos sind unterwegs; man riecht es, wie stikkig die Luft ist. Aber wir marschieren weiter.

Edmund Grzybowski ist so elegant geblieben, wie er früher war: mit der obligaten «Fliege» und mit galanten Manieren; damit hob er sich schon damals auf der Redaktion ab. Ich hatte zu ihm ein gutes Verhältnis. Nun wundert er sich unverhohlen, als er hört, dass ich auch in der Schweiz meinem alten Job nachgehen kann.

«Wie ist das möglich? Fast zu 100 Prozent fallen unsere Leute dort auf die niedrigste gesellschaftliche Stufe, sie werden üblicherweise zu Pages der Autochthonen gemacht. Es interessiert ja niemanden, welchen Beruf man früher ausgeübt hat, man geht davon aus, dass man genug eigene Begabte hat.»

Ich erzähle über meine Anfänge in der Schweiz. Wie ich jahrelang die Aborte putzte, Fenster reinigte, Druckmaschinen in den Druckereien putzte, Kurierdienste leistete, ein Liftboy für alle gewesen war.

«Aber wie haben Sie es geschafft, aus diesem Teufelsreis auszubrechen», interessiert sich Grzybowski. «Auf irgendwelche grossmütigen Gönner konnten Sie sicherlich nicht zählen, oder?»

«Nein, unmöglich. Die Arbeitgeber waren nur um eines besorgt, ob ich ein fleissiger Hilfsarbeiter bin. Schliesslich trugen die Behörden diesen ‹meinen› neuen Beruf in alle Personaldokumente ein. Damit wurde meine berufliche Zukunft von oben harab, weil amtlich, bereits vorbestimmt.»

«Geradezu unglaublich, was für eine schmähliche Vergeudung von Talenten», ärgert sich Grzybowski, «hätte Sie jemand unterstützt, Ihre Fähigkeiten wahrgenommen, würde das sowohl Ihnen als auch dem Land bedeutend mehr Nutzen bringen, als Aborte zu putzen. Dahinter verbirgt sich jedoch die infamste Form vom Rassismus – Weisse diskriminieren Weisse nur deshalb, weil sie Mitteleurpeär sind! Stillschweigend, mörderisch effektiv und völlig ungestraft. Und wie kamen Sie dennoch aus der Falle heraus?»

«Fast genauso, wie dies bei der ‹Stolica› der Fall war.»

«Bei der ‹Stolica?› Grzybowski grübelt verlegen nach. «Leider kann ich mich nicht entsinnen. Entschuldigen Sie! Doch wie passierte das genau?»

«1969 besuchte ich zum ersten Mal Warschau. Eine Bekannte meiner Bekannten schenkte mir eine Schachtel Filzstifte. Ihre kräftigen, leuchtenden Farben haben mich so entzückt, dass ich sofort beschloss, damit Warschau zu zeichnen. Eine Woche lang war ich in der Stadt unterwegs; zwei Dutzend fertige Bilder waren das Ergebnis meiner Wanderungen. Als die Geschenkgeberin die Bilder sah, riet sie, diese Ihrem Magazin, dessen Leserin sie war, anzubieten. Die Zeichnungen wurden abgedruckt und als ich zwei Jahre später nach Warschau übersiedelte, ermöglichten nämlich diese Bilder meinen Einstieg in Ihrer Redaktion.»

«Erst jetzt kommt es mir wieder in den Sinn!», lacht Grzybowski. «Und auf diese Weise haben Sie auch in der Schweiz angefangen?»

«Ja. Nur waren es nicht die Strassenbilder einer Stadt, sondern recht bissige Cartoons. Damit hat's geklappt, aber erst nach viel verlorener Zeit.»

Grzybowski fragt Elżbieta, wie sie sich in der Schweiz fühle:

«Sie leben nun im Herzen Westeuropas, Sie verkehren sicher in gehobenen Kreisen, Sie haben viele interessante Freunde? Wie sind sie?»

Die Frage ist sogar für mich ziemlich komplex, um eine annähernd adäquate Antwort aus dem Ärmel schütteln zu können. Zudem lebt sie in der Schweiz erst halb so lang wie ich.

«Freunde? Hm, ein schwieriges Thema», überlegt Elżbieta, «das ist hier völlig anders als in Polen. Es ist ... Es ist echt mühsam.»

«Was denn ist anders oder kompliziert? Sie haben die roten Pässe, sind also integriert. Sind Schweizer! Was fehlt noch?»

Diesmal lacht, zwar etwas hilflos Elżbieta:

«Die Integration ist bloss ein Papierausdruck. Freilich gibt der Staat viel Geld aus, um sie zu fördern, und meint damit vielleicht sogar aufrichtig: Wer eingebürgert ist und eine Stelle hat, der ist partout integriert. Das ist jedoch kindisches Wunschdenken, eine Illusion, die mehr mit der politischen Korrektheit als mit einer echten Integration zu tun hat.»

«Und weshalb?»

«Hier ein Beispiel. Ich liebe die Schweiz, schätze alles Gute, was sie bietet und leistet, und fühle mich wie zu Hause. Nur ... sitzen wir in diesem Zuhause völlig allein, ausgeschlossen, als wären wir auf der Robinsoninsel. Sie fragen warum? Es reicht bei Weitem nicht aus, dass wir uns unsererseits integriert fühlen, während die Gegenseite – die gebürtigen Eidgenossen – uns privat nicht als gleichrangige Mitbürger ansehen. Man lebt ja im Alltag nicht mit dem Staat, sondern mit den Menschen. Und diese lieb zu gewinnen gleicht einer Utopie, man bleibt für sie landfremd. Das spürt man besonders dann krass, wenn man in einer Gesellschaft verweilt. Man wird eingeladen, nett begrüsst und kurz danach ... vergessen. Die Schweizer bleiben untereinander. Stundenlang unterhalten sie sich, scherzen ausgelassen, die Themen dazu scheinen ihnen nie zu fehlen. Währenddem wir stundenlang einsam dahocken. Kaum jemand kommt auf die Idee, uns zumindest aus purer Höflichkeit anzusprechen. Von wegen! Man wird quasi unsichtbar, man kommt sich schnell vor wie das obsolete fünfte Rad am Fuhrwerk. Und sollten wir früher als vorgesehen den Treff verlassen wollen, kann dies als bewusste Brüskierung der Gesellschaft oder schwerwiegende Taktlosigkeit gedeutet werden. Voilà!»

«Und wenn Sie irgendjemanden einmal nach Hause einladen möchten», fragt Grzybowski nachdenklich, «kommen sie?»

«Das ist wiederum die Frage», mische ich mich ins Gespräch ein, «man muss dabei Vorsicht walten lassen, weil eine solche Geste vom Eingeladenen geradezu als Versuch verstanden werden könnte, dass man von ihm etwas erwartet. Zum Beispiel irgendeine Gegenleistung. Man lädt ja niemanden umsonst ein, meinen sie.»

«Was für eine Leistung? Völlig unverbindlich, nur aus Sympathie.»

«Eine Gesellschaft, die das Materielle zum Idol aller irdischen Werte geadelt hatte, versteht nicht Nutzen bringende Beziehungen kaum. Es gibt Ausnahmen. Viele freunden sich nun mit Afrikanern oder anderen Farbigen an. Damit wird ihre scheinbare, doch ideologisch konforme ‹Toleranz› und ‹Weltoffenheit› zur Schau gestellt. Also auch Nutzdenken.»

«Aber man hört so oft, wie viel humanitäre Hilfe überall in der Welt die kleine Schweiz leistet», bemerkt Grzybowski.

«Sie sagen es! Und das stimmt durchaus. Nur wird diese Hilfe institutionell organisiert. So unmittelbar, privat dem Nächsten zu helfen, ist eher selten. Warum? Den einen fehlt das nötige mentale Gen dazu, die andern stekken im narzisstischen Sog ihres Selbst, arg beschäftigt mit eigener Selbstbespiegelung. Darum können Sie bei uns beim Nachbarn keinen Rappen borgen.»

«Womit würde der Nachbar seine Absage begründen?»

«Dass er kein Geld hat, weil er keine Bank ist. Die Bank aber ist keine altruistische Organisation, die Mittellose rettet. So bleibt Ihnen nur eine Hilfsorganisation übrig. Auch diese hat einen bürokratischen Apparat, dem bewiesen werden muss, warum Sie die x-Rappen brauchen. Schnell wird klar, dass die Besorgung der Belege mehr Zeit und Mittel verschlingt, als der gewünschte Betrag wert ist. Der französische Präsident François Mitterrand meinte einst zu Recht: ‹Wir sind eine gnadenlose Gesellschaft.›

UNHEIMLICHE ABGASE

    Das kalte Warschau ist schon längst hinter uns, nun fahren wir Richtung Görlitz zurück. Eine alte Stadt mit zwei Namen; die auf der polnischen Grenzseite heisst Zgorzelec. Kurz vor Opole (Oppeln) wird Napoleon unerwartet furchtbar übel: Er fängt an, sich heftig zu erbrechen. Was mag das wieder sein?

  Weil vor uns noch mehr als 1.000 km liegen, muss Napoleon dringend einem Veterinär vorgestellt werden. Aber wo?

  «In Opole», sagt Elżbieta weinend. «Ich habe solch entsetzliche Angst um ihn! Was hat ihn diesmal befallen?»

  Eine Stadtkarte von Opole haben wir selbstverständlich keine dabei; wir hatten doch nicht vor, diese Stadt zu besuchen. So haben wir auch keine Tierärzte-Adressen. Was sollen wir nun bloss tun?

  «Einfach in die Stadt reinfahren und die Passanten nach einem Tierarzt fragen», treibt mich Elżbieta zur Eile. «Wir müssen einen finden!»

  Nach zwei Stunden nervöser Irrfahrt durch Opole ist der Tierarzt endlich gefunden. Er könne jedoch nicht eindeutig feststellen, was Napoleon genau geschadet habe; aber die Tabletten, die er ihm ins Maul schiebt, sollten Abhilfe schaffen. Vergeblich! Auf halbem Weg nach Zgorzelec übergibt sich Napoleon erneut. Es ist stockdunkel geworden; heftige Regengüsse prasseln nieder, wie können wir bei diesem katastrophalen Unwetter und fast Nullsicht einen neuen Arzt finden? Und dies in einer Stadt, die wir nicht kennen! Glück im Unglück: Ein Streifenwagen steht am Strassenrand, noch weit vor Zgorzelec. Ein gesegneter Augenblick, in dem man die Polizei liebt! Die Beamten helfen bereitwillig; sie eskortieren uns in den Hinterhof eines Wohnhauses mit einer riesigen Schlange von anstehenden Menschen mit ihren Tieren: alle zum Veterinär! Die düstere Szenerie wirkt gespenstisch: Über der Eingangstür hängt am Draht eine einsame Birne. Ihr grelles Licht blendet die Augen und wirft lange Schatten von Menschen auf den glitschigen, lehmigen Boden mit tiefen Wasserlachen. Der Dreck reicht bis an die Knöchel. Über diesen begibt sich Elżbieta unverdrossen zu den Leuten; bald kommt sie zurück.

«Ich darf reingehen», sagt sie, «sie lassen mich vor.»

Ich bleibe im Auto, aber sogar hier erreicht mich schmerzvolles Heulen von Napoleon. Der Veterinär – ein Militärarzt – pumpte ihn voll mit Glykose. Massige Beulen erheben sich entlang seines Körpers überall dort, wo die Spritzen unter die Haut eingeführt wurden. Nun bin ich selber nahe davor, aus Mitleid mit Napolen in Ohnmacht zu fallen.

«Weisst du, was der Doktor meint», schluchzt total abgespannte Elżbieta, «was die Ursache der Erkrankung ist? Die Autoabgase!»

«Abgase? Woher?»

«Woher, woher! Als wir zum Grzybowski gingen. Statt Napoleon zu tragen, zwangen wir ihn zu laufen. Welch hirnlose Idioten wir sind!»

«Abgase sind nun mal in allen Städten unvermeidlich; wieso sollten gerade die der Warschauer giftiger sein?»

«Bei solchem Wetter», klärte mich der Doktor auf, «drückt die Feuchtigkeit die Autoabgase auf den Boden, sodass sich dort eine Art Teppich aus reinem Toxikum bildet. Und der arme Napi hat das alles eingeatmet!»

«So eine Scheisse, wer hätte das gedacht!»

Wir fahren weiter. Napoleon beruhigt sich etwas und schläft in seinem «Thron» ein. Unerträgliche Gewissensbisse plagen mich gnadenlos und ich fühle mich noch schändlicher, als ich zu der erschreckenden Erkenntnis gelange, dass man nie ausreichende Lebenserfahrung hat. Nichts in der Welt der Einsamkeit ist uns so teuer wie Napoleon; wir räumen ihm jedes Hindernis aus dem Weg, und sei es noch so klein; wir sind stets wach; wir suchen jeder etwaigen Gefahr zuvorzukommen. Um ihn zu schützen und gesund am Leben zu erhalten, sind wir bereit, jede Entbehrung und jedes Risiko auf uns zu nehmen. Vergebens! All die Mühen sind keinen Cent wert. Die Überzeugung, dass man schon erfahren sei, alles im Griff habe, dass nichts und niemand imstande wäre, uns zu überraschen, entpuppt sich als eine gefährliche Selbsttäuschung. Wenn unsere Wachsamkeit mal abstumpft und nicht mehr auf Warnsignale reagiert, dann wird es noch schwieriger werden, das Unvorhersehbare – auf das man freilich absolut keinen Einfluss hat – irgendwie oder vielleicht doch einzukalkulieren ... Ein Fatum ... Oder apathische Bestätigung Martin Heideggers Erkenntnis, wonach das Sein allen Werdens nur die ewige Wiederkehr des Gleichen sei?

Und so steuert man wie verblendet einem neuen, zerstörerischen Fehler entgegen ... Furchtbar, barbarisch, wie erzdumm wir sind! Vor dieser eigenen Torheit erschaudert mein ganzes «Ich»; wie ein schleichendes Todesgift frisst sie sich in meine Adern, die zu gefrieren drohen, und verbreitet dort eisige Angst! Die bange Frage, wann und wo uns die nächste Falle – vielleicht noch eine schlimmere – gestellt wird, lähmt mich. Erst spät nach Mitternacht auf der Raststätte bei Gera halte ich an. Vorsichtig hole ich Napoleon aus dem «Thron»; mal schauen, wie es ihm geht. Ja, er uriniert ein wenig; und macht einige unsichere Schritte. Wie ist das zu deuten? Als Zeichen einer Besserung oder umgekehrt? Vielleicht die Besserung, er hat zu erbrechen aufgehört.

Es ist Freitag. Sicherheitshalber untersucht Doktor Coradi Napoleon. Irgendwelche Spritzen bekommt er, zur Stärkung, heisst es. Aber sonst sei der ermattete Napi okay. Nicht ganz. Am nächsten Tag ist er immer noch widernatürlich lahm; seine Wangen sind eingefallen, die Augen verträmt und halb geschlossen. Es geht ihm gar nicht gut. Ohne zu zögern, fahren wir mit ihm zur Notaufnahme des Uni-Tierspitals Zürich. Dort muss er bleiben; eine Bluttransfusion sei nötig, urteilen die Ärzte.

Am Montag bin ich wieder auf der Redaktion, doch die Arbeit fällt mir schwer, ich kann mich kaum konzentrieren. Die Gedanken drehen sich stets um Napoleon; auf dem Stuhl sitze ich wie auf einem Kaktus. Wie geht es ihm, meinem kleinen Söhnchen? Allein die Vorstellung, dass er im Spital in einem Käfig eingesperrt ist, gewiss schwach und gestresst durch Einsamkeit, fremde

Umgebung und Menschen, macht mich krank. Der Tag will kein Ende nehmen; erst am späten Nachmittag darf ich ihn abholen. Aber Pech: Zu dieser Zeit in die Stadt zu fahren, gleicht einer Kamikaze-Tat. Die Strassen verwandeln sich in nicht enden wollende Blechkolonnen, und schon bald stecke ich in einem kolossalen Stau. Caramba! Zur Klinik ist es nicht allzu weit; sollte ich vielleicht lieber zu Fuss gehen?

Eine Krankenschwester bringt ihn aus einem Hinterzimmer heraus. Er guckt sich suchend um, merkt meine Anwesenheit. Was da nicht alles passiert! Er scheint seinen Verstand verloren zu haben. Lauthals winselnd, heulend und bellend trampelt er wahllos über meinen Kopf, heftig beleckt er mein Gesicht, knabbert liebevoll an meinen Ohren und Nase. Berauscht von ungezähmter Freude strampelt er wirr und derart ungestüm herum, dass ich ihn nur mit grösster Mühe in den Armen festhalten kann. Zugleich bin ich alleweil noch nicht fähig zu fassen, welch unendliches Glück mir widerfahren ist – mein Ein und Alles lebt! Wahrhaftig! Sichtlich bewegt und mit feuchten Augen beobachten die Mitarbeiter des Spitals unser grandioses Wiedersehen, das sogar sie, die hier im Spital schon vieles tragisches gesehen haben, sprachlos macht. Wäre ein Mensch dazu fähig, einen andern, selbst den allernächsten Verwandten, so leidenschaftlich zu begrüssen? Ich wische mein tränennasses Gesicht ab und verlasse mit Napoleon das Spital.

Die Warschauer Reise hat uns allen die dunkle, erschreckende Dimension des Unbekannten brutal vor Augen geführt. Die exzessive Furcht vor diesem Damoklesschwert bleibt unwidersprechlich in meiner verletzten Psyche für immer verwahrt.

DER BUNDESRAT MIT HERZ

Es ist Oktober 1997. Wir sind in einem Schnellzug unterwegs nach Bern. Aus der Höhe des oberen Stockwerks, mit den Nasen an der Fensterscheibe klebend, bewundern wir und Napoleon die vorbeiziehenden Schönheiten der Schweizer Landschaft. Es stellt sich heraus, dass er ebenso gern mit dem Zug reist wie mit dem Auto. Auf meinem Schoss sitzend, schaut er pausenlos zum Fenster hinaus und lässt sich kein Detail entgehen. Da grast auf dem weiten Feld eine Kuhherde. Klar, die Rinder müssen gefälligst wissen, dass ich, Napoleon, hier im Zug sitze, so ist es meine Hundepflicht, sie mal ordentlich anzubellen ...

«Ich glaube», unterbricht Elżbieta unsere stillen Beobachtungen, «dass dort, etwas rechts vor uns, fast gegenüber, der sympathische Bundesrat Kurt Furgler sitzt. Schau doch mal hin.»

Ich schaue hinüber und sehe tatsächlich einen Mann, dessen schmales Gesichtsprofil mit charakteristisch leicht zugespitzter Nase mir äusserst bekannt vorkommt. Um mich zu vergewissern, stehe ich auf, gehe ein paar Schritte nach vorn, an ihm vorbei, dann drehe ich mich um: Wirklich, das ist Furgler! Eine Flut von Erinnerungen, gemischt mit dem Empfinden höchster Anerkennung, die ich diesem Menschen seit langer Zeit persönlich bekunden wollte, machen es unmöglich, einfach so an ihm vorbeizugehen. Weder Gaffersucht noch das primitive Interesse, einen solch prominenten Passagier im Zug getroffen zu haben, treiben mich also an. Der Grund meiner fast unheimlichen Aufregung liegt viel weiter zurück, viel, viel weiter und tiefer ...

1981 war für mich ein denkwürdiges Jahr, ein rundes Datum – der zehnte Jahrestag meiner Flucht aus der Sowjet-Ukraine. Mit diesem Schritt gewann ich die Freiheit, verlor aber alles, was mir lieb und teuer war: die Eltern und Geschwister, meine Jugend und meine Heimat. Ich habe mich mit der bitteren Wahrheit abfinden müssen, dass ich für sie und sie für mich noch zu Lebzeiten gestorben sind.

Langsam verblassten in meiner Erinnerung ihre Gesichter, ihre Stimmen; das frühere Leben erschien immer häufiger wie ein weit entfernter Traum, den es nie gegeben hat. Bloss spärliche, stets gründlich zensurierte Briefe der Eltern verrieten ihre Existenz in einer anderen Galaxie.

Dann tauchte es immer wieder auf, das schmerzliche Gefühl eines gefahrvollen Alleinseins in dieser Welt, wo ich keine Wurzeln habe, wo ich völlig auf mich selbst gestellt bin, wo die sanfte Stimme der Mutter mich nicht erreichen kann, um mir Trost zu spenden und mir Ermutigung zuzusprechen. Der Tod des Vaters in der Silvesternacht 1979/1980 hat mich erschüttert. Pausenlos sah ich das Morgengrauen vom 15. September 1971, als er mich zum Bahnhof begleitete. Er, der zwei Weltkriege überlebte, erschöpft vom entbehrungsreichen Leben und der Fronarbeit auf der örtlichen Raffinerie, trug auf der Schulter meinen Koffer. Als der Zug ankam, legte er auf meinen Kopf seine nach Rohöl und Benzin riechenden Hände, segnete mich für einen Weg ohne Wiederkehr. Wir fielen uns todunglücklich in die Arme – zum allerletzten Mal. Ich werde ihn nie mehr sehen!

Nun blieb noch meine an Nierentuberkulose leidende Mutter. Mir wurde abermals bewusst: Wenn ich tatenlos bleibe und nichts unternehme, kann sich das Gleiche wiederholen; auch sie könnte jederzeit sterben.

Und wie zehn Jahre zuvor, als ich einen schier aussichtslosen Versuch gemacht hatte, den Riesenkäfig - die UdSSR -, verlassen zu können, wagte ich mich jetzt an einen neuen Showdown; ich habe der Mutter eine Besuchseinladung geschickt. Zwei Monate später kam ihre mehr als knappe Antwort: «Liebes Söhnchen, dich zu besuchen, ist unmöglich.» In meiner Verzweiflung sendete ich am 6. Oktober 1981 einen Hilferuf an den damals amtierenden Bundespräsidenten Kurt Furgler. Ich, der nicht einmal Schweizer Bürger war, dem das durch den Sowjetterror geprägte Misstrauen jeglicher Behörde gegenüber noch in den Knochen steckte. Ich hegte nicht die geringste Hoffnung. Wieso auch sollten diese Schweizer – sinnierte ich – für uns, für meine Mutter einstehen oder kämpfen? Unser Schicksal ist ihnen doch vollkommen egal. Wir sind schliesslich nur Ausländer.

Am 9. Oktober 1981 rief mich ein unbekannter Herr Heinis an.

«Ich bin Mitarbeiter der Sektion für konsularischen Schutz des Eidgenössischen Departements für auswärtige Angelegenheiten», stellte er sich vor, «und telefoniere im Auftrag des Bundespräsidenten. Wir sind vom Bundespräsident Kurt Furgler beauftragt worden, Ihr an ihn gerichtetes Schreiben vom 6. Oktober zu bearbeiten.»

Als ich den Telefonhörer aufgelegt hatte, glaubte ich zu träumen. Sagenhaft! Die Nachricht klang schier undenkbar, um wahr zu sein. Und das innerhalb so kurzer Zeit! Der Präsident, der die Verantwortung für so viele Staatsgeschäfte trägt, hatte Zeit gefunden, sich mit meinem gordischen Problem zu beschäftigen. Was für ein wundervoller Mensch!

In den darauffolgenden Monaten und Jahren kamen vom EDA Briefe sowie weitere Telefonate, in denen man mich ständig über den Stand der Bemühungen der Schweizer Diplomaten informierte. Es begann ein Warten und Warten und Warten. Auf allen internationalen Konferenzen der KSZE, sei es in Wien, Helsinki oder Ottawa, sowie über diplomatische Kanäle in Bern und Moskau wurde unermüdlich versucht, die russische Betonmauer zu durchbrechen. Chancenlos! Anfang Januar 1986 telefonierte mir erneut der EDA-Mitarbeiter Albert Mehr:

«Herr Winnik, wir haben mit unseren Bemühungen alles Menschenmögliche getan. Die Russen jedoch wollen von Ihrer Muter nichts hören. Tut mir aufrichtig leid.»

So hat das grausame System, das alle internationalen Verträge heuchlerisch unterzeichnete, darunter auch die berühmte Helsinki-Charta – den sogenannten «dritten Korb» –, wieder einmal gesiegt. Unsere letzte Hoffnung auf ein Wiedersehen noch im Diesseits war nun endgültig zerstört. Mitte Januar rief mich unverhofft wieder Albert Mehr an. Er fragte, ob ich vom Reagan/Gorbatschow-Treffen in Genf gehört hätte. Darüber berichteten umfassend alle Medien.

«Ja, gewiss. Warum?»

«Na, ja, später wurden die beiden Präsidenten separat von unserem Bundespräsidenten empfangen. Bei seiner Begegnung mit Michail Gorbatschow sprach Kurt Furgler über Ihre Mutter. Der russische Präsident hat ihm versprochen, in dieser Angelegenheit zu helfen. Ihr Wiedersehen mit der Mutter steht umittelbar bevor. Rufen Sie sie doch an, damit sie darauf vorbereitet ist.»

Noch Stunden nach dem Gespräch hallte in meinen Ohren die fiebernde Stimme Albert Mehrs: «Wir haben's geschafft! Geschafft!»

Zwei Wochen danach überraschte mich ein neues Telefonat:

«Herr Winnik, ich heisse Jacques Major aus der Schweizer Botschaft in Moskau. Ihre Mutter und Ihr Bruder, der sie hierher begleitet hat, befinden sich in unserer Obhut. Die beiden übernachten bei uns. Morgen bringen wir die Mutter mit dem Botschaftsauto direkt an den Flughafen und übergeben sie der Swissair.»

Am nächsten Tag wartete ich im Zürcher Flughafen auf das bewegendste Ereignis meines Lebens. Endlich ging die Tür auf, und ich sah sie, meine geliebte Mutter in Begleitung einer Swissair-Hostess – eine gebrochene Greisin: tiefe Furchen im müden, blassen Gesicht, wackeliger Schritt, zitternde Hände, herabhängende Schultern. «Ist das tatsächlich meine Mutter?», fragte ich mich verunsichert. «Sie ist nur noch ein Schatten von dem Menschen, den ich vor langer Zeit gekannt habe! «Bist du das, Mutter?»

Sie blickte mit ihren grossen blauen Augen auf. Gleich darauf wurden diese von einem Tränenschleier getrübt ...

Niemand kennt jemanden endgültig – so ist die nackte Wahrheit –, auch wenn man mit ihm - oder ihr -, 15 Jahre lang sein Obdach und das Bett teilt. Weil ich jeden Tag zur Arbeit ging, blieb die Mutter mit meiner Ehefrau Marianne zu Hause. Und schon bald fiel mir auf, wie traurig die Mutter geworden war. Erst zögerte sie mit der Antwort auf meine bangen Fragen, dann brach sie in Tränen aus:

«Deine Frau hasst mich!»

«Sie hasst dich? Wofür nur?»

«Das weiss ich eben nicht. Ich schätze sie, sie ist eine ideale Ehefrau: sehr sauber, perfekt organisiert, fleissig. Aber ihr abweisender Ton, ihre vulgären Anpöbelungen, ihre täglichen Erniedrigungen kann ich nicht mehr ertragen! Sie behandelt mich wie den letzten Dreck!»

Die Mutter legte die Hand auf die Bibel, die sie las:

«Mit keinem bösen Wort habe ich die Frau beleidigt oder gekränkt. Es gab dazu auch gar keinen Anlass, weil sie mich total ignoriert; wir sprechen nie miteinander. Das schwöre ich bei Gott!»

Mir verschlug es die Sprache. Wer hätte sich das ausmalen können, dass sich unser schlimmster Widersacher nicht in despotischen Moskau, sondern in meinem Zuhause verschanzt hält? Während unzählige fremde Leute jahrelang uneigennützig für uns gekämpft hatten, selbst der Landespräsident höchstpersönlich, ohne Wenn und Aber, mit Herz und Kopf, ist meine eigene Ehefrau im Begriff, das alles so schwer Erreichte zunichtezumachen.

«Warum tust du das?», fragte ich sie.

«Weil sie primitiv, rückständig und schnöde ist. Sie hat vor, uns auseinanderzubringen! So eine Hexe!»

«Quatsch! Zwar behaupte ich nicht, dass sie eine Intellektuelle wäre, sie ist eine einfache Frau. Aber alles andere als bösartig. Im Gegenteil, sie schätzt und respektiert dich zutiefst. Woher hast du diesen Hass auf sie?»

«Es spielt keine Rolle woher. Sie soll hier aber subito abhauen!»

«Als deine Töchter und Enkelkinder Jahr für Jahr über Monate bei uns lebten, mit uns in die Ferien reisten, Geschenke und finanzielle Hilfe genossen – alles auf meine Kosten –, habe ich je dagegen ein Wort gesagt?»

«Du vergleichst zwei verschiedene Paar Schuhe!»

«Ach, so ist das? Nun sehe ich ein, wie blind ich war.»

Am 15. April 1986, nahm ich Abschied von der Mutter, die ein Dreimonatsvisum hatte. In «meinem» Haus hielt sie es jedoch nur einen Monat aus ... Wieder stand ich am Flughafen, im Terminal A hinter der Glaswand, so lange, bis ihre schmächtige Gestalt auf der Rolltreppe aus meinem Sichtfeld verschwand. Für immer und ewig! Nach ihrer fluchtartigen Abreise verliess mich die Kraft und die Fähigkeit, mit Marianne zu sprechen – acht lange Monate wechselten wir miteinander kein Wort ... Die Wunde, die ihre sinnlose Feindschaft aufgerissen hatte, konnte nicht heilen: das verlorene Vertrauen wurde irreparabel zerstört. 1988 liessen wir uns scheiden*. Im Februar 1995 starb die Mutter. Wir hatten uns während der letzten 28 Jahren nur einmal gesehen.

Ich kann mich nicht mehr zurückhalten. Ich weiss, nein, ich bin weit davon entfernt, Kurt Furgler privat zu belästigen. Wenn das alle machen würden, könnte er nie mehr so frei mit dem Zug fahren, wie wir alle das tun. Und dennoch: Ich kann nicht anders. Ich muss es einfach tun, das schulde ich meiner Mutter und mir selbst. Und ihm, in erster Linie ihm, demjenigen, der es sich zwischen Tausenden von Staatsgeschäften eingerichtet hatte, sich persönlich für uns kleine Menschen einzusetzen.

«Grüezi, Herr Furgler. Verzeihen Sie die Störung, aber ich möchte ...»

Er legt die Zeitung auf die Seite, steht auf:

«Nein, nein, Sie brauchen nicht aufzustehen ... Bitte ...»

Er steht trotzdem auf. Vor lauter Aufregung habe ich eine total trockene Kehle, fange an zu stottern; hastig versuche ich die Geschichte zu erzählen, für deren Lösung seine Beteiligung entscheidend war. Ja, er erinnert sich daran. Auch an meinen Brief vom 13. Juni 1986, auf den ich seine Antwort schon eine Woche später erhalten hatte. Für mich ist er ein Heiliger. Rechtzeitig merkt er meine unwillkürliche Absicht, vor ihm in die Knie zu gehen, mit sanfter Handbewegung hält er mich davon ab:

«Beruhigen Sie sich, lieber Herr Winnik, Ihre Gefühle kann ich voll und ganz nachvollziehen ... Ich fühle mit Ihnen mit. Glauben Sie mir.»

Mitfühlend erkundigt er sich nach meinem Leben. Vor lauter Ergriffenheit, die mich nahezu «bewusstlos» macht, antworte ich wie in Trance; mein eigener Tonfall kommt mir völlig fremd vor, aber zugleich höre ich die ferne, aus der Kindheit noch vertraute Stimme meiner Mutter, die so deutlich klingt, als stünde sie direkt neben uns. Ich bin fürwahr sicher, dass sie hier, in diesem Augenblick, zugegen ist: Durch meinen Händedruck drückt auch sie diesem uns so unsagbar teuren Eidgenossen Kurt Furgler die Hand – dem ungewöhnlichen Staatsmann mit grossem Herzen.

Erläuterungen auf Seite 316

Elf Jahre später. Es ist Mittwoch, der 23. Juli 2008. Ich bin auf der Autobahn zwischen Bellinzona und Gotthard unterwegs nach Zürich. Das Radio bringt die erste Nachricht des Senders DRS: «Der Alt-Bundesrat Kurt Furgler ist tot.» Reflexartig halte ich auf dem Pannenstreifen, stelle umgehend den Motor ab.

Einem Erdrutsch ähnlich, überfluten Erinnerungen meinen unverhofft schwer gewordenen Kopf, den ganzen Körper, den ich bald kaum spüre, ich fühle mich wie gelähmt, zu Eis erstarrt: «Er ist tot. Tot!» Welch unfassbares Segen hatte ich einmal im Leben, diesen Mann getroffen zu haben! Welch eine glückliche Fügung, dass 1981 und 1986 ausgerechnet ER der Bundespräsident war. Er, die herausragendste Persönlichkeit und Politiker unseres Landes. Wäre an seiner Stelle ein anderer gewesen, so hätte ich wohl kaum je eine Chance auf ein Wiedersehen mit meiner Mutter gehabt. Dass das Unmögliche möglich wurde, war alleinig die Leistung und das Verdienst dieses *Preaceptor Helvetiae*.

Und ich weine nach Dir, mein gütiger Genius, unvergesslicher Kurt Furgler, noch heute. Dein edles Antliz bewahre ich in meinem Herzen bis zum letzten Atemzug!

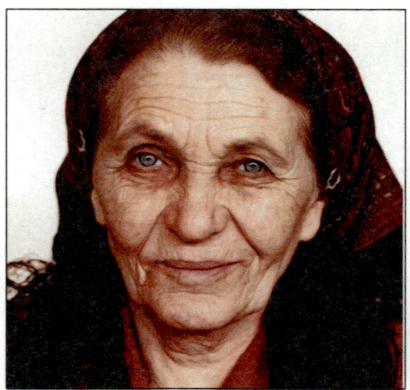

Meine Mutter Maria. Zürich, März 1986

Bundesrat Kurt Furgler

DER GRAUE ALLTAG

Eine Putzfrau verrichtet ihre Arbeit einmal wöchentlich in unserer Redaktion – die Kroatin Zdenka. Die unauffällige Frau arbeitet sehr gewissenhaft, ist scheu, spricht mit niemandem, nur gelegentlich mit mir. Mit der Zeit entsteht zwischen uns vertrautes Verhältnis. Einige Beobachtungen frappieren sie:

«Im Unterschied zu den anderen Kollegen haben Sie hier ein eigenes Zimmer. Ist das eine Auszeichnung für Sie, weil Sie so gut sind?»

«Nein, keine Auszeichnung, sondern eine stille Verbannung.»

«Wieso?»

«Weil ich von Anfang an allerlei Spannungen mit den lieben Kollegen hatte ... Herr Köppli war weitsichtig genug, auf meine Bitte einzugehen. So sitze ich hier ganz freiwillig und zufrieden.»

Zdenka überlegt sich etwas; ihr Gesicht verrät Unentschlossenheit:

«Ist schon seltsam, dieser Köppli, der Rappenspalter ersten Ranges. Zeitweilig jedoch kann er sich erstaunlich grosszügig zeigen. Meine Vorgängerin, die jung ist und Sex-Appeal hat, erzählte, wie sie von ihm für die erste Reinigung seines Büros bezahlt wurde: 1.000 Franken hat er ihr einfach so gegeben. Nur für eine halbe Stunde! Und jetzt kürzte er meinen kargen Stundenlohn um zwei Franken!»

«Mit welcher Begründung?»

«Keine Begründung! Aber für seine Frau ist er bereit, jede Summe auf den Tisch zu legen: Grosszügiges Anwesen, luxuriöse Autos und Villa hat sie schon von ihm bekommen ... Ohne zu arbeiten. Welch ein Unrecht!»

«Woher wissen Sie das?»

«Vor einigen Monaten, beim Fensterreinigen in seinem Büro, war ich zufällig Zeugin eines Telefongesprächs mit irgendeinem Verwandten. Er hat sich mit seiner Frau gebrüstet. Der Anrufer aber tadelte ihn offensichtlich dafür, dass er der gerissenen Frau mit Haut und Haaren naiv verfallen sei. Köppli wurde zunehmend lauter, so konnte ich alles genau mithören. In einem Augenblick rastete er wutschäumend aus, nachdem der offenbar sture Verwandte wiederholt hatte, dass seine Frau in ihrem Land mit einem Liebhaber lebe, gleichzeitig aber ihn, Martin, skrupellos abzocke. Köppli schrie wie besessen in den Hörer, die Psyche der Frauen besser zu kennen und deshalb von niemandem belehrt zu werden brauche.»

«Und wie beurteilen Sie, als Frau, sein Frauenverständnis?»

«Nichts weiss er. Für ihn sind sie allein Bühnendekoration seiner anomalen Selbstinszenierung, zu der auch das sündhaft teure Auto gehört. Das weibliche ‹Mobilar› benötigt ohnehin weder Achtung noch Pflege, geschweige denn von ihm, als Mann, erobert zu werden. Wozu er todsicher unfähig ist. Deshalb kauft er sie.»

Eine Weile schweigen wir bestürzt, in Gedanken versunken. Zdenka ist den Tränen nah, so gross ist ihr Frust wegen der verlorenen zwei Franken. Kann ich ihr helfen? Nein. Die wehrlose Frau tut mir so leid!

«Die zwei Franken soll der Teufel holen», stöhnt sie auf, «nur die Art, wie er das getan hat, tut mir unheimlich weh. Als ich ‹Warum?› fragte, erwiderte er brüsk ‹Darum› und knallte die Tür vor meiner Nase zu. Ich bin halt nicht mehr so jung wie seine ausgefuchste Frau und die Asiatin, die es verstanden haben, ihn voll und ganz um den Finger zu wickeln.»

«Eine Asiatin?», staune ich. «Ich habe einmal eine, die hässlicher als ein Pavian-Hintern war, in seinem Büro gesehen. Ich habe sie bloss für eine Besucherin gehalten. Mit ist schliesslich herzlich egl mit wem er verkehrt.»

«Eben, auch diese Frau ist eine seiner ‹Gebraucht-Dekorationen›. Spät am Abend, vor zwei Wochen, als ich da alleine war, hat sie angerufen und fragte hysterisch schreiend, ob Martin da sei. Und weil er tatsächlich abwesend war, liess sie ihre ganze Wut an mir aus. Obwohl ich damit nichts zu tun habe!»

«Ich verstehe Sie nicht. Oder hatten Sie sich mit ihr gestritten?»

«Nein, die Leute von drüben sind wahnsinnig impulsiv. Wenn sie in Rage geraten, geben sie alles mögliche wirre Zeug von sich. Ungeachtet des Adressaten. Zornig war sie auf Martin. Sie sagte, er halte sich nicht an ihre Vereinbarung, jeden Monat die Geldsumme zu zahlen, wie es abgesprochen worden war. Und er habe, trotz Warnungen abermals ihre minderjährige Tochter angemacht. Danach drohte sie, die Polizei zu alarmieren.»

«Es riecht nach einer Erpressung, oder?»

«Das ist es auch. So kennt er die Frauen! Er meint, alles sei käuflich, vor allem die Frauen. Doch er irrt sich gewaltig.»

Zu Hause erzähle ich meiner Frau über Zdenkas Beobachtungen. Ich bin noch skeptisch, an alles vorbehaltlos zu glauben. Elżbieta denkt anders:

«Weil du ebenfalls ein Mann bist und dich mit ihm solidarisierst.»

«Unsinn. Ich denke bloss übers Risiko nach, das der Mann dermassen unbesorgt eingehen würde. Ist er fürwahr so ein hirnverbrannter Trottel, oder andersherum, ein selbst ernannter Gesalbter, der sich anmasst, Menschen, die von ihm auf irgendeine Weise abhängig werden, wie Müll zu behandeln?»

«Die zweite Vermutung kommt der Wahrheit schon etwas näher. Er ist doch imstande im Notfall alle zu kaufen: Journalisten, Anwälte, Richter ...»

«Wie meinst du das?»

Nun staunt Elżbieta, dass ich die Merkmale nicht als Ganze sehe:

«Das beste Beispiel dieses Zirkus liefert immer sein Geburtstag. Jeder, der ihn anruft, wird umgehend zur Feier ins teure Restaurant eingeladen. Ein Wunder: Selbst seine härtesten Widersacher und Kritiker sagen niemals ‹Nein danke›. Prompt sind sie alle dort – zum Gratisessen und -trinken. Und siehe da: Das ewige Gezänk verschwindet wie durch einen Zauberstab: Er wird über den grünen Klee gelobt und gehuldigt, er sei der grosse Sohn des kleinen Volkes, weitsichtiger Politiker, begnadeter Organisator, edelmütiger Arbeitgeber, versierter Journalist, geschickter Geschäftsmann, unerbittlicher Verteidiger der freien Presse usw.»

«So ein exaktes Resümee hätte ich meiner Frau nicht zugetraut», denke ich, nachdem sie ihre Ausführungen beendet hat, «denn in der Tat: Die frenetische Katzbuckelei, welche die Eingeladenen jedes Mal einhellig aus eigenem Antrieb inszenieren, untermauert zusätzlich die Überzeugung seiner Unbeirrbarkeit. Nach solchen Lobliedern würde auch ich an den eigenen Mythos zu glauben beginnen. Für eine nüchterne, kritische Selbsteinschätzung bleibt da kein bisschen Raum übrig.»

«Man trichtert dem Mann so regelrecht ein», resümiert Elżbieta, «die frei erfundene Erfolgsstory fortan für bare Münze zu nehmen.»

«Er glaubt bereits jetzt daran.»

«Eben!»

Die Erwägungen Elżbietas stimmen mich melancholisch. Es wird mir abermals bewusst, wie wankelmütig unsere Lage ist, auf welch dünnem Eis ich mich jeden Tag bewege. Ein belangloser, unbedachter Schritt genügt, um fristlos rauszufliegen.

«Er tut mir trotzdem leid», sage ich.

«Leid? Du bist naiv!»

«Nein, ich solidarisiere mich mit Köppli gar nicht. Trotz allem halte ich die meisten Gratulanten für nicht ehrlich, sie sind einer mit dem anderen hochkarätige, verlogene Pharisäer und nutzen ihn gemein aus.»

«Uneigennützige Samariter kommen in dieser Welt nur selten vor!»

Ein Gespräch in schrillem Tonfall zwischen Köppli und einem Unbekannten dringt durch die offene Türe seines Büros zu mir herüber. Der Besucher scheint Köpplis Schulkamerad zu sein. Er hat, wie es scheint, alte Fotos mitgebracht, die völlig verrottet sind.

«Sei beruhigt, Ruedi», vernehme ich, «ich habe hier einen Spezialisten, der noch so kaputte Bilder am Computer so gut restaurieren kann, dass sie wie neu werden. Unglaublich, was heutzutage alles möglich ist!»

Meine Arbeit am Artikel muss ich unterbrechen, weil Ruedi äusserst gespannt ist, wie ich die Fotos zu neuem Leben erwecke: ob das überhaupt möglich ist? Hastig holt er einen Stuhl, setzt sich neben mich. Als das eingescannte erste Bild auf dem Monitor erscheint, ist er enttäuscht:

«So stark vergrössert sieht es noch grausiger aus. Lauter Kratzer und Flecken, kaum was zu sehen! Nein, das Foto ist nicht zu retten. Unmöglich!»

Nun hört er meine Antwort – auf Deutsch:

«Warten Sie doch mal ab. Das ist erst der Anfang.»

Köpplis Freund fällt fast vom Stuhl:

«Bist du ein Ausländer? Was bist du für ein Landsmann? Ein Jugoslawe? Was? Wo kommst du her?»

«Nein, ich bin kein Jugoslawe.»

«Jo-jo! Wohl bist du einer! Unerhört, ein Jugo kann am Computer arbeiten! Nicht zu glauben! Hörst du, Martin, irgendein Jugo sitzt hier bei dir. Sind wir Schwiizer nicht fähig, selber am Computer zu schaffen? Oder ziehst du die rückständigen Jugos den Schwiizern vor?»

Köppli merkt meinen Gesichtausdruck, der wenig Gutes prophezeit. Unbehofen versucht er die Lage zu entspannen:

«Herr Winnik ist ebenso ein Schwiizer, zwar wurde er in der Ukraine geboren, sonst ist er aber völlig normal.»

«Wie hast du gesagt? Uk...»

«Ukraine.»

«Hej, Martin, du willst mich wohl auf den Arm nehmen, gell? So ein Land gibt es doch nirgendwo! Oder?»

«Doch, doch ...»

«Du spinnst!»

Respektlos duzt er mich wieder. Ich muss ihm eiligst erklären, wo denn das rätselhafte Land «Uk-Uk» liegt. Ich habe genug, stehe auf:

«Herr Köppli, ich wusste nicht, dass eine Bildrestaurierung unabdingbar mit dem Land meiner Herkunf verknüpft ist. Soll ich also in aller Ruhe arbeiten oder hier noch weiter verhört werden?»

Köppli lächelt betreten, babbelt vom «Scherz» des «lustigen Kameraden» und führt den ungehaltenen Ruedi aus dem Zimmer hinaus. Beim Weggehen höre ich noch dessen gereiztes Knurren über die «cheiben Ussländer» und die verrückt gewordene Welt, die er nicht mehr begreifen kann.

DIE MENES

Włodzimierz Menes* telefoniert. Elżbieta, erfährt, dass er und seine Gattin Dora wieder in Zürich sind. Eine Suite im Hotel «Dolder» haben sie bezogen und laden uns zum Abendessen ein. Elżbieta fragt mich, ob wir hingehen wollen. Ich denke umgehend an Sushi oder etwas Ähnliches und mir wird sofort übel.

«Wir würden uns geehrt fühlen, Sie bei uns zu Hause zu empfangen», teilt meine Frau am Telefon mit. «Wir können Sie mit dem Auto abholen. Sagen Sie nur wann.»

Die Menes sind einverstanden. Wir fahren zum «Dolder». Unterwegs erinnere ich mich wieder an die Geschichte unserer Bekanntschaft. Die Menes sind bemerkenswerte polnische Juden aus Tel Aviv. Während des Krieges beteiligte sich Włodzimierz am bewaffneten Aufstand im Warschauer Getto gegen die Deutschen. Nicht genug: Als am 1. August 1944 der blutige Warschauer Aufstand ausbrach, kämpfte er im polnischen Widerstand. Für seinen Mut wurde er mit der höchsten polnischen militärischen Auszeichnung honoriert – mit dem Kreuz «Virtuti Militari».

Seine zukünftige Frau Dora überlebte den Krieg in einem italienischen Kloster, verkleidet als Ordensschwester. In den 60er-Jahren kam in Polen ein gewisser General Mieczysław Moczar an die Macht. Als Innenminister ordnete er neue Judenverfolgungen an; infolgedessen wanderten viele Juden nach Israel aus. Auch die Menes. Dora wurde dort Oberst der israelischen Armee, als Ärztin. Włodzimierz wurde Verwaltungsratspräsident der Tel Aviver Bank

* Erläuterungen auf Seite 316

PKO. Die Leute sind hochkultiviert, sie sind engagierte Fans der Künste und des Theaters. Als Elżbieta noch in Warschau auf der Bühne des populären Musical-Theaters «Syrena» auftrat, waren sie bei jedem Aufenthalt in der Hauptstadt ihre Bewunderer. Irgendwann erfuhren sie, dass sie nun in Zürich lebt, und fanden unsere Telefonnummer. In der Schweiz verbrachten die Menes seit zwei Jahrzehnten jedes Jahr ihre Ferien in Flims. So haben wir uns kennengelernt.

Die Begegnung mit Dora und Włodzimierz ist wieder sehr herzlich. Es ist schon ein Jahr verstrichen, seit wir uns gesehen haben. Das hindert den geselligen Napoleon nicht, sie sofort zu erkennen. Und er begrüsst sie auf seine eigene impulsive Art: Hochspringend, winselnd und freudig bellend versucht er, sie mit der Zunge zu «küssen».

«Er ist schön dicker geworden», kommentiert Dora und fügt aufrichtig gerührt hinzu: «Und er hat uns nicht vergessen. Welch ein gescheites, liebes Hündchen du bist. Komm doch zu mir!»

Liebevoll streichelt sie ihn, nimmt ihn in den Arm. Napoleon ist in seinem Element.

«Man sagt, dass die Hunde den Charakter des Menschen spüren können, stimmt das?»

Elżbieta zieht Napoleon zur Seite, versucht seine Begrüssungseuphorie sanft zu bändigen.

«Gewiss. Es gibt Menschen, die er von vornherein nicht ‹zur Kenntniss› nimmt oder die er einfach meidet, wie wenn sie transparente Stolpersteine wären. Als wittere er bei ihnen verborgenes Böses.»

Obwohl die beiden Menes bedeutend in die Jahre gekommen sind, wirken sie überaus jugendlich und aufgeweckt. Auch diesmal trägt liebe, kleinwüchsige Dora unwahrscheinlich hohe Absätze und hat eine ebenso hohe Frisur – verständlich, warum. Włodzimierz, der von mittlerer Statur ist, trägt einen eleganten Anzug; er ist blond, hat blaue Augen, sieht eher wie ein Europide denn wie ein Jude aus. Kunst, Geschichte, Philosophie, Politik und Kultur sind unsere Gesprächsthemen, über die wir uns stundenlang unterhalten können. Wir erfahren, dass auch sie in ihrem Stammesland anfängliche Sprachprobleme hatten. Nicht mit Jiddisch, sondern mit Hebräisch, das sie erlernen mussten. Dass es auch dort, wie überall in der Welt, «bessere» und «weniger» bessere Juden gab und dass die «besseren» mehr Berufschancen haben als Letztere. Doch sie konnten alle Hindernisse überwinden, das schwere Leben hat sie geprägt und abgehärtet. Und Włodzimierz findet die Zeit, bis heute noch zu studieren. Was genau?

«Ich besuche die Uni von Tel Aviv», sagt er.

Wir sind sprachlos. In seinem Alter von über 80 Jahren? Braucht er das noch? Wenn ja, dann wozu?

«Gewiss brauche ich es. Ungeachtet dessen, dass die Römer vor 2000 Jahren die Urheber des quasi ersten Holocausts waren – so berichtet Tacitus in seinen Schriften –, bleibt für mich die Geschichte ihrer Zivilisation beispiellos. Und namentlich das studiere ich.»

«Die Geschichte Roms war auch für mich immer ein Wunder», nicke ich. «Das Wunder endete jedoch kläglich, und wir Menschen von heute wollen die Ursachen des Niedergangs weder verstehen noch daraus lernen. Auf diese Weise ist uns die Tragödie von damals näher gerückt als je zuvor!»

«Sie sprechen vom geistigen Zerfall?»

«Exakt. Der unaufhaltsame Hang zum Hedonismus und damit verbundenem Verlust von Moral und Tugenden, folglich auch des Wehrwillens, hat dazu geführt, dass die schlagkräftigen Legionen von einst impotent wurden, weil die reich gewordene Gesellschaft nur der persönlichen Genusssucht und Leichtlebigkeit frönte. Aus demselben Grund gingen noch vor den Römern unzählige andere Zivilisationen zugrunde: das Hethiterreich, Babylon, Karthago, Sparta, das ptolomäische Ägypten usw. Der Anfang vom jeden Ende entsprang meist derselben Quelle: dem Wohlstand.»

«Ja, die Parallelen sind erstaunlich zutreffend», seufzt Włodzimierz auf, «und das beunruhigt mich in hohem Masse. Selbst in Israel, das von allen Seiten von Todfeinden permanent gefährdet ist, beobachte ich eine erschreckend analoge Entwicklung. Soll das Schicksal Roms oder das des glorreichen Karthagos sich auch bei uns eines Tages wiederholen?»

Dora interessiert etwas anders. Eine kleine Zigarre rauchend, begutachtet sie meine Bilder an den Wänden. Włodzimierz tadelt sie abermals für das Rauchen; er könne nicht nachvollziehen, wieso sie, als Ärztin, nicht verstehe, wie abträglich das Zeug für den Organismus ist.

«Also, ich muss sagen», wertet Dora die Ergebnisse der Besichtigung aus, «Herr Lubomir, Sie sind ein begabter Mensch. Solche Leute brauchen wir in Israel. Bei uns hätten Sie garantiert mehr Chancen als hier.»

«Mich? Sie scherzen. Ja, auch ich kenne den berühmten Spruch von Cicero ‹Ubi bene, ibi patria›*. Also, sollte ich mich dort gut fühlen, die Juden sozusagen nicht stören, dann wäre das durchaus okay. Und doch bin ich kein Jude. Sehr schade!»

«Und hierzulande sind Sie auch kein echter Schweizer.»

«Na ja, schon. Hier ist zumindest geschichtlich ein christliches Land, also passe ich schon irgendwie DNA-mässig ins Schweizer Puzzle.»

Dora lacht orakelhaft. Saugt den Rauch ihrer Zigarre noch tiefer ein:

«Meine Idee... Meine Idee wäre, Sie... beschneiden zu lassen. Dann sind Sie problemlos unser Mann!»

Uns amüsiert nicht nur Doras ulkiger Gag, sondern ihre spezielle Redeweise. Sie spricht Schmonzes, die jüdisch-polnische Sprache, was für die Polen unwahrscheinlich lustig tönt. Zudem trägt sie jedes Wort «separat» vor, das heisst sylabizuje – Syllabize, wie dies die Polen nennen.

Die Idee bringt uns alle zu einem schallenden Lachausbruch. Włodzimierz setzt sie aber ernst fort:

«Nach meinem Gutbefinden ist sie gar nicht so abwegig. Wenn ich Sie mir mal genauer anschaue, nehme ich in Ihrem Gesicht eindeutig semitische Züge war. Primär – was Ihnen lustig erscheinen mag – sind es die ‹hängenden› oberen Augenlider. Eine Kippa würde Ihnen ganz gut stehen.»

Ich gehe zum Spiegel, suche nach den «semitischen» Zügen. Tatsächlich: Wenn man das Gesicht dem des israelischen Politikers Rabin gegenüberhält, sind meine «Säcke» über den Augen fast identisch. Hei, bin ich von jüdischer Provenienz? Oder ein Mischwerk? Die Ukraine war vor fünf bis sechs Jahrtausenden die Heimat aller Indoeuropäer. Die einen wanderten gen Westen Europas; aus ihnen gingen die späteren europäischen Nationen hervor.

Erläuterungen auf Seite 316

Andere Stämme zogen über den Kaukasus nach Süden, durchquerten Anatolien und wurden im Nahen Osten sesshaft. Dort vermischten sie sich mit den Semiten. Und wenn ich solche Züge im Gesicht habe, ist das nur der Beleg der frühhistorischen internationalen Liebe.

Mein unerwartetes Fazit erheitert die Gäste.

«Die Erkenntnis ist ziemlich einleuchtend», sagt Włodzimierz nachdenklich, «die Realität leider anders, und nun, auch hier in der Schweiz, merke ich alarmierende Anzeichen des Bröckelns.»

«Interessant, welche?»

«Die Banken zum Beispiel. Das Bankklima verschlimmert sich zusehends. Immer häufiger tauchen irgendwelche Missverständnisse auf, das Vertrauen schwindet, das Management wirkt gleichgültig und unzuverlässig, die Leute sind wortbrüchig und extrem unkultiviert geworden. Eine Verwilderung der zwischenmenschlichen Beziehungen ersetzt den guten Ton und Anstand. Das ist ein Abwärtstrend, zukünftig mit unvorhersehbaren, aber ohne Frage mit schwersten materiellen und geselleschaftlichen Folgen für uns alle.»

«Und nicht nur die Banken, mit denen mein Mann beruflich verkehrt», ergänzt Dora das Gesagte, «auch der normale Kundenservice versetzt uns zuweilen in helles Staunen. Erinnerst du dich daran, Włodzimierz, wie wir einmal in einem respektablen Restaurant in Flims bedient wurden? Ich verwende ausschliesslich Saccharin. Der rüpelige Kellner, der sich wie die Axt im Walde benommen hatte und halbwegs Deutsch verstand, holte die Tablette mit blossen Händen aus der eigenen Hosentasche und schmiss sie in meine Tasse! Lecker, nicht wahr?»

DAS «GESCHENKTE» AUTO

Es steht seit vielen Jahren «unter der Wolke» auf einem Druckerei-Parkplatz – der kleine Mercedes – und rostet vor sich hin. Lange Zeit wurde er für Kurierdienste benutzt, bis die ersten Reparaturen fällig wurden. Das war mir bekannt.

«Hat Ihre Frau einen Führerausweis?», fragt mich Köppli an seinem Bürotisch sitzend, der mit mehreren Macintoshs und Zusatzgeräten zugestellt ist, von denen er keine Ahnung hat, wie sie funktionieren.

«Ja, den hat sie. Warum?»

«Der Mercedes steht nutzlos herum. Für 2.000 Franken könnten Sie ihn haben. Ein echter Glücksfall für Sie.»

Ein Mercedes für 2.000 Franken? Ein verlockendes Angebot, denke ich; er steht jedoch schon viel zu lange ungeschützt draussen.

«Das Angebot könnte interessant sein», sage ich, «man sollte sich den Wagen aber vorerst anschauen. Seinen aktuellen Zustand.»

Wir fahren zum Parkplatz. Das Auto ist mit vergilbtem Laub bedeckt, dreckig, die verchromten Teile vom Rost angegriffen. Der Lack – verwittert, zahlreiche Kratzer und Beulen verschandeln die Karosserie. Das Interieur ist nicht besser. Ich steige ein, versuche, den Motor zu starten: kein Mucks, die Batterie ist tot. Mit dem mitgebrachten Überbrückungskabel gelingt es, den Motor in Bewegung zu setzen – er läuft.

«Na, ja, der gute Motor lebt noch», sage ich zögerlich, «das ist aber bei Weitem noch nicht alles.»

«Was noch?», horcht Köppli misstrauisch auf.

«Das Auto ist in einem desolaten Zustand; wer weiss, ob ausser dem Optischen noch das Technische ‹hinkt›: etwa Bremsen, Servolenkung, Kupplungsscheiben, Lambda-Sonde, Auspuff und Ähnliches. Auch die Bereifung ist völlig für die Katz.»

Köppli, der von der Autotechnik keinen Schimmer hat, sagen diese Erkenntnisse mehr als wenig:

«Nehmen Sie doch die Autoschlüssel und probieren Sie es aus.»

Ich rufe Elżbieta an, meine Nachricht ruft Hohn hervor:

«Ein Mercedes für mich? Das ist aber ein blöder Scherz, wir haben dafür doch kein Geld. Oder halluzinierst du?»

«Kein Witz und keine Wahnbilder, er soll nur 2.000 Franken kosten.»

«Wer verkauft denn so ein Auto für solch lächerliches Geld?»

«Köppli.»

Ihre Skepsis bestätigt sich umgehend, als sie den vermeintlich heissen Mercedes zu Gesicht bekommt:

«Genau das habe ich erwartet – ein Wrack! Nicht einmal 50 Franken ist es wert. Und das wollen wir kaufen. Spinnst du?»

«Warte mal, nicht so eilig», beruhige ich sie, «ich kann ja einiges selber basteln: den Lack polieren, den Rost ebenfalls. Ebenso Innenraum und die Polsterung. Es gibt genug Reinigungsmittel dafür. Ausserdem kennen wir in Altstätten den versierten Garagisten Ryszard Pomes, hast du das vergessen? Alles Technische könnte er beheben. Und sehr günstig!»

«Ein miserabler Rechner bist du! 2.000 Franken für Köppli, später wiederum kämen ebenso viele Franken für Reparaturen, noch Hunderte von Franken für Polier -, Putz -, und Reinigungsmittel; die Bezüge und die neuen Fussmatten nicht zu vergessen. Begreifst du?»

«Ja, sicher. Machen wir doch Folgendes», schlage ich vor. «Der TCS führt technische Fahrzeug-Begutachtungen für seine Mitglieder durch. Und dann hat man den wahren, faktischen Wert des Autos auf einem amtlichen Dokument: schwarz auf weiss bestätigt.»

Für 140 Franken unterziehen die TCS-Automechaniker den Mercedes einer Herz-und-Nieren-Kontrolle. Ihre Ergebnisse fallen ernüchternd aus: Damit das Auto zugelassen werden könnte, betrügen die Reparaturkosten mindestens 5.000 Franken. Ich gebe die Autoschlüssel Köppli ab.

«Warum?», wundert er sich.

«Der Preis ist zu hoch.»

«Wer behauptet das?»

«Der TCS. Hier ist ihre technische Checkliste.»

Köppli liest das Papier durch.

«Ein Quatsch ist das. Alles erfunden. Das Auto fährt doch!»

«Klar, es fährt noch. Der Touring Club Schweiz ist aber eine sehr gewissenhafte Organisation, seine Fachkompetenz und Renommee ist landesweit einwandfrei. Er schummelt niemals.»

«Gut, von mir aus, behalten Sie die Schlüssel trotzdem. Ich schenke das Auto Ihrer Frau.»

Viel Arbeit kommt mit dem geschenkten Auto auf uns zu, welches nach wie vor auf Köpplis Namen registriert bleibt. Warum denn? Zwei Monate widme ich jede noch so freie Minute dem Polieren, Putzen, Reinigen und Ausbessern. Neue Reifen kaufen wir, neue Sitzbezüge, Fussmatten und Scheibenwischer. Der Pole Pomes ersetzt die von dem anderen Unfall-Mercedes demontierten, kaum abgenutzten Thermostat, Blinker, Schlussleuchten, Scheinwerfer, Brems- und Kupplungsscheiben. Der Mercedes bekommt einen neuen Akkumulator, Benzinpumpe, Luft- und Ölfilter, Öl, Bremsklötze, Bremsflüssigkeit, Kühlwasser... Und als er in neuem Glanz und Gloria erstrahlt, ist unsere Geldbörse um 3.500 Franken leichter geworden. Nicht verwunderlich, dass die wie üblich strenge Vorführung beim Zürcher Strassenverkehrsamt reibungslos verläuft – keine Mängel!

Elżbieta fühlt sich in ihrem Auto königlich. Auch Napoleon, für den ich einen zweiten soliden «Thron» errichtet habe. Alle Plackereien haben sich gelohnt, meinen wir zufrieden. Bis zu jenem unheilvollen Tag. Mein zehnjähriger BMW ist gerade kaputt. Am Feierabend will mich Elżbieta von der Arbeit abholen. Köppli und ich kommen aus dem Verlagsgebäude heraus: er sieht Elżbieta neben ihrem Mercedes. Sein Blick bleibt an dem Pkw hängen:

«Haben Sie ein neues Auto gekauft? Toll!»

Vorerst verstehe ich die Frage nicht und denke, dass er scherzt:

«Nein, das Auto ist alt. Sozusagen Ihr Geschenk.»

«Ist das derselbe Mercedes? Unglaublich, wie schön er geworden ist, wie neu!», sagt er mit aufgesetztem Lächeln und macht sich gleich daran, das Auto zu begutachten; öffnet die Türe, schaut hinein, nickt verwundert mit dem Kopf. Sein Mienenspiel verrät unverhohlen, wie sehr er bedauert, es verschenkt zu haben. Schweigend beobachtet Elżbieta seine Inspektion. Unsere Blicke kreuzen sich, und wir ahnen stumm, was uns demnächst fast sicher bevorsteht.

«Mein Auto hat einen Schaden», sagt er schon am nächsten Tag, «und befindet sich gerade in Reparatur. Aber ich brauche noch heute zwingend ein Ersatzauto. Könnte Ihre Frau mir helfen und mir ihr Auto nur bis morgen leihen? Nicht länger, ehrlich!»

Auf meinen Anruf reagiert Elżbieta mit stoischer Ruhe:

«Auch das habe ich kommen sehen. Das, was er sagt, ist nur ein plumper Vorwand, eine gemeine Schamlosigkeit. Unser Schweiss, unsere Knochenarbeit und die Kosten sind bereits futsch.»

Seit drei Wochen fährt Köppli seinen eigenen «Bentley», vom Elżbietas Auto fehlt jede Spur. Auch auf dem Parkplatz, wo es früher «unter der Wolke» stand, ist es nicht mehr zu sehen. Köpplis bestens informierte asiatische Liebhaberin hat der Putzfrau Zdenka enthüllt, wo das Auto verschwunden ist: Köppli hat es seiner Gattin geschenkt. Und weil die verwöhnte Frau ohnehin den allerneusten Mercedes besitzt, verschleuderte sie Elżbietas Fahrzeug kurzerhand nach Estland.

DER KNALL

Nicht immer läuft alles mit dem Computer gut. Weil sich die Technologie kometenhaft entwickelt, tauchen wie aus dem Nichts neue Fragen auf. Bis jetzt wurden nur die schwarz-weissen Zeitungsseiten an die Druckerei via Internet übermittelt, jetzt sind die farbigen dran. Das Internet «schluckt» nämlich nur die JPG-Dokumente – dreifarbig; nicht aber die CMYK – vierfarbig. Wie soll es gehen? Ein Extraprogramm dazu beherrscht das «Triumvirat» bereits, doch eines Tages bleiben sie alle an einem Punkt stecken. Köppli fragt mich, ob ich Abhilfe weiss. Ich habe auch keine Ahnung. Aber möglicherweise Agatha Gamba; sie ist mit den Dingen ziemlich gut vertraut. Vielleicht weiss sie einen Rat?

«Ja, ich weiss, wie es geht», antwortet sie am Telefon, «helfen kann ich jedoch nicht. .»

«Warum?»

«Es gibt entsprechende Kurse dafür. Weisst du, alles kostet ...»

«Ich brauche nicht gleich den ganzen Kurs zu besuchen, es geht einzig um einen Hinweis im Programm auf den nötigen Befehl.»

«Nein, ausgeschlossen.»

In Winterthur lebt der hervorragende Grafiker-Freelancer und mein guter Freund Albert Walker. Vieles habe ich von ihm gelernt; immer war er freundlich und hilfsbereit. Sein Wissen hielt er niemals für sich allein unter Verschluss. Bevor ich mit ihm telefoniere, ärgert sich Köppli über die Panne. Er verstehe nicht, wo zum Teufel das Problem liege, während der Computer eine Maschine ist, die alles selber macht! Es reiche nur aus, die richtige Taste zu tippen.

«Dann sagen Sie mir bitte welche», bricht es aus mir heraus.

«Das weiss ich nicht. Das ist schliesslich Ihre Aufgabe.»

«Nein, nicht meine, sondern jener, die im anderen Raum sitzen und ebenfalls nicht wissen, welche, wie Sie sagen, Taste sie drücken sollten.»

Köppli geht hin; ich höre seine lauten Anpöbeleien. Die Leute suchen fieberhaft nach der Lösung, die sich jedoch nicht finden lässt. Ein Super-GAU! Sie tun mir wirklich leid, weil sie nicht schuldig sind.

Die Kombinationen, welche Albert am Telefon vorgibt, helfen kaum. Es ist schon 23.30 Uhr und damit absolut sicher, dass die Zeitung morgen nicht erscheinen wird. Nur Köppli und ich bleiben in der Redaktion, das ausgelaugte «Triumvirat» gab am Ende auf und ging vor drei Stunden nach Hause. Zu Recht, denke ich insgeheim.

«Weisst du, Lubomir, so übers Telefon alles Komplizierte zu erklären, ist ausserordentlich schwer», sagt Albert am Telefon, «man darf sich dabei auch nicht aufregen, sonst wird das Ganze noch verworrener.»

Ich überreiche den Hörer an Köppli, der neben mir bleich vor Erbitterung steht. Einige Minute hört er zu, legt den Hörer dann genervt auf.

«Das verquerte Technisch-Chinesische, das Walker mir ins Ohr sendet, verstehe ich nicht. Und Sie, ganz offensichtlich, verstehen die deutsche Sprache nicht. Das ist die wirkliche Ursache des Schlamassels. Verdammt, machen Sie doch endlich etwas!»

Weil ich machtlos bin, das verlangte «Etwas» aus dem Ärmel hervorzuzaubern und Köppli zu überzeugen, dass mein Sitzen hier jetzt völlig sinnlos ist, gehe ich mit bösen Vorahnungen nach Hause.

Es ist früh am Morgen, nur die Sekretärin Gabriela und ich sind in der Redaktion. Völlig zermürbt und müde fühle ich mich; alle Knochen schmerzen, diese trübe Nacht habe ich kein Auge zugetan. Köppli kommt; sein Gesicht ähnelt einer Sturmwolke. Rasend greift er mich an:

«Sie haben mich verraten! Mich fallen lassen! Sie sind ein unverbesserlicher Ausländer, der immer noch nicht begriffen hat, wie bienenfleissig wir

Schweizer sind! Sie haben davon jedoch nichts gelernt! Und das ist der Dank dafür, dass ich Ihnen mal geholfen habe!»

Da Köpplis hasserfüllte Vorwürfe lediglich mir gelten, ist es sonnenklar, wen er für den Sündenbock hält: mich. Das bedeutet, dass ich hier nichts mehr zu verlieren habe. Ich stehe auf; jetzt spüre ich die glutheisse Adrenalin-Wallung, die mich förmlich überflutet. Mit geballter Faust haue ich auf den Tisch – alles, was auf ihm liegt, fliegt umher, ich bin nahe davor, den verhexten Computer kurz und klein zu schlagen.

«Und Sie sind ein stumpfsinniger, borniertter Klugscheisser!», brülle ich. «Ja, für die Hilfe bedanke ich mich. Das bedeutet aber nicht, dass ich jetzt Ihr Sklave bin, welchen Sie wie einen Fronarbeiter behandeln können. Und jemand wie Sie, der den ganzen Tag faul in seinem Sessel sitzt und vor sich hin pennt, gleichzeitig aber vom Fleiss der Schweizer quatscht, der kotzt mich an! Ja, die Schweizer sind fleissig, aber nicht Sie. Lernen Sie endlich etwas! Arbeiten Sie endlich etwas, statt sich durch die Räume zu schleichen wie der Furz in den Hosen. Wir sind hier, notabene, Journalisten, also nur Computerbenutzer und keine Informatiker. Warum haben Sie nicht einen Techniker herbeigeholt? Klar warum: Sie wollen auf unserem Buckel sparen. Haben Sie immer noch nicht Geld genug? Oder meinen Sie, dass Sie sich für Ihre Millionen jegliche Impertinenz erlauben können? Irrtum! Ich pfeife auf Sie und Ihr beschissenes Geld! Die Russen und den KGB habe ich überlebt, so überlebe ich auch Sie. Adieu!»

Elżbieta erblasst, als ich vorzeitig zu Hause erscheine. Selbst Napoleon lässt instinktiv davon ab, mich wie üblich ungestüm zu grüssen; meine psychische Verfassung hat er sofort gewittert.

«Du hast keine Arbeit mehr?», fragt sie mit zittriger Stimme.

«Ist vorbei.»

«Eines verstehe ich trotzdem nicht», sagt sie, «es gehörte ja nicht zu deiner Aufgabe, dieses Programm zu bedienen. Warum belastet Köppli ausgerechnet dich für das Desaster?»

«Weil das ‹Triumvirat› sich wehren kann, und das sind auch seine «eigenen Leute», während ich ganz alleine schutzlos dastehe. Also ein idealer Prügelknabe, auf dessen Buckel dieser Mistkäfer seinen Zorn, je nach Belieben, immer ungesühnt abreagieren kann.»

«Was hast du ihm gesagt?»

«Was? All das, was bisher noch keiner seiner Arschkriecher gewagt hat, ihm ins Gesicht zu schleudern. Als ich wegging, stand er mitten in der Redaktion, leichenblass und zitterte wie Espenlaub vor Angst. Ehrlich, ich war kurz davor, den arroganten Tubel mit einem Hieb k.o. zu schlagen. Wenn ich Schweizer wäre, hätte ich das getan.»

Zwei Stunden vergehen. Gabriela telefoniert. Die Frau bewunderte ich von Anfang an. Sie ist eben nicht bloss Vorzimmerdame, sondern in meiner Vorstellung ein makelloses, absolut perfektes Maschinchen, in dem ein präzises Schweizer Uhrwerk tickt: Prokuristin, Buchhalterin und zweifellos Köpplis einzige weibliche Vertrauensperson. Auf ihren Schultern, da bin ich überzeugt, trägt sie die ganze Lebensfähigkeit des – wie es Köppli zu sagen pflegt – «Geschäfts». Sie ist de facto die inoffizielle Geschäftsführerin.

Damit sahnt Köppli auch hier die Leistung und Verdienste ab, für die er nie mit Hand angelegt hat. Und die kleine, wie die sprichwörtlich arbeitsame Ameise schuftende Gabriela? Nie wurde sie launisch oder nervös, sie ist immer taktvoll, extrem diszipliniert und ausgewogen; sie wirkt nie müde, geschweige denn kränklich; alles hat sie bis ins kleinste Detail organisiert. Ungeachtet dessen, dass sie jeden Tag vom weit entfernten Dorf zur Arbeit fährt, ist ihr Äusseres stets gepflegt, dezent geschminkt, sie riecht nach feinen Parfums. Kein Mensch findet sich so gut wie sie in den riesigen Bergen von Dokumenten zurecht, reihenweise angelegt in den riesigen Schränken in Hunderten von Ordnern. Auch das alles ist das Œuvre ihrer mehr als 20-jährigen Arbeit beim «Wochenboten». Und darum tat sie mir aufrichtig leid, als ich sie eines Tages am Macintosh sitzen sah: Trotz der Überbelastung, welcher sie stets ausgesetzt war, wurde sie vom rücksichtslosen Köppli gezwungen, auch noch das QuarkXPress zu erlernen, um die Texte zu setzen. Mit stoischer Ruhe tat sie es auch.

Das Beispiel der unglaublichen Gabriela gab mir Mut und Kraft, auch mein eigenes Kreuz mit Geduld und Würde zu tragen.

«Der Chef», sagt sie am Telefon, «fragt, wo du bist. Komm unverzüglich zurück, es gibt viel zu tun! Wir haben einen Spezialisten geholt, die Technik funktioniert bereits bestens. Es kann nun losgehen!»

In der Redaktion finde ich einen Informatiker vor, der dabei ist, dem «Triumvirat» zu erklären, worin unser aller Fehler gelegen hatte. Wortlos begebe ich mich ins Zimmerlein und setze das Schreiben des unvollendeten Zeitungsartikels über den Edelmut und die Gütigkeit der Menschen fort.

DIVERGENTE AUFFASSUNGEN

Der wuchtige Zusammenprall mit Köppli blieb nicht ohne Folgen, sein Verhältnis zu mir – wer hätte das gedacht! – entspannte sich. Mit der Zeit merke ich sogar, dass er umgänglicher geworden ist. Ich hörte auf, sein Auto zu putzen; auch schickt er mich nicht mehr, um die obligaten Würstchen zu kaufen. Seine unerwartete Sinneswandlung weiss ich zu schätzen, obwohl die ständig präsente Frage, bis wann dies andauert, bleibt. Leider: Seit Langem zeichne ich für die Zeitung keine Karikaturen mehr, weil Köpplis Begeisterung für sie in dem Moment erlosch, als er mich zu belehren versuchte, wie ich sie zeichnen solle – inhaltlich und bildhaft.

«Ich kann meinen Stil, der meine Erfindung ist, nicht ändern, Herr Köppli», rechtfertige ich mich, «die Bilder sind so wie meine Handschrift, ein Teil meiner Persönlichkeit. Sie anders zu zeichnen, ist schlicht und einfach unmöglich. Sorry!»

«Doch, doch, es geht», besteht er freundlich, aber päpstlich auf seiner

Aufforderung, «viele Künstler machen das leicht und mühelos, aber Sie sind dazu offenbar nicht fähig.»

Ich schweige, weil mir seine Denkweise bekannt ist. Sie besagt, dass gegen Bezahlung alles machbar sei. Selbst mit dem Baseballschläger auf die Sonne zu dreschen.

«Sehen Sie, ich halte mich gar nicht für einen Künstler, ich bin nur ein ständig Suchender», stöhne ich, «und mein Werken entspringt, glaube ich, dem geläufigen Motto: Nur ‹Äktschn bringt Sätisfäktschn›.»

Der Spruch amüsiert Köppli:

«Dafür bin ich ein Künstler. Das heisst, nicht direkt, denn ich kann weder zeichnen noch malen, die göttliche Gabe, zu beurteilen, was Kunst und was keine Kunst ist, die habe ich aber eindeutig.»

«De gustibus non est disputandum!»

«Was bedeutet das?»

«Über Geschmack lässt sich nicht streiten.»

Zufall oder nicht: Wenige Tage nach dem Gespräch stellte ich meine Bilder – Aquarelle, Ölmalerei, Zeichnungen, Collagen und Computeranimationen – auf einer individuellen Ausstellung im Hauptsitz der Zürich-Versicherung aus. Der Vize-Direktor in persona eröffnete die imposante Vernissage. Seine pointierten Ausführungen hauten mich fast um:

«Was für Gedanken gingen Ihnen durch den Kopf, als Sie den Lebenslauf von Lubomir T. Winnik lasen? Bosnien? Grauen? Unmenschlichkeit? Aber auch die Hoffnung, dass im Einzelfall auch menschlich gehandelt wird. Leider nur in Einzelfällen vonseiten mutiger Menschen. Als ich im Frühjahr erstmals die Bilder von Lubomir T. Winnik sah, hatte ich enorme Mühe, diese einzuordnen, das macht man ja unwillkürlich. Wie kann man ihn deuten? Hat er einen Stil? Oder Vorbilder? Ist das etwas völlig Neues?

Ich kann es Ihnen nicht sagen. Er hat Stil – aber nicht einen. Er hat Vorbilder – aber nicht nur eines. Er hat etwas anderes: Er ist ein Individualist, sicher. Aber auch ein Extremist mit einer unglaublichen, ja fast unheimlichen Verschiedenartigkeit der Stile und des Sujets. Lässt er hierdruch in seine Seele blicken? In die Zerrissenheit der Jugend einerseits und in deren Glück andererseits? Er ist Extremist auch in seinem Tätigkeitsfeld: TV, Reisebranche, PR-Agenturen oder Privatpublikum auf Ausstellungen. Ein Extremist auch in seinem multikulturellen Umfeld, sprich Schweiz, Japan, Polen, Norwegen, Ukraine, Deutschland, Georgien, Türkei ... Ein Extremist insbesondere in seiner Gefühlswelt, die auch uns Bürolisten anspricht, zum Nachdenken bringt. Wollen wir nicht auch oft mit dem Kopf durch die Wand? Und umgekehrt wiederum. Ich glaube, hier können wir Lubomir T. Winnik fassen: Er will Vielfalt, nicht Uniformität. Andersartigkeit, nicht Angepasstheit. Nachdenklichkeit, nicht Oberflächlichkeit. Er will uns zeigen, dass es Wege gibt, mit diesem Spannungsfeld umzugehen. Seinen Weg zeigt er uns. Gehen Sie nun durch diese Ausstellung und denken Sie über Ihren Weg nach.»

Die riesige Versicherung kauft für ihre Sammlung das Ölbild «Die Zebrastreifen» für 5.000 Franken. Köppli, offenbar unter Einfluss der Laudatio, ein anderes Ölbild, «Die Tessiner Winterrosen», für 4.000 Franken!

Auf der Redaktion ist der Alltag eingekehrt, die Routine. Es gibt keine technischen Probleme mehr; jeder Schreibende gestaltet jetzt seine Texte und Bilder selbst. Meine Arbeit schätzt Köppli; ich schreibe viel und über alles Mögliche. Jede Reportage wird reichlich mit Bildern illustriert, ich suche ständig nach neuen Gestaltungsformen und neuer Grafik. Das «Triumvirat» hat mich inzwischen leidlich akzeptiert; in die «Familie» wurde ich trotzdem nicht aufgenommen. Bisweilen telefoniert mir der junge Mann aus dem «Triumvirat» anonym nach Hause. Mit verstellter Stimme – Elżbieta, die ein geübtes Schauspieler-Ohr hat, erkennt ihn sofort – beschimpft er mich als «truuriger Faschist» und «Rassist», den man «umlegen sollte»; dies wieder einmal für irgendeinen meinen «rechtsgerichteten» Artikel im «Wochenboten» oder mal wieder in der «Armbrust», wo ich die Einwanderungspolitik oder Anti-Miliz-Träumereien der Linken kritisiert habe. Nicht selten demolieren Unbekannte meinen Briefkasten; er wird mit Farbe besudelt oder mit toten Ratten sowie menschlichen Fäkalien vollgestopft. Verbohrt durch ideologische Blindheit können die Leute nicht begreifen, dass ich, der vor den Kommunisten auf der Flucht war, im Westen nicht ein Marxist werden kann! Das ist so, als würde man die Nazi-Opfer zwingen, sich mit deren Henkern zu identifizieren. Man droht, mich auch zu töten; die per Post zugeschickten Pistolenkugeln bewahre ich bis heute als makabre «Andenken» auf.

Es gibt aber auch eine andere Seite der Medaille. Ich erhalte unzählige freundliche Briefe und ab und zu kleine Dankeschön-Geschenke von den Lesern aus allen Landesteilen. Ihren Rückhalt brauche ich als Bestätigung meiner publizistischen Attitüde; sie ist mir ausserordentlich wichtig. Somit bleibt auch die Beziehung mit dem «Triumvirat» oberflächlich, von Misstrauen geprägt. Zumal nachdem es meinen neuen «Makel» entdeckt hat – zusätzlich zu all dem «Üblen», das in mir schlummerte, entpuppte ich mich jetzt auch noch als verkappter «Rechter». Ironie des Schicksals: Für die «Rechten» blieb ich allerdings nach wie vor nur noch «Ussländer», ein Aussenseiter, den man erst dann bemerkt, wenn man ihn für ihre Ziele nötig hat. Und selbst wenn ich noch 1.000 patriotische Artikel geschrieben hätte, ändern sie ihre Haltung kaum. Ihre Politik bejahe ich dennoch, das ist klar. Aber nicht einseitig: Dort, wo sie die nationale Identität verteidigen, für Souveränität, Neutralität und eigenständige Kultur einstehen, wo sie bemüht sind, das Schweizertum angesichts der Multikulti-Verwässerung zu bewahren oder den verantwortungslosen Abbau der Milizarmee zu verhindern, dem stimme ich zu. Das «Rechte» in mir jedoch endet dann, wenn ich höre, wie sie mit dem Grosskapital liebäugeln, an der Kandare der Konzerne und der Banken laufen, die sozialen Nöte der Bevölkerung, etwa die Auswüchse der uferlos steigenden Wohnungsmieten, «übersehen» oder mit Arbeitgeberverbänden an der Kürzung von Löhnen oder Renten mitbasteln. Dem schnöden Treiben sollte beispielsweise die Gewerkschaft «Unia» den Riegel vorschieben. An diesem Punkt prallen meine Position und Köpplis Engstirnigkeit hart aufeinander. Der ist und bleibt ein verkrusteter «Seelenbesitzer».

«Die Leute sollten dem Arbeitgeber dafür dankbar sein», grollt er verdriesslich, «dass ihnen grossmütig gestattet wird, für sie arbeiten zu dürfen. Stattdessen fordern sie stets noch mehr Ferien und Löhne, noch mehr soziale Versicherungen und höhere Abfindungen, längere Mutterschaftsurlaube und Gott weiss was noch. Wenn man ihnen nachgeben würde, gäben sie nie Ruhe, sondern würden noch dreister!»

Genau genommen kann ich ihm folgen; er ist selber ein Arbeitgeber, und ich habe ehrlich keine Vorstellung, wie ich an seiner Stelle denken und handeln würde. Er trägt alle finanziellen Risiken sowie die Verantwortung für Firma und Menschen. Ich als Arbeitnehmer ahne davon nichts; das ist nun mal nicht mein Kram. Und doch; wo liegt der Schlüssel zur bilateralen Zufriedenheit, zur Harmonie?

«Aus Ihrer Sicht, Herr Köppli, sind die Postulate der Arbeitenden immer überzogen», sage ich vorsichtig. «Und doch, auch sie haben ein stichhaltiges Argument, das nicht von der Hand zu weisen ist.»

«Was für eins denn?»

«Sie als Firmeninhaber verkaufen Ihr Produkt – die Zeitung. Stimmt's? Das ist sozusagen Ihr Rohöl.»

«Ja, es ist so. Na und?»

«Die Angestellten sind ebenfalls ‹Verkäufer› ihres ‹Rohöls›.»

«Wie das?»

«Sie verkaufen dem Arbeitgeber das Kostbarste, was jeder Mensch nur einmal hat – ihre Lebenszeit. Der Preis, den sie für ihre Brötchen abgelten müssen, ist damit immens hoch. Darum bestehen sie darauf, diese «Ware» zeit ihres Lebens so teuer wie möglich zu vermünzen. Verwerflich, falsch oder wie auch immer ist das wohl nicht?»

«Nein, unredlich ist das sicher nicht; tönt trotzdem irgendwie marxistisch. Sind Sie ein Linker?»

«**B**in ich gar nicht. Und auch nicht ich das ‹Kapital› geschrieben habe. Darum wehre ich mich gegen stigmatisierende Pauschalierungen der Linken, indem sie alle Andersdenken stracks als ‹extrem Rechten› oder ‹Faschisten› hinstellen. Es ist obendrein höchst primitiv, wenn nicht sadistisch – das sehen sie leider nicht ein –, die Menschheit derart grobschlächtig in ‹links› oder ‹rechts› zu segmentieren, und das in einer Demokratie, die angeblich jedem das Recht garantiert, seine politische Konfession nach eigener Caprice zu wählen. Straflos, wohlgemerkt! Ich spreche nicht übers Politische, sondern über die Interessenkluft zwischen Arbeitgebern und den so genannten Proletarien, wo jede Seite bestrebt ist, aus der anderen eine maximale Ausbeute herauszupressen.»

Köppli schläft in seinem Direktor-Sessel wieder ein. Als er beginnt zu schnarchen, wecke ich ihn auf.

«Wo waren wir stehen geblieben?»

«Beim Sozialfrieden.»

«Ach ja, richtig. Und sehen Sie da eine Lösung?»

«Nur zum Teil.»

«Wieso?»

«Ich bin kein Sozialwissenschaftler, vielmehr ein Bauernschlauer, der davon ausgeht, dass es nirgendwo in der Welt wirklich perfekte sozialpolitische Systeme gibt. Es kommt primär darauf an, was für Menschentypen an beiden Ufern des ‹Röstigrabens› stehen. Ist ein ‹Führer› als Persönlichkeit charakterlich radikal, wenig kultiviert, egoistisch oder leidet er an akuter IQ-Schwäche und damit einhergehend an pathologische Geltungssucht, wird er zum Diktator par excellence. Dann ist auch der angestrebte Dialog gleich passé.»

«Oh, bei Ruedis Frau sehe ich genau die gleichen Symptome!», sagt Köppli schadenfroh. «Sie hat den Mann komplett gefügig gemacht. Er darf ohne ihre gnädige Erlaubnis sich nicht mal einen Furz gestatten. Eine kleine Diktatorin ist das Weibsstück.»

«Ja-ja! Die kleinen, die vermeintlich ewig wehrlosen ... Dahinter versteckt sich nicht selten eine Art verkehrten Naturspiegels: Ausgerechnet die kleinen gebähren die machthungrigsten Tyrannen der Welt. Ein Ende, einen salomonischen, Hoffnug spenden Ausweg aus diesem ewigen Verhängnis kennt nicht mal die unvoreingenommene Geschichte. So hat der Graben zwischen Arbeitgebern und Arbeitnehmern, zwischen Mann und Frau, zwischen Menschen und Nationen noch ein unendlich langes Dasein vor sich: Es ist wohl beständiger als die Pyramiden selbst.»

«Und das alles haben Sie den Büchern entnommen?», wundert sich Köppli. «Zugegeben, etwas Aufschlussreiches steckt tatsächlich drin.»

«Bücher plus eigenes Denken ... Unter den Büchern ist eines», füge ich hinzu, «das Bibel heisst. Die Schrift beschreibt, wie Gott den Menschen schuf. Als er ihn mit dem Gehirn ausstattete, soll er gesagt haben: ‹Mach Gebrauch davon.› Ich habe mir dieses Gebot zu Herzen genommen.»

«So sehr glauben Sie an Gott? Weil – ich nicht. Alles irres Gerede, es gibt da draussen niemanden, schon gar keinen Gott!»

«Da würde ich ‹Jein› sagen. Wer bin ich, um zu urteilen, ob es einen Gott gibt oder nicht? Aber ich glaube an die Existenz irgendeiner allumfassenden transzendenten Intelligenz, die den grenzenlosen Weltraum, darunter auch die Erde und jegliches Leben, erschaffen hat; und dies selbstverständlich lange vor dem angeblichen ‹Urknall›. Derartige Gesinnung ist von moderner Naturwissenschaft jedoch – wie alles Sakrale – verpönt; sie ‹beweist› doch etwas völlig Umgekehrtes, wonach zur Zeit der mutmasslichen Zeitabwesenheit auch der Schöpfer ‹physisch› abwesend gewesen sein soll. Logische Unlogik und kein Funken Demut der ‹Gelehrten›.»

Köpplis wundersame Wandlung lässt noch buntere Blumen erblühen. Beim Scheidungsprozess von 1988 wurde ich vom Zürcher Gericht zu Unterhaltszahlungen an meine Ex-Frau von 1.000 Franken monatlich verdonnert, gekoppelt mit jedem Jahres-Teuerungsausgleich. Zeitlebens! Im Lauf von Jahren wuchs der Betrag auf 1.250 Franken pro Monat. Seit vier Jahren prozessierte ich um den Erlass von Schulden, welche ich während meines finanziellen Kollapses nicht entrichten konnte. Fürs das Wiederaufrollen des Prozesses sowie um drohende Betreibungen und Pfändungen zu verhindern, benötigte ich einen versierten Verteidiger, den ich mir nicht leisten konnte. Zwar werden ab und zu Bilder oder Cartoons verkauft, aber durch das fluktuierende Monatseinkommen beim «Wochenboten» und die unregelmässigen Honorare reicht das Zusammengekratzte nur knapp, um für meinen eigenen Lebensunterhalt aufzukommen ...

Der «neue» Köppli versetzt uns völlig überraschend ins mächtige Staunen mit einer grosszügigen Geste: Alle meine Anwaltsrechnungen entrichtet er aus eigener Geldbörse.

LÄHMENDE GEWISSHEIT

Napoleon verliert mit einem Mal erschreckend viele Haare. Bald wird es büschelweise sein. Das ausgefallene Haar enthüllt seine schwarze Haut; selbst das Schwänzchen wird langsam «nackt». Eine neue Sorge kündigt sich an; wir müssen wieder mit ihm zu Doktor Coradi. Nach der ersten Untersuchung wird klar, dass sich Napoleons geschädigte Genetik erneut gemeldet hat.

«Der liebe Napoleon muss leider kastriert werden», diagnostiziert Coradi, «weil seine Hoden überdurchschnittliche Menge Testosteron produzieren. Das ist die Ursache des massiven Haarausfalls.»

Wir verstummen, sind wie vom Schlag getroffen; die grausame Nachricht macht uns im wahrsten Sinne des Wortes sprachlos, betäubt die Gefühle und den Verstand. Der sichtlich genauso schwer betroffene Veterinär bemüht sich, uns aufzuklären:

«Niemand kann 100-prozentig garantieren, was mit ihm angesichts der gefährlichen Schädigung noch passieren kann, aber nach der Operation wird der Haarausfall sicherlich gestoppt. Erfahrungsgemäss jedoch droht ihm danach die Fettleibigkeit. Er muss unbedingt weniger fressen.»

Jeder Gang zu Coradi bedeutet für Napoleon einen horrenden Stress, doch es gibt auch diesmal keinen andern Ausweg. Verdammt! «Am meisten fühlt man sich von der Wahrheit getroffen», kommen mir die Worte von Friedl Beutelock in den Sinn, «die man sich selbst verheimlichen wollte».

Diese grausame Wahrheit – Napoleons tristes Los – stürzt uns abermals in die seelische Kluft. Nun ist man erneut an den Punkt angelangt, an dem man mit paralysierender Deutlichkeit erkennt, auf welch hinterhältigem Minenfeld wir uns ständig bewegen, wie risikobehaftet das tagtägliche Leben ist. Und der grösste Killer aller Zeiten – die Zeit – liegt unermüdlich auf der Lauer, Tag und Nacht. Seit Jahrmillionen ...

Wir holen Napoleon ab.

Er steht noch unter Narkosewirkung, erkennt uns jedoch sofort. Er versucht, sich mit eigener Kraft von der Decke, die man für ihn auf den Boden gelegt hat, zu erheben, schafft es aber nicht; die Pfötchen versagen, so wedelt er uns zumindest mit dem Schwänzchen freudig zu. Behutsam nehme ich ihn in den Arm, höre deutlich sein leises, bewegtes Schnarchen und spüre meine eigenen, hastigen Herzschläge – mich dünkt, sie dröhnen von Erbarmen so ohrenbetäubend laut, wie ein Dutzend Kathedralen-Glocken – und bringe ihn auf meinen schlotternden Beinen zum Auto. Nach zwei Stunden zu Hause kommt er langsam zu sich. Voller Sorge denken wir daran, ob er merkt, was ihm wieder zugestossen ist; seine niedlichen Hoden sind weg. Wie wird er jetzt darauf reagieren? Sich verhalten? Bleibt er derselbe wie zuvor?

«Er merkt, dass ihm etwas fehlt», sagt Elżbieta ergriffen. «Auch seine Augen sind total verweint, er versteht alles!»

«Vielleicht hasst er uns dafür?», mutmasse ich. «Er weiss ja nicht, dass wir absolut keine Wahl hatten. Wie kann man ihm das bloss erklären?»

Zärtlich streichle ich Napoleons Nacken, küsse seinen wunderschönen, edlen Kopf. Er dreht sich um, blickt mir ganz menschlich in die Augen ... und leckt fürsorglich die Tränen, die in Strömen meine restlos verweinten Wangen herunterkullern. Nein, er ist uns nicht böse! Nur äusserst bedrückt. Für lange Zeit. Und wir mit ihm!

Und die finstere Ungewissheit dessen, was für ein Verhängnis sich der «himmlische Vater» für den schwergeprüften Napoleon für das nächste Mal ausdenken würde, versetzt uns in dauerhafte Alarmstimmung ...

EINE ZÄSUR WIDER ERWARTEN

Weil ich, oje, kein bigoter Marxist werden kann, schreibe ich seit Jahren publizistische Artikel für «Die Armbrust» – eine bürgerliche Zeitung. Im Vergleich zu andern Zeitungen ist die Gage hier deutlich höher, auch ein überzeugendes Argument für mein Engagement. Gewöhnlich biete ich die Themen dem Chefredaktor Richard Bertschy an; ab und an treffen wir uns zur Besprechung seiner Sujetvorschläge. Da es mit dem «Wochenboten» völlig abrupt abwärts geht – Probleme mit seiner Finanzierung tauchten auf –, erfasst mich eine neue Unsicherheit: Bevor es passiert, muss ich einen sattelfesten Job gefunden haben. Doch wo? Und wie? Bei einem Gespräch mit Bertschy schildere ich ihm die Lage. Kurz danach sehen wir uns wieder und sein Angebot überrascht mich komplett:

«Ich brauche dringend einen Stellvertreter. Wäre das etwas für Sie?»

«Ihre Redaktion liegt sehr weit weg, wie schaffe ich das?»

«Mit dem Auto. Tausende pendeln täglich hin und her. Sie könnten zudem eine neue Wohnung in der Nähe finden. Auch eine Lösung.»

Die Perspektive, eine solch ansehnliche Stelle zu bekommen, ertönt in meinen Ohren wie betörender Sirenengesang: Und ich, der verzückte Odysseus, unterzeichne, ohne zu zögern, den Vertrag. Vermutlich, denke ich dabei, ist das erst jetzt möglich geworden, weil meine launische Bestimmung wider Erwarten den Kurs geändert hat und eine Zäsur offeriert, nach der ich mich jahrzehntelang gesehnt habe. Unglaublich!

Der Anfang in der neuen Redaktion überrascht mich: Es gibt keinen

Vorgänger; er habe frühzeitig «auf eigenen Wunsch» den Hut genommen, höre ich. Wer soll mich also in die Geschäfte einführen? Auf vielen Regalen etwa stapeln sich Hunderte von Ordnern: Ich habe keinen blassen Schimmer, wo sich was befindet, und schlimmer noch: Niemand ist da, um mir zu erläutern, wie die Zeitungsproduktion, für die ich verantwortlich bin, funktioniert. Der Bertschy-Chef ist stets abwesend; sein Stil der «Fernsteuerung» sorgt für erste böse Spannungen.

«Ich brauche», sagt er am Telefon, «die Information über die Zahl der Einbrüche aus der Kriminalstatistik des Eidgenössischen Justiz- und Polizeidepartements von vergangenem Jahr.»

«Wo finde ich sie?»

«Auf den Regalen in Ihrem Büro.»

«Es gibt aus dem Vorjahr vielerlei von Ordnern. In welchem genau?»

Am Telefon höre ich den verärgerten Atem Bertschys; den sonst zuvor sehr umgänglichen und beherrschten Herrn erkenne ich kaum wieder.

«Das ist doch Ihre Obliegendheit, verdammt noch mal, das alles zu wissen», schreit er wutschäumend, «so ein Schiissdräck!»

In den Papieren gelingt es mir, die Telefonnummer von Brunner, meinem Vorgänger, zu finden. Sein eher rätselhafter Abgang kommt mir von Beginn an irgendwie dubios vor.

«Nein, das kann ich nicht sagen», höre ich seine vorsichtige Stimme, «die Gründe sind halt verschieden.»

«Zum Beispiel?»

«Sehen Sie, ich habe bereits eine neue Stelle, bin zufrieden, die Vergangenheit zählt jetzt nicht mehr. Diese Seite meines Lebens habe ich definitiv hinter mir gelassen. Das ist alles.»

«Sie gingen offenkundig ziemlich überstürzt weg, sonst hätte ich nicht die Stelle eine Woche früher antreten müssen, als dies mit Herrn Bertschy abgemacht worden war. Die Folge: Ich sitze desorientiert da herum, weiss nicht, was meine Aufgaben sind und wo und wie ich beginnen soll. In meinem Büro steht ebenfalls ein PC. Wozu? Was wird mit ihm gemacht?»

«Mit ihm werden nur E-Mails empfangen.»

«E-Mails? Und wo wird die Zeitung gestaltet?»

«In der Druckerei in Frauenfeld. In Ihrem Büro befinden sich Zeitungsmaquetten, auf denen Texte und Bilder von Hand verteilt werden. Anhand dieser Vorgaben gestaltet der Setzer in der Druckerei die Seiten.»

Mehr entlocken kann ich dem scheuen Brunner nicht. Eines ist unbestritten evident: Die Geschichte mit archaischer Zeitungsherstellung hat mich abermals eingeholt. Wie komme ich hier raus?

Mir stehen – wer hätte es gedacht! – zwei Sekretärinnen, die 35-jährige Anna und die 50-jährige Gaby, zur Verfügung. Auch die Frauen wissen von den Ordnern nichts, also keine Hilfe in Sicht. Dabei wundert mich ihre Arbeitsweise nicht minder als jene von Bertschy: Sie schreiben alle Texte auf ihren Schreibmaschinen mit doppeltem Zeilenabstand nieder.

«Wieso?»

«Die fertigen Texe faxen wir dann an Herr Bertschy. In den Feldern zwischen den Zeilen macht er seine Korrekturen.»

«Wir haben doch hier eine Korrektorin. Auch Sie können sehr gut korrigieren. Keine Frage! Warum noch er?»

«Herr Bertschy macht ... Er hat sozusagen eine Vorliebe für die inhaltlichen Korrekturen. Danach schreiben wir alles von Neuem. Genau nach seinen Wünschen.»

«Was Sie nicht sagen!», erwidere ich optimistisch-freundlich und verspüre unerwartet ominöse Kälte in meinen Schläfen. Was steht mir noch diesmal bevor? Man ist ja erfahrungsgemäss gegen unvermutete Ärgernisse nie ausreichend gewappnet.

CLEVERE LANDSFRAU

In Alpbrugg, das nur zehn Kilometer von der Redaktion entfernt liegt, haben wir eine neue Wohnung in einem alten Riegelhaus gefunden. Das alltägliche stundenlange Stehen in den Staus auf der Autobahn bei Hin- und Rückfahrt hatte ich satt. Obwohl es zu Hause wie auf einem Schlachtfeld aussieht, habe ich erst nach der Arbeit oder an den Wochenenden Zeit, mich damit zu beschäftigen. Die Übergabe der bisherigen Wohnung gestaltet sich kompliziert. Der Inhaber Oscar Krebst hat eine polnische Gattin. In den vergangenen Jahren sprach sie oft mit meiner Frau; angeblich aus dem Bedürfnis heraus, in ihrer Muttersprache zu plaudern. Die Frau gefiel mir nicht; sie benahm sich betont herrisch, sprach eingebildet über alles und alle. Ich riet Elżbieta, mit ihr Vorsicht walten zu lassen. Vergebens! Am Vortag der Übergabe erschlich sich die gerissene Polin von der vertrauensseligen Elżbieta alle Wohnungsschlüssel, die wir scheinbar sowieso nicht mehr benötigen, soll sie gesagt haben. Die Nachricht hat mich verärgert; ich witterte gleich irgendeine List.

「Wir verlassen die Wohung in einem tadellosen Zustand, wie das immer und überall der Fall war», beschwichtigt mich Elżbieta. «Es gibt hundertprozentig nichts zu befürchten und auch diesmal werden wir unsere Kaution voll zurückerhalten. Da bin mir ganz sicher.»

«Das wird sich noch zeigen! Es gilt hierzulande eine eiserne Regel: Niemals dürfen die Hausschlüssel den Fremden anvertraut werden, bis die Wohnung definitiv übergeben wurde! Die Frau hat dich aufs Kreuz gelegt!»

«Frau Krebst ist eine Polin wie ich», rechtfertigt sich die unerfahrene Elżbieta, «ich kann mir eine Falle oder andere böse Absichten kaum vorstellen. Sie ist doch meine Landsfrau!»

«Das bedeutet gar nichts. Wenn es ums Geld geht, vergessen viele ‹Landsleute› jäh ihre Herkunft und die vermeintlich damit verbundenen Blutsbande. Aber mal schauen, was nun morgen passiert!»

Zur vereinbarten Zeit erscheinen wir in den alten Wänden, wo uns die beiden Krebst bereits erwarten.

«Alles okay?», frage ich.

Oscar Krebst führt uns hinauf, öffnet die Tür zum Badezimmer: «Und was ist das?»

Wir trauen unseren Augen nicht: Das grosse alte, bei dem Einzug in diese Wohnung von uns akzeptierte quadratische Lavabo liegt auf dem Boden – demontiert. In den Kachelwänden klaffen tiefe, hässliche Löcher.

«Und das nennen Sie in Ordnung?», glotzt mich Krebst an.

Blitzschnell realisiere ich, in welche Falle wir gelockt wurden:

«Das haben Sie, Herr Krebst, doch selber gemacht. Nicht ich.»

Er lacht hämisch, lügt unverfroren in die Augen:

«Hier war früher ein anderes Lavabo installiert, ein Standardmodell, und nicht dieses. Aber Sie haben ganz leichtfertig auf eigene Faust gehandelt und schmissen es raus. Ihr Bier, gell? Aber so geht das nicht. Das Standardlavabo muss unbedingt zurück. Auf Ihre Kosten, versteht sich!»

«Mein Mann sagt die Wahrheit», unterstützt ihn hurtig seine gewitzte polnische Frau, «dieses Lavabo war früher nicht da.»

«Während der Wohnungsübernahme waren Sie beide dabei», widerspreche ich, «Sie haben das ja auch gesehen. Die Wohnung vermieteten Sie exakt mit diesem untypischen, quadratischen, hellbeigen Lavabo. Ein anderes gab es hier niemals.»

«Was Sie nicht sagen! Und das in Ihrem Keller, was ist das?»

«Der Keller ist schon seit Wochen leer.»

«Sie sind mir aber ein schlaues Kerlchen, Herr Winnik! Gehen wir doch geschwind runter und lassen uns mal überraschen.»

Ahnungslos begeben wir uns in den Keller, mit triumphierendem Gesichtsausdruck öffnet Krebst die Tür. Und wirklich, er ist überraschenderweise nicht leer: Ein weisses, brandneues ovales Standardlavabo steht in der Ecke! Die Tücke der Krebsts ist voll aufgegangen. Exakt dafür brauchten sie unsere Wohnungsschlüssel tags zuvor, um das zu organisieren!

«Und nun nehmen wir uns der Holztreppe an», verkündet siegessicher der zynische Wohnungsinhaber, «was haben Sie mit ihr angestellt?»

«Was denn?»

«Auf den Stufen fehlen die rutschsicheren Streifen. Wo sind sie?»

«Die waren sehr alt und vollständig abgenutzt, das Rutschen konnten sie nicht mehr verhindern. Zur eigenen Sicherheit habe ich die Streifen abgelöst und dann die abnehmbaren Stufenmatten angebracht. Aber wenn Sie wollen, kaufe ich rasch die neuen und klebe sie schnell auf. Kein Problem, sie kosten ja nur ein paar Rappen.»

Natürlich, auch diese Lösung passt nicht in Krebsts Plan:

«Das macht später ein Fachmann. Zudem muss die ganze Treppe neu lackiert werden. Ebenfalls auf Ihre Kosten. Es ist aber noch nicht alles – die Bodenbretter auf dem Balkon sind total vermorscht. Ihre Schuld.»

«Unsere Schuld, wieso? Der alte Lack auf der Treppe ist nur leicht verwittert, es gibt aber weder Kratzer noch Risse. Der Balkon hingegen hat kein schützendes Dach, und bereits vor Jahren haben wir Sie mehrmals darauf aufmerksam gemacht, dass die faulenden Bretter unter den Füssen zu brechen drohen. Doch unser Ersuchen haben Sie damals wie üblich ignoriert.»

Aber Krebst scheint taub zu sein; er mogelt weiter:

«Daran erinnere ich mich nicht. Alles nur Quatsch! Die Bretter faulten, weil Sie darauf eine Matte gelegt hatten.»

«Keine Matte, sondern ein Kunststoffgitter mit ein Zentimeter langen Stütz-Beinchen und feinen Maschen, damit sich darunter kein Kondenswasser bildet. Übrigens: Selbst Ihre Frau bewunderte schon früher diese Lösung bei einem Besuch bei uns.»

«Alles freche Ausreden», weist Frau Krebst unsere Argumente erneut vehement zurück, «ich sah dort nur eine flache Matte und kein Gitter!»

3.500 Franken «Entschädigung» beanspruchen die Krebsts, praktisch unsere ganze Kaution ist das. Wir sind gezwungen, die Rechtsschutzversicherung zu alarmieren. Bald danach findet in der Wohnung ein «Hearing» statt. Zugegen sind Vertreter der Rechtsschutzversicherung, ein Zeuge, ein Sachverständiger, die Krebsts und wir. Kaltschnäuzig wiederholen die Besitzer ihre ausgeklügelten Lügen und stellen dieselben Forderungen ...

Mit grossem Erfolg: Der Sachverständige schlägt unsere Argumente komplett in den Wind; er traut vorbehaltlos den Krebsts. Unseren Schilderungen von erschlichenen Schlüsseln und dem nicht existierenden Spülbecken schenkt sogar der Rechtsschutz-Vertreter kein bisschen Glauben – am Ende stehen wir hilflos da, wie zwei frisch entlarvte Betrüger. Selbst noch weitere 300 Franken, welche die Krebsts für ein zusätzliches Schloss an der Wohnungstür haben wollen, zocken sie bravurös ab. Tatsächlich dieses Schloss habe ich eigenhändig eingebaut. Aber nicht aus Lust und Laune, sondern weil das antiquarische Originalschloss immer wieder kaputtging. Unsere Appelle an die Krebsts – es reparieren oder zu ersetzen – blieben wie immer unbeantwortet! Und nun zahlt sich ihre geübte Hickhack-Taktik mit all den abscheulichen Tricksereien fürstlich aus: Sie kassieren fast 4.000 Franken. Für nichts! Leider stehen solche Krebsts stellvertretend für unzählige «Kollegen» landesweit! Das grundfeste Menschenrecht – das Recht auf Obdach – wurde in eine milliardenschwere Industrie mit eigenen Gesetzen verwandelt, die sich jeglicher öffentlichen Kontrolle de facto entziehen. Und diese *Halsabschneiderei* (so «Blick» im Sommer 2018) wird zynisch noch als grosser «Erfolg» der freien Marktwirtschaft in Ehren gehalten. Unverständlich, warum ein Volk, das über alle Existenzbelange an der Urne frei und souverän entscheiden kann, diesem Raubfeldzug der Immobilien-Vögte nicht ein für alle Mal ein Ende bereiten will!

TREFFEN MIT LECH KACZYŃSKI

Die Berliner Wochenzeitung «Junge Freiheit», für welche ich seit vielen Jahren hauptsächlich über Mitteleuropa berichte, schickt mich mit einem Auftrag nach Warschau. Meine Zielperson ist Lech Kaczyński, der regierende Oberbürgermeister der Hauptstadt. Der sehr populäre und ebenso strittige Mann soll allen Prognosen zufolge fast sicher zum nächsten Staatspräsidenten Polens gewählt werden. Ein sorgfältig geplantes Interview mit ihm steht mir bevor.

Von Zürich fliege ich via Amsterdam nach Polen. Damit führt mein Weg unverhofft wieder einmal in die Stadt, die ich wie die eigene Hosentasche kenne und für welche ich ein besonderes, pietätvolles Verhältnis in meinem Herzen hege. Auch wenn ich hier nur 25 Monate gelebt hatte: Warszawa, die Metropole, die 1945 das Schicksal Karthagos erleiden sollte, versetzt mich in tiefe Nachdenklichkeit und ruft zugleich nostalgische Erinnerungen wach, die so weit fort zu sein scheinen, als lägen sie jenseits des Seins, als wären sie Lichtjahre entfernt ...

Damals, anno 1971 bis 1973, fand mein Wirken in kurzer Zeit plötzliche Anerkennung, mit der ich nicht gerechnet hatte. Obwohl privat zimlich viel schieflief, gab mir Warschau beruflich die Entfaltungschancen, von denen ich, als Ausländer, nur träumen konnte: Ich bekam ungeachtet meines noch fehlerhaften Polnisch eine Journalisten-Stelle bei dem angesehenen Wochenmagazin «Stolica» und konnte überdies parallel für sieben weitere Zeitungen und Magazine arbeiten. Mein Schuften bis zum Umfallen dauerte jeden Tag meistens bis spät in die Nächte hinein. Der Umstand hat mich überhaupt nicht gestört, im Gegenteil: Ich war glücklich, da ich mich in meinem ureigenen Element bewegte.

Und jetzt, nach so vielen verflossenen Jahren, verwandelt sich jedes, so selten gewordene Zurückkommen in diese Stadt in stilles Heimweh nach verlorenem Heim, das eigentlich niemals mein war. Seltsam. Aber auch wahr: Warschau ist die einzige Grossstadt, ein moderner Moloch von einzigartiger Charisma, in der ich allzu gerne wieder leben möchte...

Im Korridor der Stadtverwaltung begegne ich jener Frau, mit der ich in den letzten Wochen so oft telefoniert habe. Fürwahr: Ihre Stimme bestätigt auch ihr Aussehen, nicht anders konnte ich sie mir vorstellen: Schlank, dunkelhaarig, elegant, aber dezent gekleidet und äusserst kultiviert präsentiert sich die Diplomarchäologin Izabela Tomaszewska, die persönliche Sekretärin von Lech Kaczyński. Wir begrüssen uns wie alte Freunde. Da ich aus Zeitgründen mit meinem schweren Reisekoffer zum Interviewtermin eintreffe, schnappt sie diesen, und bevor ich reagieren kann, schwingt sie ihn mühelos in einen Nebenraum. Nachher steigen wir über eine breite Treppe in den ersten Stock zu der Tür mit einem Kupferschild, auf dem «Stadtpräsident» steht. Dahinter befindet sich ein kleines Büro; am Tisch sitzt eine weitere Sekretärin. Izabela Tomaszewska stösst energisch die nächste Tür auf. Wir betreten ein grossräumiges Büro. Links neben der Tür sitzt an seinem Arbeitstisch Lech Kaczyński. Als er aufsteht, erscheint er mir nicht besonders klein, wie dies die Presse zuweilen boshaft behauptet. Eher von mittlerem Wuchs, mit leicht ergrautem, zerzaustem Haar und einer kleinen Nasenwarze, welche ihn von seinem Zwillingsbruder Jarosław unterscheiden soll. Er trägt ein kurzärmliges, sorgfältig gebügeltes Hemd ohne Krawatte. Als er mir die Hand reicht, staune ich, wie kräftig sein Händedruck ist.

Erst als wir später am runden Tisch sitzen, fallen mir seine bubenhaft anmutenden Hände auf, fein und klein, eigentlich die Hände eines Intellektuellen, denke ich im Stillen. Starke Männer oder Persönlichkeiten sollen angeblich männlichere Hände haben. Kann man mit solch delikaten Händen ein so grosses Land wie Polen führen? Die Interviewzeit wurde vorab auf eine halbe Stunde beschränkt. Auch nach einer Stunde hocken wir immer noch am runden Tisch. Der damals nicht nur im Westen kläglich unterschätzte Kandidat der sozialkonservativen Partei PiS (Recht und Gerechtigkeit) für das Amt des polnischen Staatspräsidenten spricht ruhig und etwas zischend, drückt sich dabei nicht besonders gewählt oder diplomatisch aus. Er schert sich kaum um geschickte Formulierungen, ist eher spontan, wirkt verdächtig aufrichtig, fast ohne Visier. Ist das nur eine gekonnte Inszenierung?, frage ich mich insgeheim, eine eingeübte Rolle oder seine angeborene Art?

Als wir noch eine weitere halbe Stunde – schon mit ausgeschaltetem Mikrofon – weiterplaudern, merke ich, dass er der Gleiche bleibt wie zuvor mit eingeschaltetem Aufnahmegerät. Auf die Vorwürfe der tonangebenden linksliberalen Presse, sein im Juni 2005 ausgesprochenes Verbot der «Parade der Gleichheit» polnischer Schwuler und Lesben sei ein «Affront gegen Toleranz und Weltoffenheit», entgegnet der gläubige Katholik Kaczyński: «Ich habe gar nichts gegen die Homosexuellen. Menschen haben Neigungen, Punkt. Diese aber sollen sie, bitte schön, in ihren eigenen vier Wänden ausleben. Warum drängen sie sich in die Öffentlichkeit, wozu das?», sagt er freimütig. «Ich oute mich mit meinen Trieben auch nicht öffentlich. Wenn alle das tun, haben wir am Ende Chaos oder eine neue Diktatur.»

Wenn er etwas besonders betonen will, knirscht er beim Sprechen leise mit den Zähnen, ohne es zu merken. Und in diesem Knirschen spürt man Kaczyńskis hintergründige Entschlossenheit, ja vielleicht Härte. Auf das schwierige Verhältnis zum grossen westlichen Nachbarn angesprochen, erklärt er: «Die Deutschen kennen doch ihre eigene Geschichte selbst besser. Es ist nicht unsere Sache, sie zu belehren, wie sie zu leben haben. Wir wollen nur eines – Respekt und die Bewahrung der geschichtlichen Wahrheit. Dasselbe erwarten wir von den Russen. Nichts mehr. Wenn ich Präsident werde, werde ich diese Werte und Ziele mit aller Macht und allen mir zur Verfügung stehenden Mitteln vertreten. Ohne Wenn und Aber!»

Beim Abschied prophezeie ich Lech Kaczyński den Sieg bei den Präsidentenwahlen im Oktober (er kommt gegen Donald Tusk schliesslich auf 54 Prozent). Erneut erlebe ich seinen kräftigen Händedruck, dann begleitet er mich bis zum Korridor. Izabela Tomaszewska schnappt wieder meinen Koffer und versucht, ihn zu schleppen ...

Wir verabschieden uns draussen vor dem Stadtverwaltungspalais. Aus dem Taxi, das mich direkt zum Warschauer Flughafen Frédéric Chopin fährt, winke ich ihr zum Abschied. Sie steht so lange, bis sie aus meinem Blickfeld verschwindet ...

Im Zürcher Flughafen wartet meine kleine liebe Familie auf mich – Elżbieta und Napoleon. Sie stehen hinter der riesigen Glaswand exakt dort, wo ich vor 15 Jahren auf sie gewartet hatte. Napoleons Gesicht scheint in diesen wenigen Tagen meiner Abwesenheit noch mehr ergraut zu sein, er erkennt mich sofort, trotz seiner Halbblindheit. Mit pochendem Herzen, das mir ob meiner Emotionen bis zum Halse schlägt, starre ich ihn an und sehe, wie im Zeitraffer, das winzige Kerlchen von damals, anno 1990, als er in dieser Halle den grossen Gepäckwagen schleppte. Er war nur drei Monate alt! Und jetzt? Was ist aus ihm geworden? Hey, Gott, wo ist denn deine millionenfach gepriesene Gerechtigkeit? Warum lässt du mein Kind nicht so lange leben wie mich, wie uns? Wofür bestrafst du ihn? Wofür? Und wohin eilst du, Gott, mit deiner Sense? Verflucht, sag mal, wohin?

In diesem Augenblick im Zürcher Flughafen ahnte ich nicht, was der «barmherzige» Gott schon längst entschieden hatte: meinem Ein und Alles gewährte er nur noch 24 Monate Leben. Mehr Gnade werden Präsident Lech Kaczyński und Isabella Tomaszewska widerfahren, welche Napoleon um vier Jahre überlebten: Am 10. April 2010 kommen die beiden bei der Flugkatastrophe nahe Smolensk ums Leben.

DER «MÄPPCHEN-GANOVE»

Seit vielen Monaten habe ich keinen einzigen neuen Artikel geschrieben. Meine «kreative» Arbeit beschränkt sich strikt aufs rein Technische: Maquetten entwerfen, in die Druckerei nach Frauenfeld fahren, «Gut zum Druck» geben. Fertig!

Ein Karikaturist zeichnete seit Jahren für «Armbrust» lustige, etwas naive Bilder. Auf einmal beschloss Bertschy, die Zusammenarbeit mit ihm zu kündigen und das Zeichnen mir zu übertragen. Diese autoritäre Entscheidung, welche er ohne jegliche Absprache mit mir getroffen hatte, fand ich abscheulich. So galt mein Verständnis voll und ganz dem geschädigten Karikaturisten. Ich vermutete, dass er ein Rentner war, der mit dem Honorar seine wohl magere Rente aufbessern wollte. Der plötzliche Honorar-Ausfall bedeutet sicherlich ein grosses Loch in seiner Haushaltskasse, und jetzt – wie könnte es anders sein? – hält er mich für den Schuldigen. Dass er sich deswegen melden würde, war zu erwarten. Eines Tages ruft er mich an:

«Sie sind ein Drecksack, Herr Winnik», flippt er am Telefon stinksauer aus, «ein gemeiner Ausländer, der mich hinterhältig rausgeekelt hat!»

«Sie irren sich, Monsieur, damit habe ich nichts zu tun. Sprechen Sie doch mit Herrn Bertschy, das war sein Beschluss. Nicht mein.»

Abrupt legt der Mann den Hörer auf; das Letzte, was ich noch vernehme, ist: «So ein Schafseckel!»

Doch auch mir steht ein Karikaturen-Eklat bevor: Immer wieder versucht mich Bertschy, meinen Zeichenstil nach seinen Anweisungen zu verändern. Als hätte er sich das von Köppli abgeschaut. Ich bin ein Pechvogel!

«Wieso stellen Sie die EU-Diplomaten so dar, als wären sie leibhaftige Karikaturen? Die Herren tragen meist elegante Schlipse und Anzüge, ausserdem haben nicht alle solche dicken Bäuche und Gurken-Nasen, wie Sie ihnen verpassen. Was soll das?»

«Weil das die Satire ist; der Begriff spricht für sich selbst – das Karikierte, das bedeutet das Groteske. Die betroffenen Personen müssen also karikiert werden. Tue ich das nicht, gibt es auch keine Karikatur.»

Einen ganzen Tag sitzt Bertschy an meinem Bürotisch. Jetzt heisst es: Direkt unter seiner künstlerischen Federführung soll ich lernen, eine richtig «schöne» Karikatur zu entwerfen. Nachdem das Bild fertig ist, fährt er zufrieden zu einer der zahllosen politischen Sitzungen weg. Am nächsten Tag telefoniert er. Die Stimme – Blitz und Donner; im Hörer tosen lauter hemmungslose pejorative Wuttiraden:

«Warum ist die Karikatur ohne Ihren Namen erschienen?»

«Weil sie nicht meine, sondern Ihre ist.»

«Was erlauben Sie sich? Unerhört, Sie haben mich ignoriert!»

«Nein, Herr Bertschy, ganz im Gegenteil. Diese Karikatur ist Ihr Werk, nicht meines. Es wäre unfair von mir, es mit meinem Namen zu signieren.»

Die wiederaufflammenden Spannungen zwischen uns vergiften radikal jeden meiner Arbeitstage in dieser Redaktion. Ich weiss nun weder ein noch aus dieser düsteren Sackgasse. Irgendwie gelingt es mir, die Zeit zu finden, um einen Artikel zu verfassen. Nach vier Tagen gibt mir Gaby diesen von Bertschy «korrigierten» Text zurück. Ich reibe mir die Augen, um mich zu vergewissern, dass das, was auf dem Bürotisch liegt, wahr ist: Nur der Name verrät meine Urheberschaft; ansonsten ist mir der Beitrag ausser einer Handvoll Sätzen gänzlich fremd. Die Sekretärin Gaby, mit der ich von Anfang an einen freundlichen Umgang pflege, teilt meine Enttäuschung. Während der Mittagspause, als wir allein sind, versucht sie mich aufzumuntern:

«Ich würde an Ihrer Stelle die Angelegenheit einfach ignorieren. Mit Herrn Bertschy zu streiten, ist so wie gegen eine Betonwand laufen. Wer nicht an seiner Kandare folgsam läuft, der lebt riskant. Es ist halt so!»

«Das habe ich schon kapiert. Nur verstehe ich nicht, wieso er früher, als ich hier nicht angestellt war, sob was niemals machte.»

«Damals waren Sie frei wie ein Vogel. Jetzt sind Sie zu einem Teil seines Eigentums geworden, eine Art Leibeigener. Darum.»

Ich bedanke mich bei Gaby für ihr Vertrauen; sie weiss auch nicht, dass mir ein prickelndes Geheimnis – oder Klatsch – bekannt ist. Ihre Kollegin Anna ist mit ihr höchst unzufrieden. Neulich erzählte sie von Gabys «ausschweifendem» Lebensstil; sie sei ein «Flittchen», das es mit zwei Männern gleichzeitig treibe: mit dem eigenen Ehemann und einem Nebenbuhler. Und der blöde Ehemann akzeptiere das, empörte sie sich.

«Wenn er damit einverstanden ist», sagte ich, «dann sehe ich überhaupt kein Problem.»

«Das ist trotzdem reinste Ausschweifung! Nicht zu fassen!»

«In einem solchen Fall geht doch niemand fremd, oder? Und wenn erwachsene Menschen – aus welchem Beweggrund auch immer – das Dreieck wollen, ist das ihre persönliche Wahl. Da fühle ich mich nicht in der Position zu urteilen, ob dieses Verhalten richtig oder falsch ist.»

Die auf moralische Werte pochende Anna betreibt selber nicht minder ausschweifende Praktiken. Zwar nicht mit einem fremden Liebhaber, sondern mit mir. Das merkte ich erst nach längerer Zeit. Oftmals brauche ich einige transparente Mäppchen für die unaufhaltsam wachsende Zahl der Dokumente. Diese, wie auch der gesamte Bürobedarf, befinden sich in einem Schrank im Sekretariat. Mir fiel auf, dass jedes Mal, wenn ich die Mäppchen holte, Anna aufhörte, auf ihrer Schreibmaschine zu tippen, und genau auf meine Hände guckte. Eines Morgens überraschte ich sie an meinem Bürotisch: Eine Schublade war herausgezogen – die mit den Mäppchen. Sie hatte sie gezählt.

«Oh, ich wollte lediglich das Fenster aufmachen», sagte sie trotzelig, «Sie haben es hier unerträglich schwül. Soll ich Ihnen einen Kaffee bringen?»

«Ja, Sie sollen.»

Eine Weile sass ich wie versteinert da und grübelte, was dieses ruchlose Tun zu bedeuten hatte. Machte die Frau das aus eigenem Antrieb, oder spionierte sie mich auf Bertschys Anweisung hin aus? Wenn ja, ist sein Vertrauen gleich null. Von Anfang an. Für einen primitiven Dieb hält mich der populistisch verstockte Idiot. Auch ihm kommen die pauschalen Vorurteile der Schweizer bezüglich der Menschen aus dem östlichen Europa buchstäblich – würde Friedrich Nietzsche sagen – aus den Eingeweiden. Wenn dem so ist, so gab er mir diesen im Grunde genommen theoretischen Posten einzig aus politischer PR-Motivation; um den Linken, die sich plakativ mit Negern* oder anderen Farbigen umgeben und angeblich «Antirassismus» demonstrieren, zu zeigen, dass nicht nur sie, auch er hip «avantgardistisch» ist. Für seine blöden Mäppchen, die kaum ein paar Rappen kosten, habe ich privat keinen Gebrauch. Keine einzige benötige ich!

«Und nicht nur die Mäppchen», verrät die «unzüchtige» Gaby, nachdem ich ihr von meinem Frust erzählt habe, «jeder Bleistift, jeder Bogen Papier und sogar jede einzelne Büroklammer, die Sie sich nehmen, wird immer penibel gezählt. Sie ist sehr gründlich, die Kollegin Anna!»

«Dafür bringt sie mir pünktlich jeden Morgen einen frischen Kaffee ins Büro», sage ich ironisch, «und erkundigt sich doppelzüngig respektvoll nach meinem Empfinden. Vielleicht kann ich sie jedoch abschrecken.»

«Wie?» Gaby ist hellwach.

«Ich komme jetzt mit meinem Napoleon hierher.»

«Napoleon? Sie scherzen bloss! Wo nehmen Sie ihn her?»

«Das ist mein Dackel. Den Fremden gegenüber kann er gebührend bissig sein. Dann betritt niemand mehr mein Büro. Auch Bertschy nicht.»

Gaby lacht herzhaft, als ich das Foto von Napoleon zeige.

«Ein Winzling mit überdimensional klugen Augen ist er. Nein, so aggressiv kann er nicht sein. Er ist gütig, wie sein Papi, was?»

«Napi beisst nie wahllos. Im Ernstfall nur diejenigen Typen, die er als meine potenzillen Feinde einstuft. Und jetzt, glaube ich, ist das so weit.»

«Ein wahrhaftiger Kamerad und Freund!»

Die «Korrekturen» an meinem Artikel erklärt Bertschi ganz simpel:

«Er war sehr gut geschrieben, aber jetzt ist er perfekt geworden.»

Ich glaube noch, mich verhört zu haben. Seine hanswurstige «Erklärung» kann doch nicht ernst gemeint sein. In meinem Artikel bezweifelte ich

* Erläuterungen auf Seite 316

die schikanöse Visaverweigerung durch die Schweizer Botschaft in Moskau für 160 sogenannte «Tänzerinnen», mit dem Argument – oder der blanken Hypothese –, dass die Frauen in der Schweiz zur Prostitution gezwungen werden könnten. Statt die real und legal agierenden Schweizer Täter zur Rechenschaft zu ziehen, schrieb ich, bestrafe die Botschaft von vornherein die Unschuldigen. Diese Sätze schmiss Bertschy aus meinem Beitrag komplett heraus.

«Ich habe nicht mitbekommen», sage ich zu ihm, «weshalb ich plötzlich verlernt haben sollte, gut zu schreiben. Früher druckten Sie Dutzende meiner Beiträge aller Art ab, ohne die ‹Korrekturen›, wie Sie dies nennen. Das heisst, mein publizistisches Können wurde jahrelang geschätzt. Nun werde ich, gelinde gesagt, disqualifiziert.»

Bertschys Gesicht bleibt undurchdringlich; er scheint komplett taub zu sein. Schweigend registriere ich seine büscheligen Haare, die üppig aus seinen Nasen- und Ohrlöchern wuchern, seine wässrigen, wimpernlosen, gleichgültigen Augen. Ein typischer, von triebhafter Machtsucht besessener Artgenosse, der jedem von ihm Abhängigen stets zu spüren gibt, dass er für ihn nur ein wertloser Wurm ist. Kompromisse mit solcher Menschensorte sind hoffnungslos. Aufmüpfig wiederholt Bertschy dasselbe:

«Aber jetzt ist der Text besser geworden!»

«Sie haben einmal meinen Leitartikel über die ewige Gefährdung der freien Presse durch die rasant anwachsende Zensur veröffentlicht ...»

«Weiss nicht mehr», unterbricht er mich.

«Doch, doch. Ich schrieb damals darüber, wo Korrekturen enden und ungetarnte Zensur beginnt. Und Sie, könnte man denken, als Verfechter der Meinungsfreiheit und dadurch Gegner des despotischen Mainstreams, haben meine Argumentation befürwortet, der Artikel wurde problemlos abgedruckt. Wie soll ich nun Ihr Handeln bewerten: Korrektur oder ...»

Bertschy verliert die Geduld; er zeigt kein bisschen Interesse zu diskutieren. Stattdessen dreht er herrisch den Spiess um:

«Und wer hat Ihnen erlaubt, die Trennlinien in der letzten Zeitungsausgabe zwischen den Spalten rot drucken zu lassen? Was ist das, angebliche ‹Korrektur› oder eigenmächtige Zensur? Was sagen Sie dazu?»

Ich hole aus der Schublade meinen Arbeitsvertrag und verweise auf die zahlreichen Absätze über Aufgaben und Pflichten:

«Hier haben Sie selber geschrieben, was zu meinen Aufgaben gehört. Unter anderem die etappenweise Veränderung des grafischen Erscheinungsbilds der schon etwas unzeitgemäss wirkenden Zeitung, ihre gesamte Corporate Identity schlechthin. Dementsprechend wurden mir diese Kompetenzen im Voraus zugetraut – der Logik nach von mir, als Fachmann, erwartet. Steht doch alles klar und deutlich im Vertrag! Ihre eigenhändige Unterschrift bestätigt dies unmissverstädlich.»

«Alles Käse, unbefugte Interpretationen, glatte Disziplinlosigkeit. So geht es nicht. Sie haben offenbar vergessen, wer in diesem Haus das Sagen hat – nur ich. Und ich lasse bei mir keine Anarchie zu!»

«FREUNDLICHE» GEMEINDE

Die leidigen Ereignisse auf der Redaktion bereiten uns grausige Sorgen. Die Existenzängste kehren zurück. Beim unsicheren «Wochenboten» sind die Brücken ohnehin verbrannt, und bei Bertschy hängt nun alles an einem seidenen Faden. Wenn ich die Stelle verliere, bekomme ich in meinem Alter keine neue mehr. Selbst Napoleon scheint den Ernst der Lage zu riechen. Jeden Tag wartet er auf mich geduldig auf dem kleinen Teppich vor der Wohnungstür, und jedes Mal ist seine Begrüssung so ungestüm ehrlich und leidenschaftlich, als hätten wir uns mindestens seit 100 Jahren nicht mehr gesehen. Wahnsinn!

Jetzt aber spürt er offenbar meine heruntergekommene Stimmung. Zärtlich legt er sich neben mich auf das Sofa, kuschelt sich fest an meine Brust, so wichtig ist für ihn unsere körperliche Verbindung. Keine Frage, wir sind eins! Seine Wärme spendet wohlige Linderung; sie wirkt auf meinen kränkelnden Geit wie ein wundersames Heilpflaser. Und ich weiss genau – Napoleon fühlt mit mir. Sanft streichle ich sein edles, in kürzester Zeit so rasant ergrautes Gesicht, fürsorglich schliesse ich ihn in die Arme und höre wieder sein leises, ergriffenes Schnarchen. Wie unendlich gefühlsgeladen ist die Seele meines kleinen, so unendlich geliebten Söhnchens!

«Zu alledem», sagt Elżbieta mutlos, «werden wir noch von der Dorfgemeinde angemahnt. Heute ist ein Brief gekommen.»

«An uns? Wofür das?»

«Dass Napoleon auf der kleinen Grasfläche unweit des Hauses sein Geschäft gemacht hat.»

«So was! Alle Gemeinden, in die wir eingezogen waren, begrüssten uns als neue Einwohner immer mit einem schönen Willkommensbrief. Nur diese nicht. Aber eine völlig haltlose Mahnung zu schreiben, dabei waren sie verdächtig schnell. Du räumst den Kot doch immer weg, oder?»

«Wo denkst du hin! Davon aber will die Gemeinde nichts wissen, es sei trotzdem verboten. Wo soll ich denn jetzt mit ihm Gassi gehen, wenn in diesem Nest alles ringsherum zuasphaltiert ist?»

Die Rigorosität demonstrierende Gemeinde behandelte uns schon vom ersten Tag an streng. Bei der Anmeldung verlangte die Sekretärin in einem reservierten Beamtenton die Ausländerausweise und lächelte enttäuscht-hämisch über unsere Schweizer Heimatscheine, die wir vorgewiesen hatten. Auch vor ihrer unflätigen Warnung, hat das gute Dokument uns nicht geschützt:

«Wir sind ein friedliches, stilles Dorf; Vagabunden und ähnliche Friedensstörer können wir hier nicht gebrauchen.»

«Ich bin Redaktor der Zeitung ‹Armbrust› und kein Vagabund, verstehen Sie? Und aufgrund welcher Indizien muten Sie uns zu, Ihren heiligen Dorffrieden stören zu wollen? Was genau halten Sie uns vor?»

«Ich meine ja nur. Wenn Ihnen unsere Ordnung nicht passt, können Sie unbehindert weiterziehen!», erwiderte die Beamtin nach wie vor ungefällig.

Unsere freundliche Nachbarin Frau Siegrist löst das Problem nach einem Gespräch mit Elżbieta unbürokratisch zu Napoleons Gunsten: Auf ihrer winzigen, halb vergrasten Parzelle vor dem Haus darf er fortan seine Notdurft ungestraft verrichten. Wenigstens eine Erleichterung für uns!

Die zehn schwierigen Monate bei der «Armbrust» sind verstrichen. In zahlreichen Briefen fragen mich die Leser, warum ich jetzt so wenig schreibe, was doch schade sei. Selbst der Verlagsrat-Präsident erkundigt sich danach. Ich gebe ausweichende Antworten und spüre zugleich, dass meine Tage hier schon gezählt sind. Nun ist es so weit.

«Sie müssen gehen», sagt Bertschy, «es klappt zwischen uns nicht.»

«Da bin ich gleicher Meinung.»

«Gut. Also schreiben Sie die Kündigung.»

«Wann?»

«Auf der Stelle.»

«Das geht nicht, nach nur zehn Monaten Beschäftigung bekomme ich kein Arbeitslosengeld. Es steht mir in diesem Fall nicht zu.»

«Das ist Ihr Bier. Selber verwirkt.»

«Womit soll ich dann meine monatlichen Rechnungen begleichen?»

Bertschy sitzt breitbeinig mir gegenüber, seine Körperhaltung spricht Bände - Abweisung, Gefühllosigkeit. Ich versuche ihn aufzurütteln.

«Wenn ich das jetzt täte, bliebe ich regelrecht mittelos auf der Strasse stehen. Darf ich nicht zumindest das laufende Jahr abrunden? Probleme mit der Zeitungsproduktion haben wir keine, alles funktioniert doch einwandfrei», sage ich, in seine tot wirkenden Augen blickend.

«Ich hab schon gesagt: Was mit Ihnen und Ihrer Familie passiert, ist mir scheissegal! Schreiben Sie die Kündigung! Los!»

«Und selbst wenn ich diese schreibe, welchen Kündigungsgrund sollte ich nennen? Zum Beispiel unversöhnliche Meinungsunterschiede mit dem Arbeitgeber? Weltanschauungsdifferenzen? Oder etwa Mobbing?»

Er denkt scheinbar nach, spielt nervös mit einem Kugelschreiber, den er in der Hand hält, steht auf, schaut erbost zum Fenster hinaus. Dort rattert ein vorbeifahrender Ackerschlepper. Sein stinkender Rauch drängt ins Zimmer.

«Ich würde es so formulieren: Kündigung wegen der Absciht, sich der Malerei zu widmen. Klingt doch recht überzeugend. Ne?»

Obwohl wir beide wissen, dass der Vorschlag ein glattes Fake ist, einigen wir uns. Erfreut räumt er mir sogar zwei Tage Zeit zur Reflexion ein.

Einen Tag später telefoniert Heinz Flückiger, der Verlagsrat-Präsident. Die Nachricht von meinem Rausschmiss erreichte ihn ebenfalls. Er versteht jedoch nicht, was genau vorgefallen ist.

«Aber warum? Was ist geschehen?», fragt er staunend. «Sie sind mit Abstand unser bester Journalist. Ihr Schreibstil, Ihre berufliche Erfahrung und Zivilcourage werden geschätzt und gebraucht. Und selbst wenn etwas schiefging, korrigieren wir das. Machen Sie nun keinen Fehler, gehen Sie nicht.

«Aber ich werde von Herrn Bertschy nicht gebraucht.»

«Von ihm? Das ist wohl ein Irrtum, ein Missverständnis?»

«Kaum. Es hat sich herausgestellt, dass wir allerhand mental in zwei ungleichartigen Welten leben. Aber was auch immer ich dazu sage, Sie werden primär ihm Glauben schenken, nicht mir. Lassen wir es darum gut sein.»

«Sprechen Sie, bitte, ungeniert weiter. Ihre Beobachtungen und Gedanken interessieren mich. Sogar mehr als Sie denken.»

«Gut, wenn's Ihnen recht ist. Ich möchte vorweg betonen, dass auch ich für Disziplin und Hierarchien einstehe; sonst könnte kein menschliches Tun vernünftig funktionieren. Hier handelt es sich jedoch um eine repressive Veranlagung, die keinen Millimeter kreativer Freiheit zulässt. Herr Bertschy benötigt nicht einen souverän agierenden, verantwortungsvollen Redaktor; ihm behagt vielmehr ein willfähriges Lämmchen, das ausdrücklich seine Wünsche servil zu erfüllen hat. An solchem Charakter kommt man nicht heil vorbei.»

Am anderen Ende der Leitung tritt für eine Weile Totenstille ein, und ich nehme an, dass für Flückiger dieser Fall nicht der erste dieser Art ist. Offenbar nicht ohne Grund schwieg auch mein Vorgänger so hartnäckig, womöglich aus Furcht vor Bertschys Rache, weil seine Beziehungen unheimlich weit reichen. Schaden durch etwa üble Nachrede anrichten kann er allenfalls noch im Nachhinein. Nun höre ich Flückigers Stimme:

«Sollte ich mit ihm trotzdem verhandeln? Vielleicht gelingt es mir, den Streit um der Versöhnung willen zu schlichten.»

«Danke, nicht nötig, da ich selber von diesem unmöglichen Herrn die Nase voll habe. Wie kann man mit einem Menschen, der verachtend sagt, mein Schicksal sei ihm scheissegal, eine normale Beziehung pflegen?»

«Hat er das gesagt?

«Ja. Und dies gleich danach, als ich ihn ersucht hatte, mein Arbeitsverhältnis um zwei Monate zu verlängern, damit ich später bei der Arbeitslosenkasse stempeln gehen könne. Willigt er nicht ein, bin ich total bankrott.»

«In Ordnung. Darüber werde ich mit ihm baldmöglichst nochmals ausführlich reden», verspricht Flückiger und legt den Hörer auf.

BRUTALE NACHRICHTEN

Wochen vergehen, der ständig abwesende Bertschy lässt nichts von sich hören. Die bleischwere Ungewissheit sorgt zu Hause für Friedhofstimmung. Dazu gesellen sich unser Kummer und Ängste um Napoleons Zustand, der rasant an Gewicht zunimmt.

«Er bekommt schon fast nichts mehr zum Fressen», rechtfertigt sich Elzbieta, «trotzdem wird er immer dicker. Was sollen wir tun? Es geschieht genau das, wovor uns Coradi warnte.»

Auch ich bin ratlos. Was mich zusätzlich beunruhigt, sind die winzigen weissen Pünktchen in seinen Augen. Diese habe ich ohnedies schon früher wahrgenommen. Was ist das?

Elżbieta nimmt Napoleon in den Arm, schaut sich seine Augen an:

«Ich habe sie auch schon vor Wochen bemerkt, aber ich dachte, dass sie vergehen würden. Nun fällt es mir deutlich auf, dass sie sich inzwischen markant vergrössert haben.»

Und wieder einmal steht der zitternde Napoleon auf Coradis eisernem Tisch. Behutsam untersucht er seine Augen, sagt besorgt seufzend:

«Der graue Star ist das.»

«Grauer Star? Ist er heilbar?»

«Kaum. In ein bis zwei Jahren wird er total erblinden.»

«Was? Aber wie man hört, lässt sich der Star operativ entfernen?»

«Bei Menschen ja. Bei Tieren technisch noch nicht möglich.»

«Auch mit seinem Gehör stimmt etwas anscheinend nicht», sagt die schockierte Elżbieta, «immer häufiger, wenn wir ihn rufen, dreht er spontan den Kopf in die Gegenrichtung.»

Coradi zögert mit der Antwort, diese fällt ihm auffallend schwer:

«Leider wird der liebe Napoleon auch völlig taub werden …»

So ist es nun mal mit unserem Dasein bestellt: Alles Unabwendbare erfahren wir meist unverhofft, von einer Sekunde auf die andere, und man ist darauf trotz aller Mühen und Lebensreife nie gut genug vorbereitet. Der Augenblick des Unerbittlichen taucht so gut wie immer aus dem Nichts auf. Arglos und entgeistert weiss man plötzlich nicht mehr, ob eine sorgenlose Zeit uns und den Liebsten noch gewährt wird … oder ob man unmittelbar vor dem Ende des Weges steht …

In Trauer versunken verlassen wir Coradis Kleintierpraxis. Draussen lauert auf uns und unser leidgeprüftes Söhnchen eine ungewisse Zukunft, die wohl alles andere als Gutes prophezeit.

«**Bei** uns hat sich die Lage etwas verändert», sagt Bertschy trocken, als er wieder auf der Redaktion auftaucht, «einen neuen Redaktor erwarte ich erst in drei Monaten. Sie können also bis dahin in Ihrem Amt noch bleiben!»

Die Nachricht freut mich gigantisch; ich rufe Elżbieta an.

«Na, sieh mal einer an», zwitschert sie am Telefon, «dieser Flückiger hat sich als ehrlicher und gerechter Mensch entpuppt. Wie lieb von ihm!»

Dabei ging er mit keinem Wort darauf ein, auf den rechthaberischen Zeitungshäuptling irgendeinen Einfluss genommen zu haben. Stattdessen bedauerte er erneut meinen abrupten Abgang. Ein schwacher Trost, da ich nur ahnen kann, mit welchen verleumderischen «Enthüllungen» mich Bertschy in den Medien und Parteien in Verruf gebracht hatte. Mein Ansehen wurde jedenfalls so schwer geschädigt, dass ich bald danach bei keinem Verlag oder Zeitung mehr erwünscht war. Auf die nächsten 10 Jahre. Der Rufmord war ein totaler Erfolg!

NOCH KEIN EPILOG

Irgendwann mal – das steht wohl nur in den Sternen geschrieben – muss jeder Schreibende, ähnlich dem Malenden, instinktiv wissen, wann das Werk beendet sein soll. Das Leben – selbst der kurze Abschnitt von 16 Jahren, sechs Monaten und vier Tagen – birgt in sich solch viele Facetten, die man munter in end- und zeitloser narrativen Form immer weiter fortsetzen könnte – ein wahres Fass ohne Boden!

Und nun vergleiche ich zum x-ten Mal den Denkinhalt, der im Einführungswort zu diesem Buch geäussert wurde: Ein Kunstmaler kopiert das Gesehene nicht; die Kunst des Malens liegt nicht in getreuer Detailwiederwiedergabe, sondern in der Fähigkeit, das Determinative aus der Vielfalt des allgemeinen Bildes herauszufiltern und auf seine Leinwand zu übertragen. Gewiss, innerhalb dieser Jahre fanden noch andere Ereignisse statt, wie dies im

Leben aller Menschen üblich ist: Feste und Sorgen, Abschiede und Begegnungen, Erfolge und Enttäuschungen, Reisen, Krankheiten und Sehnsüchte. Auch der unvergessliche Bertschy meldete sich drei Monate nach meiner Entlassung nochmals zu Wort: Eine sofortige Rückgabe des Acrobat-Reader-Programms, das ich vermeintlich mitgenommen – sprich gestohlen – hätte, hat er an Telefon beinahe schreiend gefordert.

Ich fuhr zur Redaktion und zeigte ihm den Ordner und die Schublade, in welcher die Disc lag ...

Doch nichts ist von Bestand: Panta rhei – alles fliesst, geht dahin und steuert unweigerlich seinem Ende zu. Das Negative wie das Positive. Und wie schnell dieser Prozess vonstattengeht, sieht man am krassesten an einem Hund – er lebt fast sieben Mal kürzer als wir. Nicht nur verheerende genetische Schäden, die raffgierige Menschen Napoleon zugefügt hatten, ruinieren ihn. Vor unseren Augen altert er mit brutalem Tempo: Das Gesicht und die Pfötchen – weiss geworden. Noch vor Kurzem war er flink und voller ungestümer Vitalität; jetzt wird er von Tag zu Tag immer träger und dicker. Noch gestern konnte er weit weg am Waldrand noch ein Häschen sehen; nun sind sein Augenlicht und sein Gehör vollends verklungen. Beim Gassigehen bewegt er sich an der Leine im Kreis, stolpert unbeholfen über die kleinsten Unebenheiten; ein Umstand, der die Kinder aus der Nachbarschaft äusserst amüsiert und mich zur allerbittersten Verzweiflung bringt ...

Ein treuer Gefährte, der sich in meinem Herzen, in jeder Zelle meines Seins ein für alle Mal eingemeisselt hat, er erlischt!

Erst jetzt, an seinem leblosen Körper kniend, wird mir das eigene Vergehen mit voller Wucht bewusst. Früher habe ich darüber keinen Gedanken verschwendet, wohl in der Meinung, dies sei die Prädestination der anderen, niemals meine. Was ist also angesichts solch tödlicher Erkenntnis noch von Bedeutung, weswegen es sich lohnt, über Leichen zu gehen? Karriere? Besitz? Geltung? Ruhm? Nichts als törichter Selbstbetrug, als naive Rechtfertigung unserer erbärmlichen Überflüssigkeit auf diesem Planeten. Das Leben ist ein zeitlich irreversibel eng befristeter Traum, nach ihm – nur Staub auf der Milchstrasse. Unverhofft vor die eiskalte Guillotine des Sterbens gestellt, klammern wir uns verzweifelt an seinen scheinbaren Sinn. Hat es einen Sinn? Eben, hat es einen? Ich kenne keine Antwort. Es gibt vielleicht doch einen klitzekleinen Ausweg aus der Sackgasse, welchen wir, als Knechte des Unbewussten, von oben halbwegs konziliant erhalten, jenen Sinn in Zeit und Raum zu bewahren: den *Geist* der unsterblichen Liebe.

Und dieses Vermächtnis, diese unmissverständlich harte, aber realitätsgetreue Lehre habe ich dem treuen und weisen Dackel Napoleon zu verdanken – dem besten Lehrmeister meines Lebens.

TEIL II

«Die Sehnsucht» – Öl auf Leinwand, 60 × 50 cm

DIE SEHNSUCHT

    Als ich im Sommer 1978 eine Ferienunterkunft an der Adria im Ort Porto Sant'Elpidio suchte und auch gefunden hatte, ahnte ich nicht, welch bitterer Schicksalsschlag mir hier, 36 Jahre später, widerfahren sollte. Damals in Begleitung meiner ausländischen Gäste – zwei Frauen und einem Bub – lebten wir zwei Wochen lang bei einem einheimischen Ehepaar, Guerrino und Settimia. In den darauffolgenden Jahren waren wir noch einige Male dort.

    Der wilde, noch nicht verbaute Strand unweit des Hauses war meistens leer; nur einzelne Badende bevölkerten ihn. Das Hinterland bot darüber hinaus unzählige kulturelle und historische Sehenswürdigkeiten, die sich von bezaubernden Landschaften wechselweise ergänzten. Es gab jedenfalls vieles zu besichtigen, zu fotografieren und zu malen. Eines düsteren Tages im August 1985 malte ich hier das Bild «Die Sehnsucht». Es entstand ein eher melancholisches Motiv, eine Art Vorahnung oder Fanal eines Dramas, das sich in dieser Stadt in ferner Zukunft abspielen würde. Denn das Buch unseres Werdegangs wird von der Vorbestimmung willkürlich niedergeschrieben, und offensichtlich noch lange bevor wir geboren werden. Das Ungewisse, das Unberechenbare, das vorweg Beschlossene wartet auf den Tag, auf die Minute und auf die Sekunde genau, bis es zuschlägt – erbarmungslos, unwiderruflich, definitiv.

Die Rentner Guerrino und Settimia hatten ausser einem grossen, zweistöckigen Haus noch einen Schäferhund. Ringo hiess er. Seine Schickung war, draussen zu leben und das Gut zu bewachen. Ob Ringo mit seinem milden Wesen ein böser Hund werden konnte, der im Ernstfall alle möglichen Diebe abschrecken sollte, war zu bezweifeln.

Und dann waren wieder viele Jahren dahingeflossen, bis wir im Sommer 2003 vom kroatischen Split mit der Fähre nach Ancona kamen, die nur 50 Kilometer nördlich von Sant'Elpidio liegt. Da wir noch einen freien Tag hatten, entschieden wir, Guerrino und Settimia überraschend zu besuchen. Am Haustor stand allein Settimia: stark ergraut, in die Jahre gekommen, noch fester geworden, als sie früher war. Traurig teilte sie uns mit, dass ihr Ehemann bereits vor Jahren gestorben sei.

«Und wo ist Ringo?», fragten wir.

«Ebenfalls längst tot!»

Sie wischte verstohlen eine Träne weg. Die galt, wie sich später herausstellte, nur Guerrino. Sonst war sie eine sympathische und gesellige Frau. Zur Begrüssung briet sie für uns eine lokale Spezialität – ein Kaninchen, mit Kopf und Augen! Ich sass am Tisch und spürte den stets auf mich gerichteten, schauderhaften Kaninchen-Blick. Ohne mich zu fragen, drohte sich mein empfindlicher Magen gleich ungebremst umzudrehen ...

Napoleon begegnete Settimia zurückhaltend, sie sagte nur:

«Der Bassotino ist so klein und dick, er frisst sicherlich zu viel?"

«Nein, als er neun jahre alt war, musste er wegen einer Erkrankung kastriert werden. Seine Fettleibigkeit ist nicht fress -, sondern krankheitsbedingt. Sie suchte ihn erst nach der Operation heim.»

«Die Operation muss aber teuer gewesen sein, oder?»

«Schon möglich. Aber wir lieben ihn über alles», riss ich mich gerade noch so zusammen, «das Geld hingegen gehört zum notwendigen Übel, das man nicht liebt, bloss braucht. Um Rechnungen zu bezahlen.»

In Settimias Augen wuchs meine Torheit himmelhoch. Wortlos beobachtete sie, mit welcher Hingabe und Liebe wir beide Napoleon pflegten.

«Ihr kümmert euch um ihn besser», warf sie uns vor, «als manche Menschen sich um ihre eigenen Kinder kümmern. Dabei ist er nur ein Hund!»

Settimias animose Infragestellung von Napoleons Recht auf gleichberechtigte Behandlung fing an, mich innerlich zu reizen. Was sollte ich ihr dazu sagen oder erklären? Und wie, wenn wir uns sprachlich kaum verstanden? Ich beschloss, trotzdem zu antworten:

«Ja, sicher, Napoleon ist nur ein Hund. Aber auch er, wie jedes andere Lebewesen auf diesem Planeten, hat das Recht auf ein Leben in Würde, Wertschätzung und Frieden. Da sehe ich überhaupt keinen Unterschied zwischen menschlichen und tierischen Kindern. Wir verbieten ausserdem niemandem, sich um seine Kinder gleich gut zu kümmern, wie wir das für Napoleon tun. Wer das aber nicht tut, der entzieht sich der Verantwortung für das Leben, welches er eigenmächtig in diese Welt gesetzt hat. Der ist ein Monster.»

Ob Settimia meine Ausführung begriffen hat, bleibt dahingestellt. Kurz danach wiederholte sie stur ihre Denkweise:

«Der Ringo durfte bei uns nur ein Nutztier sein. Für mehr taugt doch ein Hund nicht. Und als er krepierte, vergoss ich nicht mal eine Träne.»

Im September 2006 wurde Napoleon 16 Jahre und sechs Monate alt. Gezeichnet von Senilität und Krankheiten, erblindet an grauem Star und vollkommen taub. Sein Anblick brach mir das Herz; ich dachte täglich an die gesegneten Jahre, die er an userer Seite verbracht hatte. Seine Gescheitheit und Ergebenheit waren sprichwörtlich. Er war unbestritten ein Teil meines Selbst *geworden, mögen die Skeptiker und die Tierhasser – es gibt von denen mehr, als man sich ausmalen kann – daran glauben oder nicht. In diesem September hatten wir vor, nur einen Kurzurlaub zu machen, nicht weit und nicht länger als eine Woche; dies ebenfalls aus Rücksicht auf den gesundheitlich angeschlagenen Napoleon. Wir entschieden uns, nach Sant'Elpidio zu fahren. Auf meinen Anruf hin reagierte Settimia mit Freude; sie hiess uns herzlich willkommen. Vor der Abreise besuchten wir noch Doktor Coradi.*

«Es ist so», meinte er, «obwohl Napoleon nicht mehr jung ist, ist er im Grossen und Ganzen ziemlich robust. Ob er für diese Reise noch rüstig genug ist, ist jedoch schwer zu prophezeien.»

Am 15. September brachen wir aus Zürich über Tirol und den Brennerpass nach Italien auf. Napoleon war absolut wohlauf. Auf dem Brennerpass sowie später bei Verona hat er ordentlich seine Notdurft verrichtet und wie üblich sehr gerne gefressen. Der Tag war sehr kalt, begleitet von Wolkenbrüchen und heftigen Windböen. Erst auf der Autobahn Mailand–Ancona kam der Sonnenschein und mit ihm die Hitze. Schnell bildete sich auf der Strasse ein riesiger Stau, und da ich im Auto keine Klimaanlage hatte, stieg die Temperatur darin schlagartig an. Elżbieta wickelte Napoleon in ein feuchtes Tuch ein – die Methode praktizierten wir seit Jahren – und so gegen Abend erreichten wir Sant'Elpidio. Erst jetzt fiel uns auf, dass mit ihm etwas nicht stimmte: Er torkelte vor Schwäche. Auch solche Symptome hatte er schon in der Vergangenheit gehabt; darum nahmen wir diese anfänglich nicht ernst. Am nächsten Tag blieb er jedoch immer noch schwach und traurig und das Schlimmste ... er hörte auf zu urinieren! Voller entsetzlicher Angst um Napoleons Leben begannen wir fieberhaft, nach einem Tierarzt zu suchen. Settimia erwies sich gleich als untauglich; zudem liess sie unser Kummer völlig kalt. Erst am späten Nachmittag fanden wir eine Tierklinik und darin eine junge Ärztin mit ihrer Assistentin. Die Frauen waren ausserordentlich gut gelaunt. Die Ärztin fragte:

«Quanti anni ha lui?»*

«Sechzehn Jahre alt»**, zeigte ich die Zahl mit den Fingern.*

«Oo, molto vecchio!»***

Ihre beiläufig geäusserte Bemerkung kam einem Menetekel gleich, so,

* *Erläuterungen auf Seite 316*

als ob Napoleons Schicksal bereits besiegelt wäre – er ist halt alt! Die nächsten Stunden und Tage sollten beweisen, ob die Worte dieser modernen Tierärztin meine düsteren Vorahnungen bestätigen würden oder nicht.

Eine spontane Frage drängte sich mir direkt auf: Wann ist man heutzutage alt? Elżbietas Dackel Hamlet lebte 23 Jahre, war total putzmunter und starb nicht des Alters, sondern eines tragischen Unfalls wegen. Aber schon drei Jahrzehnte später gilt ein 16-jähriger Hund als alt, dadurch wohl lebensuntauglich, darum überflüssig, sogar störend, wie etwa ein Auto über zehn Jahre, ein Fernseher oder verbrauchte Präservative. Und die Wegwerfgesellschaft, die sich hypokritisch anmasst, sich human zu nennen, kommt nicht im Entferntesten auf die Idee, das «Alte» zu «flicken», aufrechtzuerhalten oder zu retten. Mitgefühl? Gewissen? Was ist das? Wo das ist, ahnt keiner, weil keiner bereit ist, das zu wissen. Darum täte der alte Mensch allen einen grossen Gefallen, wenn er schleunigst abdanken würde. Jeder Tag seiner Vita belastet doch die Krankenkassen, Renten und Sozialwerke. Er besetzt den ohnehin immer knapper werdenden Lebensraum, der hinter seinem Rücken den Starken und momentan noch Nützlichen längst vorbehalten wurde. Nur das Neue und Junge, das sich derzeit ausbeuten lässt, hat diese «neumoralische» Existenzberechtigung. Auch dann, wenn es noch mehr Probleme bereitet als das «Alte». Und hier ist Italien, ein Land, in dessen Spitälern wegen Ärztepfusch jährlich bis zu 250.000 Patienten ihr Leben verlieren. Was steht hier Napoleon bevor, der ja nur ein kleiner, «wertloser», alter Hund ist?

Eine böse, finstere Vorahnung ergriff Besitz von mir, hielt mich fest wie eine stählerne Zange, kroch bis hoch an meine Kehle und drohte mich zu erwürgen. Die zunächst harmlos erscheinende Situation trat auf einmal in Gestalt eines Komplotts auf, das von Mr. Unbekannt eiskalt konzipiert worden war. Die spukhafte Abfolge der Ereignisse verselbstständigte sich mit einer strangulierenden Rasanz, die sich jeder Kontrolle entzog. Und es war völlig egal, was man dagegen tat; es erwies sich schon baldigst als nutzlos, weil gleich die neuen, scheinbar nebensächlichen, dafür regulären Probleme auftauchten, die aber unweigerlich in dieselbe Richtung steuerten – auf die Katastrophe zu.

Die Tierärztin bat uns, den Raum zu verlassen und im Wartezimmer zu warten. Durch die dünne Tür drang frenetisches Lachen der Frauen, während wir immer tiefer in Verzweiflung versanken. Jählings überkam mich ein Gefühl, von einer schwarzen Wolke erfasst worden zu sein. Höllische Hitze und Kälte zersetzten abrupt meine Adern, ich verspürte mörderische Lust, die zynisch-fröhlichen Weiber umzubringen. Ich stand auf und ... rannte aus der Praxis hinaus, auf die Strasse und heulte dort lautstark wie eine verletzte Bestie. Manche Passanten hielten an, beäugten mich verdutzt und zogen gleichgültig weiter.

Nach einer Stunde durften wir Napoleon sehen: Er lag resigniert auf dem eisernen Tisch, seine scheeweissen Vorderpfötchen und das so plötzlich hager gewordene, ergraute Gesicht lösten wieder Tränen bei uns aus. Er stellte seine Ohren auf und richtete seine silbern schimmernden Augen auf uns, wie wenn er unsere Anwesenheit wahrgenommen hätte. Von seiner Pfote zog sich ein schmaler, transparenter Schlauch hinauf zu einem Ständer mit aufgehängter Tropfflasche.

«Wird er leben?», fragte ich die immer noch ausgelassen lachende Ärztin. «Was ist mit ihm? Ist er ernst krank?»

«No, no ... Ma lui è molto vecchio»*, betonte sie frech nochmals.

«Ich weiss schon, dass er vecchio ist. Aber was fehlt ihm? Lui non fa più pipi? Capisce?»**

Ihre Antwort war länger und komplizierter; wir haben nur verstanden, dass er schon morgen sein «Pipi» wieder machen würde. Aber sie log. Und es war ihr offenbar auch egal oder sie verstand vom Fach überhaupt nichts. Denn auch am nächsten, wieder verregneten Tag verlor Napoleon kein einziges Tröpfchen Urin. Sein Zustand hatte sich dramatisch verschlechtert; er frass nicht mehr, dafür quälte ihn ungezähmter Durst. Das getrunkene Wasser würgte er gleich heraus. Bald danach kamen die ersten heftigen Krämpfe.

«Fahren wir doch sofort heim», rief ich Elżbieta zu, «es liegt doch auf der Hand, dass dieses Weib ein Quacksalber ist. Während sich in seinem Körper das Wasser staut, verpasste sie ihm durch die Infusion noch mehr Flüssigkeit. Sie bringt Napoleon um!»

«Nein, das dürfen wir nicht tun», meinte sie, «die Reise könnte noch grösseren Schaden anrichten, und er würde im Auto noch mehr erbrechen.»

Erläuterungen auf Seite 316

«Ich pfeife auf das Auto, wir müssen unverzüglich etwas unternehmen, ich kann Napoleons schreckliches Leiden nicht mehr mit ansehen!»

«Ruf doch den Arzt in Zürich an, was er dazu sagt.»

Ein Handy hatten wir noch nicht, und bis ich Coradi erreichen konnte, gingen wieder einige wertvolle Stunden verloren. Seine nüchternen Worte nahmen mir die letzte Hoffnung.

«Ja, ich habe das Problem verstanden. Es ist mit grosser Wahrscheinlichkeit die Urämie – die durch Urin verursachte Blutvergiftung. Seine Nieren sind offenbar kaputt. Es ist aber fast unmöglich, so übers Telefon die Erkrankung zu diagnostizieren. Ich würde Ihnen jedoch raten, jetzt einen kühlen Kopf zu bewahren und ... Napoleon gehen zu lassen ...»

Ich stand wie gelähmt da, der Telefonhörer fiel mir aus den Händen. Im Zimmer vis-à-vis amüsierte sich an diesem Tag übermütig Settimia mit ihren drei unwahrscheinlich dicken Freundinnen. Die Tür zum Zimmer stand angelweit offen, ihre italienischen Lachausbrüche verbunden mit einer Fressorgie – Kaninchen mit Augen und Hühner – empfand ich wie erbarmungslose Hammerschläge auf meinen regelrecht platzenden, von unerträglichen Schmerzen geplagten Kopf. Unsere verweinten Gesichter, unser unermesslicher Gram rühren diese Frauen nicht im Geringsten. Kein Funken von Anteilnahme, geschweige denn Mitgefühl. Nichts. Dafür meldete sich Settimia wieder zu Wort:

«Ist das wirklich eine so grosse Tragödie, dass Napoleone krepiert? Ihr könnt Euch ja schnell einen neuen kaufen. Hunde gibt's mehr als genug!»

Für eine Weile hörten die Frauen auf zu kauen und schmatzten, starrten uns mit stumpfem Gesichtsausdruck an. Ihre Augen sprachen offen darüber, wie sehr sie uns verachteten.

Erneut fuhren wir zur Tierärztin. Vergebens, die Praxis war geschlossen. Erst am dritten Tag gelang es uns, sie am Telefon zu erreichen. Aber weil sie noch andere Hunde-Patienten hatte, konnten wir nicht empfangen werden, wie sie sagte. So begann für Napoleon seine letzte grausame Nacht. Neben dem Bett wuchs rasch ein Berg von Küchenpapier, in welches er sich übergeben hatte – mit Galle und Blut. Spät nach Mitternacht bäumte er sich plötzlich auf, und wie von irgendeiner inneren Übermacht getrieben, rannte er ungestüm *im Kreis umher, über das Bett. Einfach so, als wäre nichts geschehen. Nach einigen Minuten brach er total entkräftet zusammen.*

Am frühen Morgen des 19. September erhellte sich unverhofft unser halb verdunkeltes Zimmer. Obwohl die Fenster mit den Rollläden geschlossen waren, drangen durch die winzigen Löcher an den Schnüren drei Sonnenstrahlen herein. Ihre runde, blendend hellen Punkte liessen sich auf dem liegenden, schwach atmenden Napoleon nieder. Ich erinnerte mich sofort an Duets Tod im Engadin und den mysteriösen Lichtstrahl, der damals aus dem wolkigen Himmel herableuchtete ... Was sollten nun diese Lichter hier? Wie hypnotisiert hafteten unsere Augen auf diesen schimmernden Punkten, und wir beide hatten ein und denselben Gedanken: Dies waren die Boten der Ewigkeit, die entsendet wurden, Napoleons ermattete Seele zu holen ...

Zwei Monate später tobte durch unser Heim verspielt und hold ein kleines Dackelchen – Sono – herum. Etwas heller war er als Napoleon. Die Ohren leicht geneigt, das Schwänzchen nicht so stark nach vorn gebogen wie bei seinem Vorgänger. Aber sein Blick, sein Charakter, die Körpergrösse und Klugheit waren die gleichen. Nun ist auch Sono über zwölf Jahre alt geworden. Er wurde am 14. September 2006 geboren, eindeutig fünf Tage vor Napoleons Tod! Ein Zufall, dass er ausgerechnet zu dieser Zeit zur Welt kam? Oder doch ein Beweis eines zu Fleisch gewordenen Gliedes aus der Schicksalskette des Schöpfers und dessen unergründlichen Plänen? Denn Sono ist Napoleons Kopie – seine wahre Reinkarnation.

Ich liebe ihn nicht weniger leidenschaftlich als einst sein Brüderchen Napoleon. Dessen ungeachtet leide ich seit jenem schwarzen September 2006 an schwersten Gewissensbissen, die sich wie ein bösartiges Geschwür tief ins Gedächtnis hineingefressen haben. In meinem Leiden, Andenken und meiner Sehnsucht nach ihm suchte ich in all den verstrichenen Jahren nach einer Erklärung, was ich im September 2006 falsch gemacht hatte.

Und nun, ohne mich selber zu schonen, weiss ich, was: Die Fahrt in die Ferien mit Napoleon war ein verhängnisvoller Irrtum. Unsere ganze, man könnte denken, apriorische Erfahrung hat damals von Neuem erbärmlich versagt. Als weitere Nebenursache der Katastrophe an jenen Tagen – die vermutlich ebenfalls ein Teil des vorab geschmiedeten Komplotts der Vorbestimmung war – kam noch, wie sich später herausstellte, das defekte Luftgebläse: Der im Leerlauf laufende Motor des in der Autokolonne stehenden Pkw überhitzte sich rasant, die Nadel des Kühlwasser-Temperaturanzeigers schoss sofort ins rote Warnfeld. Der Motor musste umgehend abgestellt werden. Hernach drangen Abgase und eine unerträgliche Hitze ungehindert durch die offenen Fenster ins Auto herein.

Was war die eigentliche Ursache für Napoleons Erkrankung an jenem 15. September 2006? Haben seine Nieren wegen Überhitzung versagt? Oder waren wiederum die Autoabgase dafür verantwotlich, wie einst in Warschau? Wie dem auch sei, ich hätte auf keinen Fall auf meine Frau hören sollen, in Porto Sant'Elpidio auszuharren. Wozu um Himmels willen! Wo denn war meine Handlungsfähigkeit und nicht zuletzt mein Verstand geblieben? In dieser Grenzsituation zwischen Leben und Tod hätte ich ungeachtet der Risiken, die für Napoleon bestanden, unverzüglich heimkehren sollen. Gleich am nächsten Tag! Dann in Zürich direkt zur bewährten Uniklinik oder unserem vertrauten Doktor Coradi fahren, der ihm wahrscheinlich hätte helfen können, ihn hätte retten können oder – als Ultima Ratio, um ihm das grausame Märtyrium zu ersparen – ihn human hätte einschläfern können …

Aber nein, aus völlig irrationalen, mir bis heute unerfindlichen Gründen warteten wir drei lange Tage und sahen ratlos zu, in dem naiven, ja idiotischen Glauben an ein Wunder, in der Hoffnung auf Mitgefühl oder Beistand vonseiten der Ärztin, deren Verhalten von Anbeginn barbarisch war. Dass ich diesen Umstand nicht erkannte, ihn nicht ernst genommen habe, ist und bleibt meine schlimmste Fehldeutung und meine unverzeihliche Schuld: Ich habe mein Herzblatt – Napoleon – in seiner schwersten Stunde buchstäblich fallen lassen. Unabhängig davon, wie man diese kopflose, feige oder kriminelle, dumme aber ohne jeden Zweifel grauenhafte Unfähigkeit vernünftig noch bezeichen könnte: Eine Rechtfertigung gibt es nicht, Verrat bleibt Verrat!

Und von dieser Last kann mich nur der Tod befreien.

«Der Urnerboden» – *Öl auf Leinwand, 81 × 54 cm*

DER URNERBODEN

Es tönt wie aufeinanderfolgende Explosionen, die hier einen Wanderer noch im Mai und Juni überraschen oder sogar erschrecken können. Der erste Gedanke dabei: Die Schweizer Armee macht abermals ihre Artillerieübungen. Man hält ahnungslos sein Auto an und stellt rasch verblüfft fest, dass das unser Militär mit dem Grollen, welches das breite Urnerboden-Tal erschüttert, überhaupt nichts zu tun hat.

Die Klausenstrasse, die sich wie ein hauchdünner Pfad durch die grüne Ebene zum gleichnamigen Pass zieht, panzert eine gigantische, Hunderte Meter hohe Bergkette, bestückt mit zahllosen in den Himmel ragenden Granittürmen, Zinnen und zerklüfteten pittoresken Wänden. Dort, ganz weit oben, auf ihren endlosen «Balkonen» und Vorsprüngen, schichten sich immer noch zahllose, in der Sonne funkelnde Schneefelder auf. Weil die Temperatur unaufhaltsam auf-

wärtssteigt, verlieren sie an Substanz, kriechen die Hänge entlang und rutschen in die gähnenden Abgründe hinab. Das Gewicht der Scheemassen ist derweil so gewaltig und die Geschwindigkeit der sich rasant aufbauenden Lawine so niederschmetternd, dass ihr Niedergang einer Kanonade gleichkommt. Nun dröhnt und erzittert, tausendfach verstärkt durch den Widerhall der umzingelnden Berge, das Donnern kilometerweit! Ein allemal faszinierendes Erlebnis für jeden Besucher.

Wir verlassen die Klausenstrasse; ich steuere über einen schmalen Feldweg in die Richtung der Gratwand. Einige Kuhherden in der Nähe grasen gelassen. Ihr schwirrendes Treichelgeläut ergänzt die beschauliche alpine Kulisse dezent akustisch und verleiht dem Gehörten und Gesehenem einen Anflug von melancholischer Intimität, die sich womöglich einzig an diesem Ort der Welt derart intensiv mit allen Sinnen erleben lässt.

Just saust Napoleon aus dem Auto auf die Wiese hinaus. Glücklich rennt er ziellos hin und her, wohl aus purer Freude, Übermut oder Entzückung, wieder einmal hier sein zu dürfen. Gerald, unser New Yorker Gast und Student, hüllt sich nachdenklich in Schweigen. Fassungslos schaut er lange nach oben, prüft mit dem Blick die monumentalen Granitbollwerke des monströsen Bergrückens, schüttelt staunend den Kopf:

«So was einmal zu Gesicht zu bekommen, davon habe ich schon immer geträumt. Hier bestätigt sich gerade die Meinung, dass das, was man mit den eigenen Augen sieht, alles Gezeigte im Kino oder im Fernsehen auf dem flachen Bildschirm tausend Mal übertrifft. Ich bin von dieser unermesslichen Schönheit schlichtweg in die Knie gezwungen. Selbst unsere allergrössten Wolkenkratzer «degenerieren» im Vergleich zu diesen Bergen zu Pygmäen.»

«Du sagt es! Das ist die Macht des Universums mit ihren Majestäten – den Bergen», erwidere ich, innerlich fast schamlos stolz auf meine einzigartige Schweiz. «Aber dort drüben scheint ein guter Platz für das Malen zu sein. Geht ihr doch ins Restaurant an der Strasse, geniesst das Bier, betrachtet die theatralische Kulisse, ich bleibe noch mit meiner Leinwand für eine Weile hier. Okay?»

«Okay.»

Sie gehen auf meinen Vorschlag ein und brechen zum nächstgelegenen Restaurant «Klause Ranch» auf; ich bleibe mit Napoleon auf der Wiese zurück. Darüber bin ich froh, weil ich mich gehemmt fühle, wenn mir jemand über die Schulter auf die Hände glotzt. Sorry!

Eine kolossale Felsenformation des Erst Chälen, der über dem Talende, unmittelbar vor dem Klausenpass, dominant das Bild beherrscht, imponiert mir besonders. Auch seine bunten Farben und die noch meistenorts mit dicken Schneeflokati überdeckten Bänke und Plateaus sorgen für den gewünschten plastischen Kontrast. Das muss also auf die Leinwand! Doch mal abwarten – wo bleibt denn mein kleiner Fratz? Es gibt hier gottlob weit und breit niemanden, der ihn gefährden könnte. Da ist er, direkt hinter dem flachen Hügel! Er schnuppert aufmerksam herum, springt plötzlich nach vorn, dann wartet er mal eine Weile ab, und wieder klebt seine Nase dicht am Boden. Aha, klar, was das zu bedeuten hat – einer Maus stellt er nach! Ergo kann ich bloss müde schmunzeln, wenn ich unsinnigen Urteile mancher Tölpel höre, die einen Dackel als Sofaköter abstempeln. Irrtum! Die Jäger wissen es besser, wenn sie auf die Wildschwein- oder Dachsjagd gehen: Der kleine, aber wagemutige Dackel ist dafür der geeignetste Hund!

Drei Stunden vergehen wie im Fluge. Der arg erschöpfte Napoleon sitzt mucksmäuschenstill im Schatten und scheint all die Eindrücke auf seinen spannungsgeladenen Wanderungen über die Au zu verarbeiten, auf die Rückkehr Elżbietas wartend. Die Kühe weiden inzwischen ganz nahe; das saftige, alpine Grün finden sie offensichtlich so hervorragend schmackhaft, dass sie die Drohgebärden von oben vollends ignorieren. Keine eilt oder rennt davon, wenn der Berg erneut zu spucken beginnt. In der Ferne, dort, wo sich die Strasse den Klausenpass hinauf mäandert, flattert auf einem Hügel die Schweizer Fahne.

«Ich bin von dem Volksbrauch, die Fahnen an derlei Plätzen zu hissen, schlicht hin und weg», sagt Gerald, der Amerikaner. «Jeder, der die Fahne auf dem Foto erblickt, bekommt gleich die Adresse, wo er diesen phänomenalen Landstrich auf dem Globus finden kann – in der Schweiz.»

«Die Petunien» – Öl auf Leinwand, 60 × 50cm

DIE PETUNIEN

  Immer wieder bedecken heruntergefallene Petunienblüten unseren Balkonboden. Eigentlich wäre das kein Problem, wenn die Blüten nicht übermässig Napoleons Interesse wecken würden: Er versucht, sie zu fressen! Wir wissen nicht, wieso diese ihm derart zusagen, und haben zugleich Bedenken, ob die zarte Blume für ihn wirklich bekömmlich ist. Einst habe ich einen Artikel über die Hauspflanzen geschrieben. Während der Recherchen stellte sich heraus, dass ihre Farbenpracht, die so sehr unser Leben zu zieren vermag, vorwiegend giftig ist. Nur viele Jahre später kann ich erfahren, ob unsere Petinien harmlos waren, und wende ich mich an das Orakel der Gegenwart – das Internet. Oh Gott, wer hätte gedacht, dass das Gewächs auf unserem Balkon ein derart verzwicktes Curriculum hinter sich hatte. Das begann umgehend bei seinem wissenschaftlichen Namen – **Petunia x hybrida**. Die Pflanze stammt aus den subtropischen Gebieten Südamerikas und wurde aus 16 Arten vom Menschen gezüchtet. Wahnsinn! Darum der Beiname Hybride. Wenn man die Texte weiterverfolgt, wird man über den langen Weg von wilder Dschungelblume zur «zivilisierten» Hybride in helles Staunen versetzt. Wer Ausdauer hat, ihre Chronik zu Ende zu lesen, dem empfehle ich, wie vor einem Sprung ins Wasser vorerst tief einzuatmen, sich zu konzentrieren und … zu springen.

Die Erstbeschreibung der Petunie kommt aus dem Jahr 1803; ihr Urheber war der französische Botaniker Antoine-Laurent de Jussieu. Der Name leitet sich von Petun, dem Wort der brasilianischen Ureinwohner für Tabak, ab. Jussieu beschrieb mit der Gattung die zwei Arten Petunia parviflora und Petunia nyctaginiflora. Letztere war jedoch bereits 1793 von Jean-Baptiste de Lamarck als Nicotiana axillaris beschrieben worden, sodass Petunia axillaris der gültige Name dieser Art ist. Die letzte vollständige Revision der Gattung wurde anno 1911 von Robert Elias Fries durchgeführt, der insgesamt 27 Arten unterschied, wovon er zu zwölf Arten die Erstbeschreibung veröffentlichte. Die Festlegung der Typusart der Gattung stammt von Addison Brown und Nathaniel Lord Britton, die 1913 die zuerst von Jussieu erwähnte Art, also Petunia parviflora, auswählten. 1985 veröffentlichten H. J. W. Wijsman und J. H. de Jong eine Untersuchung, auf deren Grundlage sie innerhalb der Gattung Petunia, wie sie im Sinne Jussieus verstanden wurde, zwei Gruppen definierten und als eigenständige Gattungen vorschlugen. Sie transferierten Arten mit einer Chromosomenzahl von $2n=14$ in die Art Stimoryne, ein Name, der von Constantine S. Rafinesque-Schmaltz eingeführt wurde, und beliessen die restlichen Arten mit einer Chromosomenzahl von $2n=18$ zusammen mit der damals gültigen Typusart Petunia parviflora in der Gattung Petunia. Dies hätte jedoch zur Folge gehabt, dass die Gartenpetunie Petunia x hybrida nicht mehr zur Gattung Petunia gehört hätte. Um dieses Problem zu umgehen, schlugen D. Onno Wijnands et al.

1986 eine Konservierung des Namens Petunia vor, indem die zweite von Jussieu benannte Art als Typusart genutzt wird, obwohl nach den Regeln des ICBN immer die als erste beschriebene Art als Lectotypus einer Gattung herangezogen werden muss. Als nächster Name für den restlichen Teil der Gattung im Sinne Jussieus wurde Calibrachoa angegeben; dieser Name wurde 1825 von Pablo de la Llave und Juan José Martínez de Lejarza für Calibrachoa procumbens (heute ein Synonym für Calibrachoa parviflora) verwendet. Auch angesichts der Ungewöhnlichkeit dieser Vorgehensweise wurde der Vorschlag Wijnands et al. vom Committee for Spermatophyta mit einem Abstimmungsergebnis von 10:1 angenommen.

Die Arbeiten der Forschergruppe um Wijsman ordneten jedoch nur einen Teil der bekannten Arten der einen oder der anderen Gattung zu, sodass vorerst der genaue Umfang der Petunia und Calibrachoa nicht definiert war. Währenddessen nahmen andere Forscher – João Renato Stehmann und William D'Arcy – diese Zuordnungen in der Folge vor und transferierten weitere Arten in die Gattung Calibrachoa. Fünf Arten, die morphologisch den Calibrachoa zuzuordnen sind und eine Chromosomenzahl von $2n=18$ aufweisen, sind bisher jedoch noch nicht formell der Gattung zugeordnet.

Uff, Ende der Lesequal! Und sicherlich zugleich eine Steigerung unserer Begeisterung für diese verrückte Pflanze. Jetzt kann der Leser auch nachvollziehen, warum ich anno 1991 der faszinierenden, harmlosen, nicht giftigen Petunie verfallen war. Und sie unwillkürlich, durch den Instinkt geleitet, ganz einfach malen musste – ohne Wenn und Aber. Zu Napoleons heller Freude!

«Die Sankt-Johann-Kapelle» – Öl auf Leinwand, 100 × 80 cm

DIE SANKT-JOHANN-KAPELLE

Seit vielen Jahren, wenn ich mit dem Auto von Zürich Richtung Chur fahre, beobachtete ich die niedliche Kapelle auf dem hohen Hügel oberhalb von Altendorf. Man sieht sie auf der rechten Seite der Autobahn. Und da man während der Fahrt keine Zeit hat, sich das Bauwerk etwas genauer anzuschauen, bedauerte ich diesen Umstand jedes Mal sehr. Derweil habe ich schon erfahren, dass die Kapelle auf den Überresten der um 1350 zerstörten Burg errichtet wurde. Aus dieser Zeit stammt der Rundchor, der gotische Rest hingegen aus dem Ende des 15. Jahrhunderts. Ein recht imposantes Alter! Ein wahres Kleinod der Schweizer sakralen Architektur ist das anmutige Gotteshaus also!

Eigentlich interessiert mich diesmal das Historische eher sekundär; viel wichtiger ist mir das Motiv selbst. Die hervorragende malerische Lage der Kapelle verzückt mich jedes Mal beim Vorbeifahren, und ich träume inbrünstig, diese mal auf die Leinwand zu bringen. Schon lange.

Ich habe beschlossen, die kleine Kapelle gross zu malen; 100 × 80 cm soll das Bild werden. Auf solch wuchtigem Format vor Ort zu arbeiten, verlangt einiges ab. Primär organisatorisch oder, wie man das heute nennt, logistisch. Das bedeutet: Wie schaffe ich die grosse Leinwand zum vorgesehenen Platz am Fuss des Berges, wo es keine direkte Zufahrt gibt? Man muss, das sehe ich gleich ein, das Auto in einer Seitenstrasse abstellen und nachher einige Hundert Meter mit der Leinwand hinunterlaufen. Die anderen Malutensilien und Napoleon bleiben noch oben. Auch wenn ich keine verdächtigen Verbotsschilder entdecken kann, bin ich mir trotzdem nicht sicher, ob dies tatsächlich ein guter Platz ist, um mein Auto hier stehen zu lassen.

Der Frühling heuer ist angenehm warm; nach einer halben Stunde Plackerei bade ich, aber nicht im Wasser, sondern im eigenen Schweiss.

Nun bleibt die Leinwand auf dem Gras nahe der Autobahnleitplanke liegen. Jetzt heisst es einmal mehr, schnell und wacker den steilen Hügel hinauf zum Auto zu erklimmen. Wartet dort auf mich schon eine Parkbusse?

«Mamma mia, muss ich das Bild wirklich haben?», frage ich mich unterwegs nass geschwitzt und schwer keuchend. «Dieser Marathon richtet mich zu Grunde, bevor ich mit der Arbeit beginne!»

Weil die Leinwand bereits auf dem richtigen Platz ist, kann ich logischerweise das begonnene Projekt nicht auf halber Strecke abbrechen. Nun behänge ich mich mit den Farbsäcken, hole den gewichtigen Malkasten, einen kleinen weissen Sonnenschirm für Napoleon und lasse auch ihn aus dem Auto heraus. Er muss leider mitlaufen; für ihn habe ich keine freien Hände mehr, um ihn zu tragen. Diese Perspektive betrübt ihn nicht im Geringsten; seine Freude ist wie immer riesengross. Er springt und bellt ohne Unterlass, und ohne mich zu fragen, begibt er sich unbeirrt auf den Weg, den ich soeben so mühselig beschritten habe.

Zwei Dutzend Schafe, die direkt neben uns Gras fressen, sind unsere einzigen Zuschauer. Staunend beäugen sie gar nicht mich und mein Tun, son-

dern Napoleon. Ihre Neugierde ist offenkundig stärker als die Angst; immer wieder rückt die Herde so nah wie möglich an ihn heran und «scannt» ihn minutenlang regungslos und mit erstarrtem Blick. Napoleons Nerven halten die Anspannung nicht lange aus; er tut daraufhin das, was eines braven Hundes Amtspflicht ist – wütend bellend rennt er auf die Herde los. Die Schafe flitzen davon, aber nicht allzu weit, und bald danach stehen sie wieder da. Der mutige aber körperlich doch winzige Napoleon – das haben sie schnell begriffen – stellt für sie keine besondere Gefahr dar.

Nach einer Weile wiederholt sich das amüsante Katz-und-Maus-Spiel der fröhlichen Tiere und endet erst in dem Moment, als ich das gemalte Bild von der Staffelei hole und wir zurück zum Auto aufbrechen. Uns begleitet das fröhliche Geläut der Kapellenglocken.

«Das Brunnital mit Gross Windgällen» – Öl auf Leinwand, 80 × 80 cm

DAS BRUNNITAL

Oben, auf der weitläufigen Au hinter den Kuppen der dunklen Tannen, spielen ruhelos unzählige Kuhglocken ihre Alpenmelodie. So laut und dezidiert, dass nicht einmal das ohrenbetäubende Getöse des wilden Schächen-Bachs *sie übertönen kann. In der trichterähnlichen Mulde der Schlucht türmen sich links und rechts granitgraue Felsenburgen, die an ihrem Ende im Süden durch die titanische Nordwand des Gross Ruchen (3138 ü. d. M.) und des Gross Windgällen (3187 ü. d. M.) wie von einem Damm versperrt werden. Das atemberaubende Panoramabild verschlägt jedem Besucher die Sprache. Es ist schier unmöglich, Worte zu finden, die imstande wären, das Gesehene passend zu beschreiben. Aber vielleicht gelingt es durch das Malen?*

Um das zu versuchen, muss man zunächst den Bach zu seinem rechten Ufer durchwaten. Aber wie, wenn das Bachbecken abgeschliffene, glitschige Steine übersäen? Ungeachtet dessen, dass er im Juni schon ziemlich seicht ist, macht das reissende, eiskalte Wasser das Vorhaben überaus riskant. Umso mehr wenn man noch mit einem klobigen Malkasten, einem Stoffsack mit den Ölfarben und einer grossen Leinwand beladen ist. Wagen muss man es trotzdem, und nach drei Minuten des equilibristischen Balancierens bin ich schon dort. An die Arbeit kann ich mich gleichwohl nicht machen. Auf dem linken Ufer blieb mit Elżbieta Napoleon, der durch sein Winseln und verzweifeltes Bellen allzu inständig reklamiert, wie ungern er dort ohne mich sitzen will.

Ich laviere wieder zurück; bald bin ich mit ihm im Arm von Neuem inmitten des kapriziösen Stroms. Der brodelnde Wasserklamauk unter meinen frierenden nassen Füssen ist derart brutal laut und heftig, dass das konsonante Gebimmel der Kuhglocken restlos verhallt. Ängstlich drückt sich Napoleon mit seinem ganzen Körper an meine Brust; ich spüre sein Zittern und seinen galoppierenden Herzschlag. Anhalten kann ich ohnehin nicht mehr, es bleiben ja nur noch einige Schritte … geschafft; den wütenden Bach haben wir endlich hinter uns! Jetzt heisst es, keine Zeit zu verlieren und schleunigst zu malen. Farben, Schatten, Reflexe und Licht wechseln unaufhaltsam von Minute zu Minute. Da die Leinwandfläche beachtlich ist, benutze ich die grossen Malspachtel und vergesse für ein paar Stunden die Welt.

Napoleon sonnt sich gemütlich ausgerechnet neben der Farbpalette. An seiner Schwanz- und Nasenspitze hat er rote, grüne und blaue Farbflecken; ein Beweis dessen, dass er schon wieder mal «mitgemalt» hatte.

«Die Pappeln von Nunningen» – *Öl auf Leinwand, 80 × 80 cm*

DIE PAPPELN VON NUNNINGEN

In vielen mitteleuropäischen Ländern, vor allem in der Ukraine, wird die Pappel in populären Volksweisen – Dumas genannt – als «Baum der Nachdenklichkeit und Einsamkeit» besungen. Mal bilden sie dort ganze Korridore entlang der Landstrassen und Wege, mal stehen sie abgelegen und vergessen mitten in der grenzlosen Steppe, die einem Meer ohne Wasser ähnelt. Dichter und Maler ihrerseits machten den anmutenden Baum zum Thema ihrer Werke, in welchen er zur Allegorie des Schicksalshaften und Mystischen erhoben wurde.

In Nunningen (SO) ist es mit den Pappeln anders bestellt. Man sieht sie zuhauf auf den das Dorf umzäunenden Hügeln, Äckern und Weiden. Ihre monumentalen Silhouetten trotzen Wind und Gewitter, so sehr sind sie im heimatlichen Boden verwurzelt. Es gilt also, sie auf die Leinwand zu bringen.

Die Suche nach der Komposition, die meiner Vision entspricht, dauert jedoch allzu lange, denke ich schon leicht entmutigt. Vor uns «schreitet» Napoleon über die Furchen des Ackers. Es fällt ihm zuweilen schwer, diese mit seinen winzigen Pfötchen zu überwinden. So schaut er sich regelmässig ratlos nach uns um, ob wir auch solche Probleme haben. Nun hat er haltgemacht. Ich lasse mich neben ihm auf den Boden nieder, lege liebevoll die Hände auf seinen grazilen Kopf. Er wedelt mir glückselig mit seinem Schwänzchen entgegen: «Ja, ja,» sagt er stumm, «wir lieben uns über alles!» In diesem Moment schweift mein Blick von ihm weg auf die Pappeln, und dort entdecke ich ganz unverhofft das Motiv, nach dem wir stundenlang vergeblich gesucht hatten!

Schleunigst wird ein «Biwak» eingerichtet und der gesamte Malkram zerlegt: Aus dem Malkasten werden die Beine herausgezogen – die Staffelei entsteht, die Leinwand kommt sofort darauf. Auf dem Boden breite ich die alten Zeitungen aus. Hier finden Farbtuben, Abwischpapier, Bleistifte und die Spachteln ihren Platz. Die Arbeit beginnt; nun habe ich keine Zeit, auch noch Napoleon zu hüten. Das ist die Aufgabe von Elżbieta, die sich im Schatten eines Baumes niedergelassen hat und beginnt, das mitgebrachte Buch zu lesen …

Ein leises Stöhnen vernehme ich hinter mir. Was soll das? Wo kommt es her? Ich blicke zurück: In einer tiefen Furche hinkend und torkelnd, bewegt sich Napoleon auf mich zu. Aus seinen Augen kullern silberne Tränen, die linke vordere Pfote hält er betont mir entgegen hoch. Und … sagt in seinem ureigenen Dackel-Polnisch schluchzend: «Eine böse Biene hat mich gestochen!»

Erst jetzt begreife ich seine Lage. Die im Buch vertiefte Elżbieta merkte nicht, wie er seiner empfindlichen Nase folgend zum nahen Stoppelfeld ging. Und genau dort stach die Biene zu. Ein Bienenstich bedeutet für seine schlichte Grösse nicht nur erhebliche Schmerzen, sondern auch Lebensgefahr. Und als ich noch merke, dass er zu fiebern beginnt, packt mich die Panik. Hier oben gibt es doch keinen Veterinär und keine Tierklinik; was sollen wir jetzt tun?

Bewunderswerte Gefasstheit zeigt dafür meine Frau. Geschickt knetet sie aus einem Erdklumpen einen kleinen Fladen, spuckt darauf, macht ihn noch geschmeidiger und legt ihn behutsam, wie ein Pflaster, auf die wunde Stelle zwischen den Zehen. Und obschon Napoleon jämmerlich stöhnt, bleibt er dennoch erstaunlich ruhig. Er, der Gescheite, weiss genau, dass man ihm aus der Patsche hilft!

Und – ein Wunder! Nach kurzer Zeit erweist sich Elżbietas unkonventionelle Therapie als wahre Erlösung für ihn! Gleich ist die Unbill vergessen; ausgelassen bellend wird jeder von uns an der Wange geleckt – ein unmissverständliches Zeichen seiner ganz grossen Dankbarkeit.

Spontan werfe ich einen Blick auf die Staffelei: Auch das Bild ist fertig.

«Kaiserstuhl» – Öl auf Leinwand, 79 × 59 cm

KAISERSTUHL

Einen passenden Ausblick für Auge und Stimmung zu finden, ist eine Sache. Eine ganz andere ist es, noch genügend Kraft zu haben, um die schweren Malrequisiten durch die Gegend schleppen zu können.

Wenn man in Deutschland von Rekingen nach Waldshut mit dem Auto unterwegs ist, sieht man zur linken Strassenseite das Dorf Kaiserstuhl. Es liegt wie auf der Handfläche da. Na ja, die Komposition von hier aus ist prächtig und einladend, doch eine Staffelei mitten auf die stark befahrene Strasse hinstellen ist schlicht unmöglich. Was tun? Runtergehen, auf die einsame Kapelle zu, wo keiner stört und niemand durch mich gestört wird? Das geht auch nicht. Der Blickwinkel ist zu tief; ausserdem verdecken dann die Bäume und dichtes Gestrüpp am Rheinufer die vorderen Häuserreihen, und dies zu beiden Seiten des mächtigen Grenzflusses. Ich halte am Strassenrand an, steige aus und erkunde zu Fuss mit Napoleon den Hügel rechts der Strasse. Ein enger Pfad, der sich irgendwohin hinaufringelt, weckt meine Aufmerksamkeit. Rasch stellt sich heraus, dass der Pfad hinter einem Gebüsch an einem stotzig geneigten Hügel endet, der wie eine Kuhweide aussieht. Leider schirmen hier ebenfalls grosse Bäume und Sträucher die Perspektive auf Kaiserstuhl noch mehr ab, als ich dies unterhalb des Hügels vorfand.

Napoleon beschäftigt mein Problem nicht im Geringsten. Im Gegenteil: Er ist überglücklich, wieder in seinem grünen Element zu sein. Munter huscht er durch die für ihn haushohen Gräser, schnuppert emsig links und rechts, verschwindet zuweilen völlig aus dem Blickfeld; allein das vor Erregung erhobene Schwänzchen, das hie und da wie eine Antenne herausragt, verrät seinen aktuellen Standort auf dem Globus.

Elżbieta kommt und fragt besorgt, wo er sich herumtreibt. Ganz zu Recht. Die Schlangengefahr ist real, wir rufen ihn zurück. Nur höchst widerstrebend gehorcht er. Mein Blick gleitet nun zum Scheitel des Hügels. Dort muss der richtige Platz sein, sinne ich nach – absolut sicher. Doch was passiert, wenn plötzlich der Grundstücksbesitzer auftaucht? Den Hügel muss ich ja mit all dem Malzeug über diese Böschung erklimmen und dabei über seinen Acker und seine Gräser trampeln! Und bis ich alles nach oben geschafft habe, wird es nötig sein, die Route mindestens zwei Mal hin und her zurückzulegen.

Ich gehe das Risiko ein, und eine halbe Stunde später, triefend und abgehetzt, nimmt mich das Malen voll in Beschlag. Unterdessen treiben mich zwei sture Faktoren zur Eile: die rasant wechselnden Licht- und Farbverhältnisse sowie die Angst vor dem imaginären deutschen Bauern, der hier jeden Augenblick hinter meinem Rücken aufkreuzen kann.

Meine Befürchtungen wegen des Bauern erweisen sich als völlig falsch. Als wir glücklich und zufrieden mit dem frischen Bild zum Auto kommen, erblicken wir bereits von Weitem einen weissen Zettel unter dem Scheibenwischer: eine Parkbusse der deutschen Polizei.

«Burg Steinsberg» – Ardez, Graubünden. Aquarell. 37 × 32 cm

BURG STEINSBERG

Wann wurde diese Burg mit dem markanten Wehrturm in einer Höhe von 1.251 m. ü. M. auf dem Felssporn östlich von Ardez errichtet? Den Quellen zufolge geht der erste urkundlich erwähnte Eintrag auf den Anfang des 13. Jahrhunderts zurück, als sie den Herren von Flickingen gehört hatte. Klug und weitsichtig waren die Herren allenfalls: Von der Anhöhe des Felsblocks lässt sich mühelos die gesamte Gegend überblicken, wodurch sie stets die Möglichkeit hatten, den etwaigen Gefahren zuvorzukommen. Im rauen Mittelalter, wo jeder Herr über eine eigene Armee verfügte und jede Burganlage quasi einen autonomen Staat bildete, war es überlebenswichtig – genau wie heute –, auf dem letzten Stand der Wehrtechnologie zu sein. Es zeugt von der Klugheit unserer Vorfahren, ihrem nüchternen Sinn für Realität und Sicherheit, die nicht selten auf bittere Erfahrungen der Vergangenheit basierten. Dieses wertvolle Wissen von Generation zu Generation weiterzugeben war ihre Lebensaufgabe. Denn es finden sich immer wieder nahe und entfernte Neider, die nur darauf warten, den Erfolgreicheren und Tüchtigeren das Erarbeitete abzujagen. So scheuten die Herren keine Mühe und keinen Aufwand, um solche Zitadellen an strategisch wichtigen Plätzen zu erbauen. «Sieg durch Vorbereitung» resümierten dies kurz und bündig die vernünftigen antiken Römer. Eine Weisheit, die derzeitig viele Verklärten gedankenlos auslassen; sie schlummern getrost in ihrem naiven Pazifismus. Aber nur so lange, bis es kracht. Und es schon zu spät wird!

Sonst, von geschichtlichen Überlegungen abgesehen, bietet die wuchtige Wehranlage im Herzen der majestätischen Bergwelt bereitwillig jedem Malenden und Fotografierenden ein recht unikates Objekt. So selbstverständlich und exakt webt es sich in diese Kulisse ein, als wären die ergrauten Gemäuer samt den Bergen gemeinsam aus dem Unterengadiner Boden herausgewachsen.

Wir erklimmen den schrägen Weg nach oben. Just erspähe ich einen Aussichtspunkt oberhalb der Burg, von wo aus sich die gesuchte Perspektive auf die Anlage anscheinend öffnen könnte. Der neben uns munter trappende Napoleon ist für den heutigen «Kampfeinsatz» voll ausgerüstet: Einen knallroten Strickanzug mit lustigen Hosenbeinchen hat er an. Und weil es klirrend kalt ist, trägt er darüber noch ein warmes Pelzmäntelchen mit weissem Kragen. Seine bunte Erscheinung quittieren die seltenen Besucher mit freundlichem lächeln, manche zücken gleich ihre Fotoapparate ... Na ja, an den Rummel um seine Person ist der ehrwürdige Napi schon lange gewöhnt!

Es ist nun so weit – den vorgesehenen Platz haben wir erreicht, und tatsächlich ist er sehr gut. Fürs Erste aber muss Napoleon zusätzlich in eine dicke Decke «verpackt» werden. Freudig mit dem Schwänzchen wedelnd, signalisiert er sein makelloses Gespür dafür, worum es geht: wieder einmal dem besessenen Papi bei seiner kuriosen Arbeit liebenswürdig beizuwohnen.

«Winter bei Einsiedeln» – *Aquarell. 36 × 28 cm*

WINTER BEI EINSIEDELN

Wenn man von Einsiedeln über einen Waldweg dem Wegweiser Alpthal-Mythen folgt, hat man bisweilen das Gefühl, in die Wildnis fernab jeder Zivilisation geraten zu sein. Die Luft ist kristallklar; man geniesst mit jedem Atemzug die erquickende Frische in seinen durch das Stadtleben gestressten Lungen.

Dem Winter zum Trotz brüstet sich die Natur mit ihrer Jungfräulichkeit. Das funkelnde Weiss leuchtet zum Himmel empor; unter üppiger Schneelast biegen sich gefällig dicke Tannenäste. Hie und da merkt man im tiefen Schnee, wie in einem aufgeschlagenen Buch, die Fährten der Tiere. Einem erfahrenen

Jäger oder Zoologen können sie mit Sicherheit viel erzählen. Aber jemandem, der nach einem Motiv für sein Bild sucht, bleibt das alles verborgen. Man plagt sich stattdessen mit dem Gedanken, für exakt welchen Ausschnitt aus dem schier endlosen Überangebot an zauberhaften Landschaften man sich entscheiden soll, der später im Bild quasi stellvertretend die gesamte Aura, das sygnifikante für diese Gegend wiedergibt.

Na endlich, der gesuchte «Ausschnitt» ist in meinem Blickfeld! Ich habe jedoch vor, mit Wasserfarben zu malen. Bei diesem bissigen Frost? Jawohl, kein Scherz! Man spürt doch kaum die eigenen Finger richtig; wo denke ich hin?

Die Not macht bekanntlich erfinderisch – das bedeutet, dass man seinen Pinsel so schnell wie möglich über die Bildfläche führen muss, sonst versteift er schon nach den ersten Strichen definitiv. Leichter gesagt als getan, denn trotzt der Eile gefriert die nasse Farbe auf dem Papier noch schneller, als ich vermutete: Kleine Eiskrusten bilden sich unaufhaltsam, und die einzige vernünftige Art, sie zum Schmelzen zu bringen, ist die warme Atemluft.

Nun blase ich mal aufs Papier, mal auf den Pinsel so seelenstark, wie ich nur kann. Einmal, zweimal, dreimal ... Und es taut!

Napoleon, der neben mir im warmen Korb auf dem Schlitten bis an die Ohren fest in eine Decke eingehüllt liegt, amüsiert mein seltsames Treiben offensichtlich ungemein. Mit den Augen eines Demokrit verfolgt er aufmerksam jede meiner Hauchwiederholungen – hin und her – und winselt aufgeregt. Er kringelt sich in seinem Korb bestimmt vor Lachen oder ... oder er versteht halt nicht, was für einen neuen Blödsinn sein Papi sich mal wieder ausgedacht hat! Zärtlich streichle ich sein kaltes Näschen und verkünde echt erleichtert die frohe Botschaft: «Ich bedanke mich für deine unendliche Geduld, mein Schatz. Das Werk ist gerade fertig; jetzt fahren wir schnellstens in die Wärme nach Hause!» Die Farben in der Schachtel sind inzwischen komplett eingefroren; der Papierbogen mit dem frischen Bild ist seinerseits hart wie ein Stück Blech geworden. Ich ebenfalls. Und zu Hause warten auf mich schon wirksame Tabletten – nämlich das Bayer-Aspirin.

«Frühling am Uetliberg» - Öl auf Leinwand, 60 × 46 cm

FRÜHLING AM UETLIBERG

Unten, im dicht bevölkertem Sihltal zwischen dem Uetli- und Entlisberg, liegt das Zürcher Quartier Leimbach, früher ein kleines, niedliches Dorf. Doch im Laufe der letzten 40 Jahre fielen seine ewig grünen Hügel einer regen Bautätigkeit zum Opfer. Dort, wo heute gleichgültiger Asphalt glänzt und die Wohnsilos sich breit machen, weideten dereinst glückliche Kuh- und Schafherden. Die ländliche Dorfidylle ist unterdessen endgültig vorbei, aber die erhabene Wand des Uetlibergs (869 m. ü. M.) ragt nach wie vor über allem Vergänglichen.

Da unser Napoleon noch jung und kräftig ist, unternehmen wir bei jeder Möglichkeit nicht selten ziemlich schweisstreibende Wanderungen zum faszinierenden Berg. Zu allen Jahreszeiten. Auch im frühen Frühling. Wie üblich trage ich über der Schulter meinen bleischweren Malkasten. Unter einem Arm die leere Leinwand, unter dem anderen die wasserfeste, warme Decke für Napoleon.

Der Weg hinauf zum Fuss des Berges ist nicht steinig, zum Teil sogar gut asphaltiert, doch seine erhebliche Steigung verlangt einem eine ordentliche physische Anstrengung ab. Irgendwann muss man ihn aber auch verlassen und über den feuchten, matschigen Boden weiter stapfen. Weil irgendwo hinter einem weiteren Hügel sich der Platz verbirgt, wo man malen könnte.

Noch liegen zerstreute weiss-schmutzige Schneefladen oder dickleibige Schneekuppen herum, die ebenfalls überquert werden müssen. Alsbald ist mein Schuhwerk und Napoleons Mäntelchen total durchnässt. Die feuchtklebrige Kälte schleicht sich auf leisen Pfoten in jeden Körperwinkel, bevor ich es schaffe, den richtigen Platz fürs Malen zu entdecken: eine Stelle dem Uetliberg gegenüber, wo seine markanten Felsformationen einen beinahe vertikalen Abgrund bilden. Ja, erst hier machen wir halt!

Der nächste, hastige Schritt, weil aggressive Kühle die Hände lähmt, ist die Staffelei aufstellen, Farbtuben öffnen, die Spachtel vorbereiten. Parat! Was mich am Berg, vom herrlichen Abgrund abgesehen, nachträglich fasziniert, sind die ... appenzelleischen Scherenschnitte auf seinem Kamm – so erlesen ähnlich sind die Schattenrisse der Baumkronen. Eingereiht wie eine Soldaten-Kompanie stehen sie auf halmdünnen Stämmen, der Endlosigkeit das Himmels schutzlos ausgeliefert. Ihre zusammengerückten Wipfel schmückt das ausgetrocknete, zarte, halb durchsichtige Laub aus dem Vorjahr. Hoch über ihnen kreisen, unbändig und heiser schreiend, unzählige Rabenschwärme. Es ist mittlerweile eher düsterer als heller geworden. Auf Licht oder Schatten in diesem Reich der allmächtigen Schwermut zu warten, ist vergebens.

Eine Hoffnung auf den abdankenden Winter bahnt sich trotzdem an: Die über dem Uetliberg hängende Wolkenarmada reisst immer häufiger auf, und emsig, fast gewaltsam, drängt das dahinter verborgene kraftvolle sommerliche Cölinblau nach vorn durch: Die göttliche Natur erwacht zu neuem Leben!

«*Mein edler blauer Napoleon*» - Öl auf Leinwand, 50 × 60 cm

SCHLOSS TARASP

Mancher würde sich fragen, warum der Dackel, der hinter der Tür einer Scheune heraus auf den Zuschauer «lauert», blau ist. Eine fixe Idee des Malenden? Wohl kaum. Es ging gar nicht um Originalität, eher ums Sinnbildhafte, da Napoleon ungekünstelt ein blaublütiger Hund ist. Auf meinen «Mal-Feldzügen» ist er überall mit dabei: sei es in der Schweiz, in Sardinien, in Frankreich oder in Griechenland. Ebenso hier, im schönen Tarasp, ist er selbstverständlich bei mir, seine niedliche Gegenwart inspiriert mich zu neuen Schaffenstaten. Voilà!

Bei gallebitterer Kälte und über Schneeverwehungen tapst er mutig an meiner Seite ins flimmernde Weisse. Wohin? Davon habe ich im Moment noch selber keine Vorstellung. Ich bilde mir nur ein, weit vorn am Ende des Feldes einen Aussichtspunkt wahrgenommen zu haben, von wo man das Schloss, das sich über die Ebene erhebt, malen könnte. Um das imaginäre Ziel zu erreichen, gilt es vorerst, den tief verschneiten Acker nolens volens mit eigenen Füssen «durchzupflügen». Schliesslich erreichen wir den gelobten Platz; ich blicke hinauf auf den Berg mit seinem Schloss. Ja, so ist es ganz recht, die Perspektive sollte nach meinem Gutdünken hier absolut stimmen. Der Malkasten landet im Schnee, den ich vorher mit den Füssen stampfend gründlich geebnet habe. Napoleon wird umgehend in sein «Domizil», das Körbchen, befördert, der Reissverschluss bis an den Kopf zugezogen – nur so lässt sich die Kälte von ihm einige Zeit fernhalten.

Das, was jetzt kommt, wiederholt sich doch immer auf die gleiche Art und Weise: stundenlang im Körbchen geduldig ausharren, bis der Papi am Bild sein Pinseln beendet. Aus Solidarität mit mir bewundert er vielleicht auch das seltsame Objekt meines Interesses, das Schloss – vielleicht aber auch gar nicht. Hier darf ich nur mutmassen. Felsenfest überzeugt bin ich aber von dem einen: Ob er geht, sitzt oder neben mir liegt, das tut er alles aus einem einzigen bescheidenen Grund, den kein Hunde-Phob je begreifen konnte – um ganz einfach in meiner Nähe zu sein. Zu solch vorbahaltlosem Bedürfnis, immerzu, jeden Augenblick, gemeinsam verbringen zu wollen, ist ein Mensch nicht geschaffen. Und wer das nicht merkt, verleugnet oder zynisch verhöhnt, der ist nicht würdig, dem Wesen Hund auch nur die Pfote zu küssen.

Mit der Zeit merkte ich, wie gut Napoleon die Farben zu unterscheiden vermag. Da die Farben aus Pigmenten hergestellt werden, erkennt er sie ohne Weiteres nach ihrem Geruch. Einige schmecken ihm augenfällig besser als die andern; diese riecht er oft und gerne. So sehr, dass ich sie im Nachhinein auf seinen Pfötchen oder seinem Gesicht entdecke und mit reinem Benzin abwischen muss. Diese Prozedur meidet Napoleon wie der Teufel das Weihwasser, weil der Benzingeruch für seine feine Nase schlicht ekelerregendes Zeug ist.

Unheimlich kalt war es in jenem Winter in Tarasp. Die Ölfarben weigerten sich hartnäckig, «zusammenzuarbeiten»; bei unerbittlichem Frost verdickten sie galoppierND zu harten Klumpen, und schon bald waren wir beide wieder mal arg gezwungen, zum Auto zu rennen, die Heizung zu betätigen und Farben sowie uns selber zu enteisen. Ich, als ausgesprochener Warmblüter, hasse die Kälte wie die Pest. Brrrrr!

Als das Bild beendet war, habe ich mit warmer Dankbarkeit an meinen treuen Kameraden Napoleon gedacht: War er nicht der alleweil omnipräsente, der mich kräftigende und ermutigende und dadurch direkt und buchstäblich der wahre Mit-Urheber jedes Bildes gewesen? Jawohl, das war er! Und deshalb verdiente er mit Fug und Recht, in diesem Bild, in dieser Hommage auf sein liebenswertes Wesen und seine grosse Persönlichkeit verewigt zu werden – als edler blauer Teil meines zweiten Selbst.

«*Die Zebrastreifen*» - Öl auf Leinwand, 90 × 90 cm

DIE ZEBRASTREIFEN

Nicht alles, was man malt, muss um jeden Preis einen verschlüsselten philosophischen Sinn oder – wie es heute zur modischen Obliegenheit wurde – kämpferisch-politische Inhalte aufweisen. Die Landschaftsbilder zum Beispiel belegen dies deutlich. Ein Glück, dass die Natur – und damit das Göttliche – mit globalem menschlichem Schwachsinn beileibe nichts zu tun hat. Sie existiert – sofern wir sie nicht restlos zerstören – nicht uns zuliebe, sondern allein für sich selbst. Wir, die kleinen, bösartigen Insekten auf ihrer Oberfläche, sind ihr herzlich egal. Und ohne uns wäre sie tausendmal besser dran als mit uns: Wir sind ihre leibhaftigen Totengräber.

Das ist nichts Neues – fast alles, was Menschen kulturell oder technologisch erreicht haben, guckten sie der Natur ab. So auch ich, als ich die Idee hatte, dieses Bild zu malen. Der Ansporn kam, um ehrlich zu sein, eigentlich nicht von mir, den entscheidenden Hinweis darauf hat Napoleon geliefert. Wie hat er das bewerkstelligt?

Mir war öfter aufgefallen, dass er als moderner Stadthund bei jeder Überquerung der Strasse immer wieder unbeirrt auf die Zebrastreifen hingesteuert hatte. «Lediglich ein Zufall», machte ich mir keine grossen Gedanken. «Was versteht er schon von selbst für Menschen komplizierten Verkehrsregeln?»

Mit der Zeit wiederholte sich sein Tun immer häufiger. Wobei – das sah sogar lustig aus – er jeweils den «nackten» Asphalt überstparng und sich ausschliesslich über die weissen oder die gelben Streifen bewegte. Sein Nachfolger Sono tut notabene dasselbe! Handelte es sich hierbei um einen unbedingten Reflex oder doch um das Ergebnis seiner Beobachtungen, die ihm sagten, dass nur auf den hellen Linien keine Gefahr droht?

Schon höre ich mephistophelische Bemerkungen der Hundehasser, welche diese Zeilen lesen. Für sie bin ich selbstverständlich ein Spinner, der dem Wahn verfallen ist, das Tier zu vermenschlichen. Umso mehr, als die Experten meinen, Hunde seien Daltoniker, sie können die Welt nur in Schwarz-Weiss sehen. Ist das der Grund dafür, warum Napoleon so «verkehrskultiviert» ist?

Zu Hause führte ich mit ihm ein Experiment durch: Ich wies ihn an, über die auf den Boden gelegten roten Kartonstreifen zu laufen. Wie würde er sich jetzt verhalten? Auf meinen Ruf reagierte er prompt und trippelte souverän über sie zu mir herüber, als wären sie weiss. Bei dem Wechsel auf gelbe, blaue und grüne Streifen veränderte sich Napoleons Verhalten kaum; ein Indiz dafür, dass er die Farben einwandfrei unterscheiden kann. Nun kann ich über das recht merkwürdige Wissen der Hunde-Verhaltensforscher nur lachen. Oder stöhnen!

Den nächsten Schritt dachte ich mir etwas umständlicher aus: Diesmal sollten die Zebrastreifen tatsächlich die Zebra-Gestalt haben, wobei jede andersfarbig war. Auf dem Boden entstand ein buntes Bild, mächtig verwirrend nicht nur für die Augen des Hundes. Was würde Napoleon jetzt machen?

Kein Problem: Auch diese «Zebras» vermochten es kaum, seinen Blick zu irritieren, zu verunsichern, abzulenken oder abzuschrecken: Flugs hat er sie alle hinter sich gelassen. Eine Tschebonietschka – den schmackhaften Leckerbissen – hatte sich Napolen nochmals anständig verdient!

Ich sinne über die standardisierten Zebrastreifen in unseren Städten, die man durch bunte Zebrabilder ersetzen könnte. So würden sie mehr Farbe in die vorallem tristen Industriequartiere bringen und spontan für bessere «Stimmung» unter den Bewohnern sorgen. Vielleicht sollte ich mit diesem Vorschlag zur Gemeinde gehen? Nein, das wäre bloss verlorene Zeit weil die Bürokraten sich zweifellos auf die strengen Verkehrsvorschriften berufen würden. Und ewig fehlendes Geld. Klar, zehn verschiedene Farben kosten zehn Mal mehr als nur eine einzige gelbe oder weisse Farbe. Also eine reine Utopie à la Saint-Simon-Sozialismus!

Die an sich vielleicht doch fixe Idee wollte ich trotzdem nicht fallen lassen und malte die Zebrastreifen zu meinem eigenen Trost nicht auf den nackten Asphalt, sondern auf die Leinwand.

«Das imaginäre Peristyl» - Öl auf Leinwand, 100 × 100 cm

DAS IMAGINÄRE PERISTYL

Ich bin kein besonderer Fan der heute überall präsenten, meist rätselhaften und meist nichtssagenden sogenannten Installationen, die jeder nach Lust und Laune fabrizieren kann. Der einzige Hemmschuh kann nur das mangelnde Geld oder der nicht vorhandene Kontakt zu den «richtigen», einflussreichen Personen sein, seien es Staatsbeamte oder Privatleute. Hat man das Erste und die nützlichen Zweiten in der Tasche, steht einem «Künstler» nichts mehr im Weg, mit seinem «Werk» das Stadt- oder Landschaftsbild zu vermüllen. Und es ist völlig egal, ob jemand begreifen kann, was das Nichts ist und der Welt mitteilen soll: Es steht da und rostet träge vor sich hin. Welches der fraglichen Objekte zwingt den Betrachter zum Nachdenken oder Innehalten, bringt bei ihm irgendwelche seelischen Saiten oder Gefühle zum Schwingen?

Wer hat den Mut, das zu gestehen? Ebenfalls fast niemand. Man möchte halt nicht als «rückständig» dastehen oder – schlimmer noch – als konservativ abgestempelt werden. Weil der Begriff aus der gleichen Wortfamilie wie die «Konserve» stammt, hat die Sache offensichtlich mit Konservierungsmitteln zu tun, die uns beständig, auf leisen Pfoten, tagein, tagaus mittels teuer bezahlter Nahrung vergiften. Was auch immer du kaufst, es ist «konservativ», vollgestopft mit ominösen «E»-Buchstaben – sprich Toxinen. Es gibt, behaupten die Spezialisten, in der Natur über 250.000 davon. Die anderen Fachgrössen ihrerseits erfanden noch mal so viele synthetische Gifte dazu; meistens mit dem Zweck der Konservierung von alledem, was wir industriell Erzeugtes zu essen bekommen. In diesem Licht erlangt die Bezeichnung «konservativ» einen verdächtig stinkenden Beigeschmack. Am Stammtisch wurde der Begriff dann übergreifend für Politik, Ideologie, Ethik und Kunst verwendet. Darum lautet das Gegengift «fortschrittlich», «progressiv», «modern».

Die Kunstmaler der vergangenen Jahrhunderte konnten – das war die Voraussetzung, um sich «Künstler» nennen zu dürfen – malen und zeichnen. Noch schlimmer: Einen Maler, etwa Leonardo da Vinci, betitelte man ehrerbietent Maestro – Meister. Er war quasi ein General der darstellenden Kunst. Alle seine malenden Mitarbeiter, sprich einfache Soldaten, nannte man bescheiden «Handwerker». Man malte in jenem Zeitalter nicht selten mit giftigen Farben, dadurch waren die armen «Handwerker» – wie moderne Nahrungsmittel – auch «konservativ». Nichtsdestotrotz stehen wir stundenlang vor ihren Bildern oder Skulpturen, verblüfft von ihrem künstlerischen und handwerklichen Können, das uns heute noch höchste Bewunderung abnötigt. Ihre Werke sprechen für sich, sie bedürfen keiner Erklärungen. Die neumodischen Werke hingegen, die sozusagen «fortschrittlichen», sind mutmasslich mit chiffrierten Botschaften versehen, die es herauszuschälen gilt. Heiliger Strohsack, was hat das mit Kunst zu tun? Was zum Beispiel «verschlüsselt» Josef Boys mit wild aufeinandergeworfenen Haufen morscher Bretter? Oder mit einer zerquetschten, alten, abgewetzten Blechbüchse, die als Kunstwerk für teures Geld angeboten wird?

Die Kunst ist authentisch der Spiegel der Zeit. Die moderne Kunst, die keine Kunst ist, widerspiegelt dennoch getreu den unaufhaltsamen Verfall der abendländischen Werte, unser aller süffisante Dekadenz. Von diesem Aas ernährt sie sich wie ein Geier, das ist ihr tägliches Brot. Und die neue Renaissance findet erst dann statt, wenn die Knochen dieser abgenutzten Zivilisation vom Winde verweht werden …

Anfang der Achtzigerjahre entdeckte ich in einem Park auf Long Island bei New York eine immense Installation. Sie bestand aus massiven, nacheinander aufgestellten eisernen Balken, in Form des griechischen Buchstabens «π». Ein 150 oder gar 200 Meter langes Gelände fiel dem «Werk» zum Opfer. Ich sah das Ungetüm an und suchte ohne jegliches Vorurteil in ihm nach einer «versteckten Botschaft». Sollte diese π-Gestalt eine mathematische Anspielung bedeuten, war sie hier sowieso fehl am Platz, denn π steht als Konstante für den Kreis, welche das Verhältnis des Umfangs eines Kreises zu seinem Durchmesser definiert. Also stellte das wuchtige und sicherlich sündhaft aufwändige Objekt keine mathematische Botschaft dar. Was dann? Einige zufällig vorbeischlendernde Passanten, die ich nach dem etwaigen Sinn des «Standbildes» fragte, wussten keine Antwort. Lediglich einer von ihnen stammelte unsicher von «first-person perspective», die zwar nichts Gescheites bringen würde, ausser dass ein Hund sie bei jedem Gassigehen gut gelaunt bepinkeln kann.

«Vielleicht ist das ein Gerüst für ein vorgeplantes Dach?», wagte ich die nächste Frage. «Dann könnte man sich darunter vor dem Regen schützen?»

«Eine clevere Idee», griff der Mann die Hypothese auf, «das wäre zumindest etwas wirklich Nützliches! Sonst – was ist das? Und wozu, ne?»

Zehn Jahre später fand ich in einer Schublade das verblasste Foto des

Objekts. In den Sinn kamen mir die Worte des Passanten, der dort seinen Hund die Notdurft verrichten liess. Das wäre auch etwas ganz tolles für Napoleon, habe ich gedacht; ausserdem könnten wir dort noch das Versteckspiel spielen, zwischen den Säulen hin und her laufen, die Seiten wechseln: mal hier, mal dort. Oder ganz einfach schnurstracks, ohne sich auf den vom Rost zerfressenen Eisenschrott umzuschauen, von dannen ziehen.

*Die **π**-Balken stellte ich mir plötzlich als einen ominösen Vorhof zum Diesseits oder Jenseits vor, und wenn ich sie «entlehne» und dann symbolisch in realistischer oder manieristischer Couleur in einen neuen imaginären Raum setze, erlangen sie dadurch womöglich doch irgendeine übersinnliche Erleuchtung und damit auch eine plausible Antwort auf unsere Mutmassungen.*

So entstand dieses Bild, das ich «Das imaginäre Peristyl» nenne. Was ist darauf zu sehen? Da auch ich der Eitelkeit nicht abschwören kann und deshalb so rasch wie möglich vom engstirnigen Insulaner – sprich von der Konserve – Abstand nehmen möchte, schlage ich mich vollauf opportun auf die Seite der Moderne. Hiermit gestatte ich dem Betrachter grossmütig, sich auf die Suche nach «versteckten Verkündigungen» oder «hehren Botschaften» – jeder wie er mag – zu begeben, die ich in diesem Bild weihevoll philosophisch und zugleich gehässig-schlau encodiert hatte.

Was stellt das Gemälde also dar? Raten Sie mal. Halleluja!

«Der Zürcher Flieder» - *Öl auf Leinwand, 25.5 × 18.5 cm*

DER ZÜRCHER FLIEDER

Es ist wieder Frühling in Leimbach, und der Entlisberg, der am rechten Sihl-Ufer liegt, schmückt sich wieder mit einer herrlichen weissen Pracht. Über eine Brücke beim nahen Adliswil lässt sich der Berg von seiner sanften Seite mühelos ersteigen; ein Erlebnis, das wir bei gelegentlichen Spaziergängen dorthin Napoleon verdanken. Besucher sind zu dieser Jahreszeit hier nur selten anzutreffen, das bedeutet auch weniger gefährliche Grosshunde für unseren Schützling, da sie gewöhnlich ohne jegliche Aufsicht frei herumstreunen.

Die Luft rieselt förmlich mit berauschendem Düften-«Smog» der blühenden Bäume und Sträucher. Man atmet in vollen Lungenzügen und allen Körperzellen den Frühling des neuen Lebens ein. Ambrosisch!

Unter einem Strauch macht Napoleon seinen nächsten Halt, weil auch dieser Platz einmal mehr mit seinem eigenen Duft markiert werden muss. Nun rieche ich das betörend duftende Gewächs, vor dem wir gerade stehen geblieben sind – einen Flieder. Seine grellen Farben strahlen alles andere als Gleichmut aus; zügellos besprühen sie mit ihrem Dunst die noch etwas verschlafene Umgebung, wohl mit der festen Berechnung, die ersten Blütenbestäuber mit dem Nektar zu ködern. Der pfiffige Baum ist so energiegeladen, dass er zu lodern scheint. Hey, da irre ich mich gewaltig, weil er noch mehr vorhat, als man ihm zutraut; er leuchtet geradezu, ja er brennt im wahrsten Sinn des Wortes. Die Äste ächzen und flennen unter der enormen Last der dicht ineinandergewobenen, gewichtigen rosaroten Blütengirlanden; unmittelbar assoziiere ich ihre traumhafte Erscheinung mit dem biblischen Feuerbusch am Berg Sinai.

Einige Minuten mit offenen Mündern dastehend, bestaunen wir die mirakulöse Pflanze wie ein einzigartiges Naturkunstwerk, eine wahre Performance-Darbietung einer lebendigen Skulptur. Und inhalieren genüsslich ihre feudalen Düfte, die sie so hemmungslos und auch noch gebührenfrei der Welt spendet – dieser Zürcher Flieder! Echt schade, dass sich eine Aroma-Apotheose mithilfe der gedruckten Buchstaben nicht in die Leser-Nase transportieren lässt! Mit vulgo Optischem ist es, erfreulicherweise, in dieser Hinsicht erheblich besser bestellt, weil man das vergängliche Sichtbare festhalten kann: mit Pinsel, Spachtel und Farbe.

Einen kleinen Zweig breche ich dem Flieder ab, bitte ihn dafür aufrichtig um Verzeihung, und zu Hause angelangt, solange er noch frisch und bunt ist, male ich ihn gleich. In Öl.

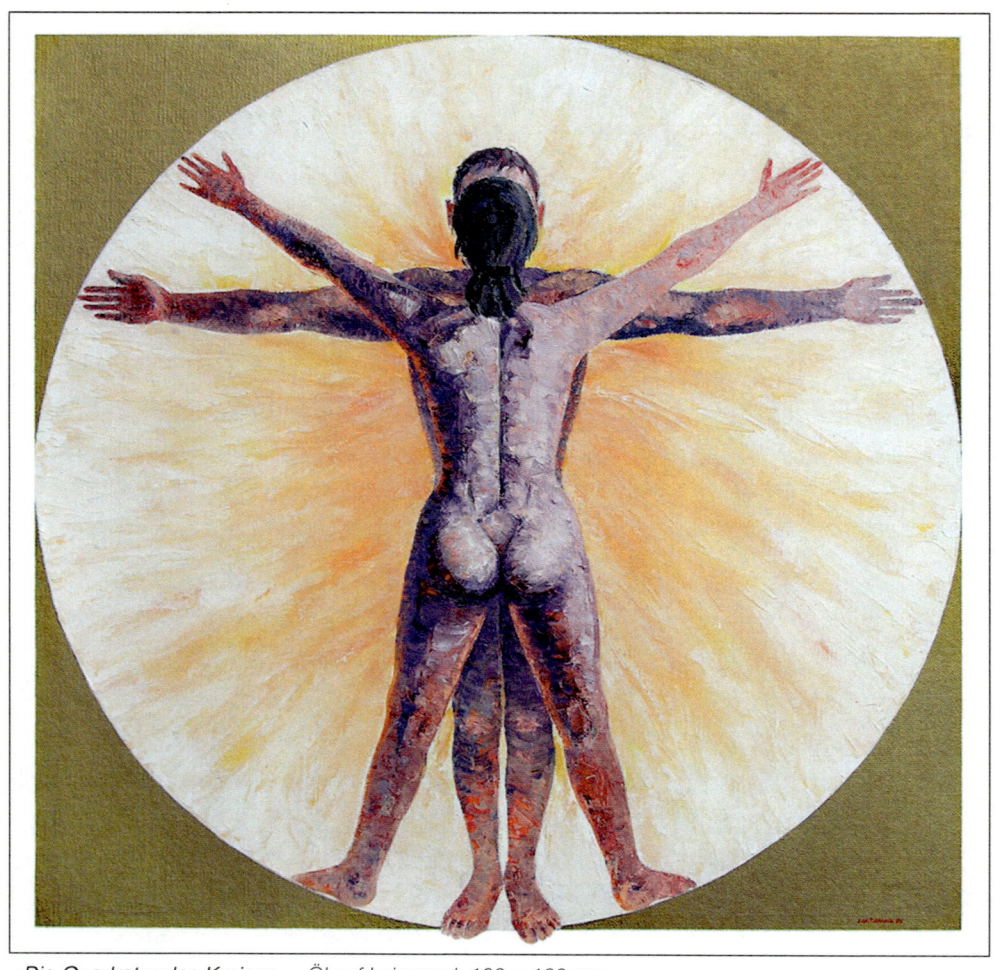

«Die Quadratur des Kreises» - Öl auf Leinwand, 100 × 100 cm

DIE QUADRATUR DES KREISES

Als ich 14 Jahre alt war, sah ich das erste Mal eine völlig nackte junge Frau. Etwas ratlos fühlte ich mich; ich wusste nicht, ob ich mich schämen oder doch «frech» hingucken sollte. Der erfahrene Professor, der uns in Zeichnen im Studio der bildenden Künste unterrichtete, merkte bald meine kindische Ver-

legenheit und kam autoritär, aber gekonnt beruhigend-präventiv zu Hilfe:

«Konzentriere dich zunächst auf die Körperproportionen», sagte er professionell. «Die Frau ist nur ein Modell; sieh sie also so an, als wäre das ein Mann oder lediglich ein Objekt. Und nichts mehr. Verstanden?»

Stunden- und tagelang haben wir danach die nackte Schönheit von allen Seiten gezeichnet, lange genug, um uns sämtliche Körpereinzelheiten bis ins kleinste Detail zu merken und – könnte man denken – uns an sie ohne Kleider zu gewöhnen ... Von wegen! Genau wie am ersten Tag schlug mir das Herz wider Willen bis zum Halse, immer wieder von Neuem, als sie vor uns Studenten den Schlafrock zur Seite legte und ihre atemberaubenden Kurven zur Schau stellte. Wirkte sie auf mich erotisch? Schwer zu sagen, ich wusste ja nicht, was man als Mann mit solch einem Frauenkörper anstellen kann ... Mag sein, dass ich eine Vorahnung dessen hatte, unschuldig und unbewusst, jedoch derart machtvoll, dass ich von dem schneeweissen, verführerischen Körper im Schlaf zu träumen begann; die Frau «besuchte» mich häufig als nacktes Phantom in Gestalt einer zauberhaften Märchenkönigin. Davon konnte ich dem Professor wohl kaum berichten; es ging ihm schliesslich bloss um Proportionen, Harmonie, ums klassisch gedeutete Schöne. Und gewiss um nichts mehr! Was er unter diesem «mehr» verstand, davon habe ich wenig mitbekommen. Die Lehre von damals blieb mir dennoch fürs ganze Leben erhalten. So wundere – oder empöre – ich mich immer wieder, wie gegenwärtig das Disproportionale, Hässliche, Widerliche, Dilletantische, Ekelerregende, Vulgäre oder verflucht Dreckige der Menschheit obsessiv und mit aller Gewalt als etwas vermeintlich «Schönes» aufgezwungen wird.

Nach der Frau befassten wir uns mit einem nackten Mann, einem Bergarbeiter. Es stellte sich heraus: Ihn zu zeichnen war viel einfacher als die Frau. Verantwortlich dafür waren seine ausgeprägten Muskeln: Schatten, Reflexe, Halbschatten und Licht präsentierten sich bei ihm entschieden sichtbarer, was die mühsame Jagd nach Proportionen erheblich erleichterte. Bei dem sanften Frauenkörper hingegen absorbierten seine zarten und kaum wahrnehmbaren Übergänge uns derweil restlos, dass man keine Zeit hatte, an die libidinösen

Reize während des Zeichens zu denken. Man hatte effektiv nur noch ein wahnsinnig schwieriges Modell vor Augen. Und in der Tat gar nichts mehr!

Könnte es sein, dass auch aus diesem Grund kein Geringerer als das Genie Leonardo da Vinci vorwiegend Männer malte? Eine vage Vermutung, doch auch sein Homo vitruvianus – der vitruvianische Mensch – ist ebenfalls ein Mann! Ich bin sicherlich nicht der Letzte, der von seiner Darstellung fasziniert und verführt wird. Nur möchte ich das anders machen. Nein, nicht aus Solidarität mit Gleichstellungsfanatikern und ihren abstrusen Theorien, sondern aus der Überlegung heraus, dass die göttliche Körperperfektion beiden Arten eigen ist. Dass Mann und Frau seit Anbeginn unzertrennlich dem gleichen Kosmos angehören, die Schöpfung wäre ohne die beiden sonst niemals vollendet worden. So war es der Wille Gottes, der aber zugleich – aus einer Laune oder aus Selbstsucht heraus, das Warum wird uns bis in alle Ewigkeiten verborgen bleiben – einen unüberwindlichen Widerspruch zwischen den Geschlechtern eingebaut hat: Mann und Frau sind zwei psychobiologisch unterschiedliche Wesen – ein Plus und ein Minus –, die sich gleichzeitig anziehen und abstossen, eine wahre Contradictio in Adjecto. Ein gordischer Knoten? Und selbst wenn Leonardos Bild rein mathematisch «Die Quadratur des Kreises» genannt wird, behält dieser Unterton trotzdem seinen ursprünglichen metaphysischen Grundwert: Der Kreis und das Quadrat können sich niemals versöhnen.

Ich habe es nicht auf den eingangs erwähnten Unterton abgesehen, als ich es wagte, in meinem eigenen Bild die vereinten «vitruvianischen» Geschlechter zu malen. Diesem Vorhaben stimmte mit schallendem Gebell, das bedeutet mit bedenkenloser Begeisterung, Napoleon zu, der mit Abstand ein viel kundigerer Kunstkenner war denn alle modernen Galeristen zusammen genommen! Als er meine Modelle erblickte, hat er flugs geschaltet, worum es mir ging: um körperliche Harmonie, um Proportionen, deren Wunder zu sehen mich anno dazumal der ehrwürdige, weise alte Professor im Studio der bildenden Künste gelehrt hat.

«Die Rezession» - Öl auf Leinwand, 70 × 80 cm

DIE REZESSION

Vielleicht ist das ein böser Traum oder eher böse Realität, die grausiger ist als der Albtraum selbst. Neben mir schläft auf dem Rücken Napoleon, träume ich. Oder eben nicht. Offenbar träumt er, denke ich im Traum, und er tut das gar nicht gut. Seine Pfötchen zucken und fuchteln in der Luft, machen merkwürdige Schein-Sprünge in die Leere, als wolle er vor etwas drohend Unsichtbarem davonlaufen. Er stöhnt, jault leise, zittert vor unbekanntem Gräuel.

Und just sehe auch ich die Gefahr, die uns beiden droht: Wir sitzen auf dem kahlen Fussboden eines tiefen Betonlochs. Keine Fenster, keine Türe, somit auch kein Ausgang ist auszumachen. Nur weit oben über unseren Köpfen leuchtet ein Stück Himmel. Blau. Ist das der Schimmer der Hoffnung?

Wir sind im Loch nicht allein. Es gesellen sich noch andere zu uns. Es sind – wie wir – nackte Gestalten, die händeringend und verwirrt aus der Höhle herauszukommen suchen. Die schwarze Betonwand ist mit Sicherheit steinhart – gelingt es einem von ihnen, sie zu erklettern?

Nun beobachte ich den ersten Kühnen bei seinem Versuch. Und was sehe ich da? Bei der Berührung der Wand gibt sie nach; nun taucht die Hand des Verzweifelten locker in sie ein, als wäre sie aus Butter. Ich traue meinen eigenen Augen nicht; ich reibe sie heftig, um mich zu vergewissern, dass das Gesehene wahr ist. Doch, das ist wahr. Und noch mehr: Jetzt verschwindet in der Wand der ganze Arm des Mannes, danach seine Schulter, der Kopf ... Auf einmal begreife ich, dass sie nicht nachgiebig, sondern ein Monster, ein Menschenfresser ist, der seine Opfer in sich hineinsaugt. Mit Haut und Haaren! Von einem Mann ragen da nur noch die Beine heraus; der andere, schreiend und flehend, versucht verzweifelt, seine Hand von der tückischen Wand zu lösen ... Unmöglich! Auch er wird nach kurzer Zeit restlos verschluckt!

Das sich Abspielende kommt mir so exzessiv irreal vor, dass ich immer noch an SciFi oder Chimären denke und fieberhaft nach einer Antwort suche: Bin ich selber womöglich paranoid? Fast alle laufen heutzutage aus geringstem Anlass zu Psychologen oder Psychiatern, die scheinbar die Kunst beherrschen, die Inhalte unseres Hirnhandicaps zu deuten. Vielleicht könnten sie ebenso mir erklären, dass ich mich nur irre, dass bei mir nur die Sicherungen total durchgebrannt sind. Im Leben wie im Traum?

Ich beschliesse, sofort einen solchen «Weisen» aufzusuchen. Aber wie soll ich das anstellen, wenn der Raum keinen Ausgang hat? Moment mal, denke ich geschwind: Ich muss die Wand einfach überlisten, indem ich sie nicht mit meiner blossen Hand, sondern mit einem Pinsel berühre. Alles ist ohnedies nur ein Traum, nicht wahr?

Aus dem Malkasten hole ich den längsten Pinsel, vorsichtig streiche ich die mysteriöse Wand an. An der Stelle der Berührung bilden sich umgehend konzentrische Wellen, wie wenn sie aus Gel oder Gummi wären. Der vorgebliche Beton ist weich! Und was passiert, wenn ich ihn härter berühre?

Der nächste Schritt beraubt mich meiner letzen Hoffnung: Die Wand, genau wie ich es mir ausgemalt hatte, schluckt im Nu auch den Pinsel hinunter! Es gibt also keine Rettung. Und ich habe keine erlösende Idee, wie ich der tödlichen Falle entrinnen könnte, weil meine innere Leinwand, identisch wie jene, die neben mir auf der Staffelei steht, leer ist. Wir werden hier garantiert sterben, verlassen und vergessen ...

Napoleons gellendes Gebell, das in meinen Ohren nahezu einem Donner gleichkommt, weckt mich auf. Ich zögere, die Augen aufzuschlagen, wohl aus Angst, wieder vor der grausamen Wand stehen zu müssen. Etwas Samtweiches gleitet zärtlich über meine Wangen und Ohrläppchen. Nur widerwillig erblicke ich das Licht und ... Napoleon, der liebevoll mein Gesicht ableckt. Ist das jetzt die Wirklichkeit oder nur eine chronologische Fortsetzung des gespenstischen Traums?

Diesmal ist es die Realität. Napoleon ist ebenfalls real, auch ich schlafe nicht mehr irreal. Nichtsdestoweniger sehe ich hinter ihm immer noch überdeutlich die Wand, die mich nach wie vor gefangen hält – die Wand der Ausweglosigkeit in dieser Welt der Rezession anno 1993.

«Im Schatten» - Camargue, Frankreich. Öl auf Leinwand, 60 × 50 cm

IM SCHATTEN

Mit meinem sonst grünen, jetzt aber mit Staub und Dreck bedeckten, hellgrau gewordenen BMW erkunde ich beharrlich schier endlose Ländereien nur ein paar Kilometer nördlich von Saintes-Maries-de-la-Mer. Undurchdringliche Wald- und Dornenhecken, ubiquitäre Stacheldrahtzäune, tiefe Bewässerungskanäle und Warntafeln «Terrain privé» trennen die Felder voneinander. Das weiträumige Terrain ist zudem mit unzähligen Weihern übersät, die sich hinter meterhohem Schilf und Gräsern verstecken. Ebenfalls völlig unpassierbar! Typische Camargue: Pinien und Zypressen beherrschen auch hier das unverkennbare Landschaftsbild. Zuweilen ragen die Bäume einsam empor, ein anderes Mal verwandeln sich ihre verwachsenen breiten Wipfel in eng zusammengerückte, schattenspendende Dächer.

Auf der Rücksitzbank ruht in seinem bewährten «Thron» Napoleon. Nur selten schläft er, zumal bei lang dauernden Autobahnfahrten. Stundenlang ist er wach und beobachtet genau alles, was nah und fern von uns passiert. Aber heute wirbelt der lästige Staub von draussen erbarmungslos durch die offenen Fenster ins Auto. Die brütende Hitze, zusammen mit dem ohrenbetäubenden Wind macht Napoleon langsam, aber fühlbar zu schaffen; die unaufhörlich tropfende Zunge und hastiges Hecheln verraten seine momentane körperliche Verfassung. So wird jede halbe Stunde haltgemacht und das frische Wasser aus der Autokühlbox geholt, das Napoleon gierig in einem fort schlürft. Dafür bekomme ich von ihm – wie immer – den obligaten Zungenkuss auf meine verschwitzte Wange. Der muss einfach sein!

Drei riesige Pinien fallen von Weitem ins Auge. Besonders frappant sind ihre ebenso sagenhaften, pilzähnlichen Kronen, stark in südöstliche Richtung geneigt, zum nahen Meer. Den ungewöhnlich grossen Neigungsgrad verdanken die derart geformten Bäume – Windflüchter genannt – dem Mistral, dem permanent nordwestlichen Wind, der hier im Winter schon mal zu Orkanstärke ansteigen kann. Zwischen meterdicken Pinienstämmen befindet sich, einem Nest ähnlich, ein kleines Haus. An sich ist es eine einfache Hütte. Weiss gestrichen, mit rotem Ziegelsteindach. Rings um sie erstreckt sich nur der flache Acker. Dieser Umstand verstärkt zusätzlich den Eindruck einer Überdimensionierung der Bäume; sie sehen fast unrealistisch aus. Ein Glück, dass ich unweit von ihnen, am Rande des holprigen Feldwegs, anhalten und die Staffelei aufstellen kann. Während ich energisch die ersten grossen Striche auf die Leinwand setze, erholt sich Napoleon von den Strapazen der Irrfahrt im Schatten des Pkws. Ein vorbeifahrender Ackertraktor hält kurz an. Der französische Bauer wagt einen diskreten Blick auf das entstehende Bild, sagt freundlich genickt «C'est gentil»* und zieht seines Weges. Er war sehr taktvoll, blieb nicht zu lange stehen, um uns nicht zu stören. Das frisch gemalte Bild deponiere ich im spe-

* Erläuterungen auf Seite 316

ziell dafür selbst gebastelten Sperrholz-Schutzkasten. Der erfahrene Napoleon weiss schon, dass das für heute ein Ende der Arbeit bedeutet. Prompt hört er auf zu dösen; unüberhörbar bellend wedelt er so heftig mit dem Schwänzchen, als wäre es ein Propeller.

Im Rückwärtsgang fahre ich an dem Haus unter den Monsterpinien vorbei zu der 300 Meter entfernten asphaltierten Strasse. Ein älterer Mann in Begleitung zweier grosser Hunde winkt mir einladend zu, und ich verstehe warum: Er will das Bild sehen. Einverstanden! Ich hole es aus dem Kofferraum, stelle es auf den Boden, ans Auto gelehnt. Die Redegeschwindigkeit des Mannes ist galoppierend schnell; ich vermag kaum etwas davon zu verstehen.

«Parlez lentement, s'il vous plaît»,* sage ich, obwohl ich nur ein paar Brocken Französisch kann.

Jetzt spricht er tatsächlich etwas langsamer, und ich vermute, dass das Bild seinem Gusto entspricht. Er will aber noch wissen, wie ich heisse. Oje, wie heisse ich denn? Schnell kommt mir van Gogh in den Sinn, der in dieser Gegend jahrelang lebte und malte. Als lokaler Prominenter ist er hier im Gedächtnis der Nachwelt für immer geblieben. Und nun, wie heisse ich doch?

«Van Gogh!», antworte ich spontan scherzhaft.

Der unrasierte, ziemlich vernachlässigte Mann wird für eine Weile nachdenklich, dann hebt er staunend die Augenbrauen:

«Mais oui, c'est clair que vous êtes vraiment van Gogh. Chapeau! Pourriez-vous attendre un petit peu?»**

Wieder von seinen Hunden eskortiert, eilt er zu seiner Hütte. Bald ist er zurück: Mit zwei Flaschen Rosé und zwei Gläsern. Eine der Flaschen öffnet er, schenkt die Gläser randvoll ein:

«Au nouveau van Gogh!»,*** überschwänglich lächelnd verkündet er diesen fast majestätischen Trinkspruch. Seine strahlend weissen, ebenmässigen Zähne verblüffen mich restlos. Die zweite Domaine-de-Montcalm-Flasche mit der Abbildung eines weissen Camargue-Pferdes und einem rosafarbenen Flamingo bewahre ich pietätvoll bis heute auf.

---

* *Erläuterungen auf Seite 316*

«Après-midi à Aigues-Mortes» - Camargue, France. Öl auf Leinwand, 60x50 cm

AIGUES-MORTES

Zweifelsohne ist so eine Stadtfestung das wahre Optimum. Oder umgekehrt – das Optimum einer Festungsdtadt. Fast beklemmend umzüngelt der wuchtige Gemäuerring die Stadt, wie wenn diese sich immer noch dahinter verstecken möchte – vor den Gefahren der bösen Welt. Aigues-Mortes entspringt dem Begriff Ayga Mortas – Totes Wasser – und wurde bereits von Gaius Marius um 102 v. Chr. erwähnt. Im Mittelalter genoss die Stadt den Ruf des wichtigsten Verkehrsknotens an der französischen Mittelmeerküste; von hier aus brach König Ludwig der Heilige zum sechsten und siebten Kreuzzug auf.

Innerhalb des Mauerrings stehen die malerischen Häuser eng aneinandergereiht; schmale Gassen sorgen für prächtige Ausblicke, die ein wahres Labyrinth bilden, das längst von unzähligen Malern in allen erdenklichen Varianten zu Leinwand und Papier gebracht wurden. Lohnt es sich also, hier noch zu malen, wenn man an jeder Strassenecke diese Bilder zuhauf und für Spottpreise erwerben kann? Kaum. Aber ein Andenken von einem solch beschaulichen Ort möchte ich trotzdem haben.

Ausserhalb des Rings ist eine neue Stadt entstanden. Sie ist nicht so romantisch und verträumt, nicht so geschichtsträchtig wie jene hinter der Mauer, doch an typischem südlichem Flair fehlt es ihr absolut nicht. Wuchtige Platanen säumen die Strassen; weiss gekalkte, gediegene Villen spiegeln stille Müssigkeit und aufdringliches Sonnenlicht wider: keine Hektik, kein Lärm, kein Stress und erst recht keine Eile. Sollte ich vielleicht doch hier malen? Abseits vom Rummel der Altstadt? Bevor ich noch lange überlege, ob es sich lohnt, hier anzuhalten, zwingt mich Napoleons Ungeduld dazu: Er kann es nicht länger im heissen Auto aushalten. Ihm zuliebe steigen wir neben einer Platane aus. Die Bäume mit den widerspenstigen knorrigen Ästen wirken verzaubernd; die Sonne berieselt die arabesken Ornamente der spitzen Blätter mit purem Gold ... Nicht zu fassen, das ist ja genau das Malmotiv, nach dem ich gelechzt hatte! Direkt auf dem Bürgersteig stelle ich die Staffelei auf. Da nur selten Passanten aufkreuzen, saugt mich das Malen umgehend vollständig auf. Wie lange dauert das? Obwohl das Leinwandformat mit 60 × 50 cm relativ gross ist, gelingt es mir, das Werk in vier Stunden fertigzustellen. Meine Familie machte inzwischen einen ausgedehnten Spaziergang zum nahe gelegenen Park. Und als die beiden zurückkommen, bin ich im Begriff, das soeben gemalte Bild im Schutzkasten zu verstauen.

Nun heisst es die Farben aufzuräumen, die Hände gründlich mit Benzin und Toilettenpapier zu reinigen und alle Spuren meiner Anwesenheit auf diesem Fleckchen Frankreichs zu beseitigen. C'est la vie!

«Der Schweizer Psalm» - Tempera, 22 × 25 cm

DER SCHWEIZER PSALM

Mancher Schweizer denkt vermutlich, dass die kulturellen Unterschiede zwischen den Alpen- und den Karpatenbewohnern der Westukraine so gross seien, dass Ähnlichkeiten kaum denkbar sind. Diese Vorstellung bezieht sich vermutlich primär auf die Sprachen: Hier Germanisch oder Romanisch, dort Slawisch. Und doch: Europa ist viel zu klein, um kulturell, geistig und sprachlich so gegensätzlich radikal andersartig zu sein.

In der «Geschichte der Deutschen Sprache», die als Deutschlehrbuch anno 1983 in Kyjiw herausgegeben wurde, stellt sein Autor, Sprachforscher und Professor für Germanistik, Wasyl Bublyk, fest:

«Die Ähnlichkeit der Lautgestalt, zum Beispiel der Wörter Bruder (dt.), brother (engl.), brat (ukr.), fratello (ital.), ist nicht zufällig. Ebenso ist die Übereinstimmung der Wörter gel (ide.), geln (lat.), kalt (ahd.), cholod (ukr.) oder des Existenzverbs ásti (aind.), est (lat.), ist (got.), jest (aslaw.) kein Zufall. Die ähnliche Form und die gleiche lexikalische Bedeutung dieser Wörter lassen die Schlussfolgerung zu, dass es hier um ein für diese Sprachen gemeinsames Wortgut geht.»

Nicht minder deutlich äussert sich über das gleiche Thema der deutsche Schriftsteller Reinhard Schmoeckel in seinem fundamentalen Werk «Die Hirten, die die Welt veränderten»:

«Wir – das sind alle Europäer, nicht etwa bloss die Deutschen oder Germanen allein. So gross sind die Unterschiede der Menschen in Europa gar nicht, vom Nordkap bis zum Peloponnes.»

Die geneologische Zusammengehörigkeit so gut wie aller europäischen Sprachgruppen ist seit Jahrtausenden eine Tatsache, da sie in ein und derselben, nämlich in der altindischen arischen, Sprache verwurzelt ist – im Sanskrit. Deswegen spricht man von Indoeuropäern. Man muss das nur wissen, bevor man durch fehlende Erudition oder im Rausch der nationalistischen Überheblichkeit leichtfertig die Trennlinien in Europa absichtlich, unbedacht oder aus glatter Borniertheit zieht.

Dasselbe betrifft das Brauchtum, Handwerk, Trachten, Volkskunst. Über zwei Jahrhunderte gehörten zum Beispiel Galizien und Lodomerien zu östlichsten Provinzen der K.-u.-k.-Doppelmonarchie an. Und damit die Huzulen, die Bergbewohner der ukrainischen Karpaten, wo ich nota-

bene geboren wurde. Die Huzulen bilden eine ausgesprochen bemerkenswerte kulturelle Ethnie. Das beginnt unmittelbar bei ihrer Sprache, ein kunterbuntes Patchwork, das der einen Mix aus Ukrainisch, Rumänisch, Ungarisch, Deutsch, Polnisch, Slowakisch und sogar Französisch darstellt. Ihre farbenfrohen Trachten weisen Grundelemente zahlreicher europäischer Nachbarn von nebenan auf: Ihr Volkshandwerk – wie Holzschnitzereien, Spitzen, Stickereien – weist verblüffende Ähnlichkeiten mit schweizerischen, insbesondere mit appenzellischen Mustern, Motiven und Verzierungen auf. 2010 druckte die Zeitung «Appenzeller Volksfreund» meinen ganzseitigen Artikel «Appenzeller der Karpaten» ab. Mit Text und Bildern präsentierte ich darin die eingangs erwähnten Analogien. Mein Wunsch, die Schweizer Leser mit dem Phänomen vertraut zu machen, ihr Interesse für die Huzulen zu wecken, sie zu möglichen Kontakten mit diesen Verwandten zu animieren, ging nicht in Erfüllung. Es gab auf diesen Artikel keine einzige Reaktion.

Zur huzulischen Lebensweise gehört auch die traditionelle Trembita, ein recht extraordinäres Musikinstrument. Drei Meter lang kann es sein. Es ist gerade und wird mit besonderer Kunstfertigkeit aus Baumrinde hergestellt. Die Stimme Trembitas ist rau, wenn nicht sogar ein wenig schauderhaft; man benutzte sie seit Urzeiten für drei konkrete Zwecke: Als Warner vor Gefahren oder als Verkünder von bevorstehenden Hochzeiten und Begräbnissen.

Das ist ein Grund, warum ich nicht sonderlich überrascht war, als ich das Alphorn erstmals sah. Das Instrument, das im Unterschied zur Trembita aus Holz gefertigt wird, kam mir sofort bekannt vor. Und war meiner Seele nah. Seine tiefsanfte Stimme hat mich auf Anhieb erobert; ohne Wenn und Aber habe ich die lange Röhre ins Herz geschlossen.

Zwar spielen auch noch Bayern und Österreicher dieses Instrument ... Na und? Damit wird die Parallelität der Europäer abermals nur bestätigt. Das Schweizer Alphorn hingegen steht für mich gefühlsmässig an erster Stelle – als immerwährendes, kulturell eigenständiges Sinnbild der Eidgenossenschaft.

«Im Patio» - Öl auf Leinwand, 50 × 60 cm

IM PATIO

Marina San Giovanni ist der Name dieses Ortes, das am Westufer im äussersten Süden der salentinischen Halbinsel liegt, bekannt auch als Apulien. Seit Anfang der Achtzigerjahre bin ich hier häufiger Gast. Im Landesinnern, in der sieben Kilometer entfernten Stadt Ugento, leben meine alten Freunde Graziella und Enzo Stefanelli. Wir kennen uns aus der Zeit, als Enzo in den Siebzigerjahren in Zürich noch Gastarbeiter war. Nach seiner Rückkehr in die Heimat investierte er mit Bedacht das in der Schweiz verdiente Geld in Ölbäume; später erwarb er tonnenweise den fruchtbaren rotbraunen Humus, der unter den Bäumen verteilt wurde, und begann zielstrebig mit der Kultivierung von Tomaten, Karotten, Zucchini, Kartoffeln, Melonen, Gurken usw. So hat es der tüchtige Enzo nur im Verlauf von einem Jahrzehnt geschafft, ein erfolgreicher Grossbauer zu werden, dessen landwirtschaftliche Erzeugnisse auch in die Schweiz exportiert werden!

Das Wort «Marina» verrät die Lage von San Giovanni – es liegt am Meer. Die Stefanellis haben hier ein Ferienhaus, in dem wir zwei Wochen ungestört wohnen dürfen. Ein mit einem dichten Traubenblätterdach bedeckter Giardino bildet vor dem Hauseingang eine Art Patio. Allerlei südliche Gewächse, Blumen und Sträucher verleihen diesem Innenhof die uns nach einem recht stressigen Jahr zu Hause so viel Ruhe verspricht.

Die herzliche Gastfreundschaft Stefanellis bewegt uns sehr; so wollen wir auch unsererseits ein Zeichen der Dankbarkeit setzen und ich male eines Tages in diesem Giardino ein metergrosses Ölbild, «Le Bougainvillea», für sie. Das Motiv ist einfach: Weil Bougainvillea (deutsch: die Drillingsblume) ein verholzendes Schlinggewächs mit bunten Blumen ist, ziehen sich seine Zweige fleissig entlang der weiss getünchten Wand in alle Himmelsrichtungen hin. Die von oben fast vertikal herabfallenden Sonnenstrahlen werfen von den Zweigen lange, dunkle Schatten an die Wand, welche so scharfkantig erscheinen, als seien sie von einer unsichtbaren Hand mithilfe von raffiniert ausgeschnittenem Schablonendekor und Airbrushpistole besprüht worden.

Die Arbeit am Bild ist sehr bequem; ich stehe ja ebenfalls im kühlenden Schatten, die grelle Gluthitze blendet nicht, sie bleibt hier ausserhalb der Augenreichweite. Und wie gewohnt assistiert mir unverdrossen Napoleon. Er hat sich auf ein Badetuch auf dem Boden gelegt, döst genüsslich vor sich hin oder beschnuppert wieder einmal die Farben auf der Palette sowie das kleine Einmachglas mit dem Reinigungsbenzin. Schelmisch stupst er das Gefäss mit dieser widerlichen Flüssigkeit mit der Nase ... bis er es umwirft. Danke für die tatkräftige Hilfe, lieber Napi!

Geschafft! Das neue Bild «Le Bougainvillea» habe ich den Stefanellis «abgeliefert», und wir sind sehr froh, dass ihnen die Überraschung ehrlich gefallen hat. Nun gut, ein Andenken aus Marina San Giovanni für uns selbst habe ich jetzt allerdings keines mehr. Unter den mitgebrachten Leinwandreserven befindet sich jedoch noch eine kleinere 50 × 60 cm grosse Leinwand auf Pavatex, und ohne gross nachzudenken, mache ich mich wieder an die Arbeit. Das Gemälde wird mit schwungvollen Spachtelstrichen grösstenteils in Grau und Schwarz gemalt – lauter lang gestreckte, unwirklich zerfranste Schattenmuster der Pflanzen, die einem Teppich nahekommen, der durch gleissendes Licht und Reflexe gewoben wurde.

Vollfarbig allerdings male ich nur spröde Geranienblümchen und- blätter, die aus dem schwarzen Topf irgendwie müde – vielleicht wegen der Hitze – heraushängen. Auch die Hibiskusblüten, die im kleinen, ausgedienten Spiegel mit verrottetem Holzrähmchen an der Wand vis-à-vis reflektiert werden.

P.S. Neulich nennt man den Ort auch Torre San Giovanni

«Der Olivenbaum» - Kohlestift, 50 × 40 cm

DER OLIVENBAUM

Den Namen «Olivenbaum» kenne ich noch aus der Kindheit dank der Bibel, die meine Mutter gelesen hatte. Die Jünger Jesu pflegten, hiess es darin, sich vorzugsweise im Schatten der Olivenbäume zu versammeln, weil sie nur dort eine sichere Zuflucht vor den allgegenwärtigen römischen Spionen und den eigenen jüdischen Denunzianten fanden. Da solche Bäume in Galizien weit und breit nicht zu finden waren, träumte ich immer wieder davon, die in meiner Vorstellung geheimnisvolle, unbekannte Baumart irgendwann mit eigenen Augen bestaunen zu konnen. Der Baum musste verzückend schön, wenn nicht gar märchenhaft sein; so bezaubernd malte ich mir den Olivenbaum in meiner Fantasie aus. Ergo war meine Enttäuschung gross, als ich dem Baum erst-

malig begegnet bin: Seine kleinen, mattgrünen Blätter, bestückt mit dünnen, dürren Zweigen, die aus den dicken Ästen irgendwie widernatürlich ragten, fand ich kaum originell. Und der zweite Dämpfer war noch schlimmer: die Olivenfrüchte. Gott, die sind doch kriminell sauer! Oder bitter! Was soll darin so verführerisch Schmackhaftes sein?, rätselte ich. Wieso hatten ganze Scharen mediterraner Dichter diesen hässlichen Baum schon im Altertum immerzu in den Himmel gelobt?

Die Liebe – und wer es so will – die Vorliebe für den Olivenbaum und dessen Früchte hat mir Apulien beigebracht. Genauer: die grossartige Salentinische Halbinsel, salopp bekannt als der Absatz des italienischen Stiefels. Und diese Liebe kam nicht auf den ersten Blick, sondern auf leisen Pfoten. Erst dort entdeckte ich die unzähligen Olivenbaumarten – es gibt über 1.000 – und machte die Bekanntschaft mit der prominenten Olea europaea. Ich hatte einmal in irgendwelchen Schriften von Gelehrten gelesen, dass der Baum im Altertum im Mittelmeerraum angebaut worden sei und sich erst von diesem Zeitpunkt an verbreitet habe. Irrtum! Diese These hielt sich nur so lange, bis in den Ascheablagerungen des Vulkans Thera, auf der Insel Santorin, fossile Blattabdrücke von Olea europaea gefunden wurden. Der Vulkan brach – und das ist fast witzig an der Sache – vor 54.000 Jahren aus! Weil der Lebensbaum im Altertum so kostbar war, drohte jedem, der ihn fällte, einen Kopf kürzer gemacht zu werden. Sein Holz wird total verwertet: als Brenn- und Baumaterial sowie als Rohstoff zur Herstellung von Geschirr, Musikinstrumenten und Möbeln. Das aus den Früchten gepresste Öl war und bleibt bis heute der wesentlichste Bestandteil der mediterranen Küche: Es wird damit gekocht und gebraten, findet Verwendung in Brot, Ragouts, Saucen, kalten Gerichten und Salaten. Wegen eines hohen Anteils an ungesättigten Fettsäuren gilt es als wirksames Heilmittel gegen Herz-Kreislauf-Erkrankungen; es fördert den Fettstoffwechsel, hemmt Entzündungen und wird nicht zuletzt für kosmetische Zwecke benutzt.

Die Bitterkeit einer frisch gepflückten Olive hatte mich dereinst bitter enttäuscht. Nun, ich Tölpel ahnte nicht, dass man die Geniessbarkeit der Olive ihrem Bad in Salzlake verdankt, welche die Fähigkeit hat, der Frucht ihre Bitterstoffe zu entziehen. Langsam, aber sicher kam auch ich zu meinem Genuss von Oliven, vor allem der grünen, jene, die in Olivenöl schwimmen, grosszügig angereichert mit allerlei scharfen Chilisorten. Himmel, sorry, Feuer im Mund!

In Apulien, das von Ost bist West wie ein unaufhörlicher Wald aussieht, staunte ich über ein nie vorher erlebtes Phänomen – über silber schimmernde Bäume. Je kräftiger der Sonnenschein, desto intensiver leuchtet das Laub. Es dünkt einen, als ob die Bäume ihr natürliches Olivengrün momentan ad acta gelegt hätten, um sich in diesem zauberhaften, silbernen Dunst zu wiegen ... Bald danach tauchte ich in einen wahren Hainen-Ozean mit seiner schier endlosen Vielfalt von Stämmen: knorrig, mächtig, von den wildesten Formen und Gestalten mit geheimnisvollen Höhlen, skurrilen Geschwülsten, brachial gefurchter Borke, gähnenden Spalten und Rissen, als wären sie von Millionen von unbekannten Bildhauern, je nach deren Begabung oder Capricen, geschnitzt worden. Meine Bewunderung und Liebe zur Olive wurde besiegelt.

Den roten Staub der roten Erde haben wir unweigerlich überall: in der Nase, in den Ohren, in den Augen und in jeder Körperpore; das ist der Preis der Motivsuche mit dem Auto. Ein Glück, dass die trockene Hitze erträglicher ist als die feuchte. Choräle der in den Bäumen verschanzten Zikadenlegionen betören unsere Ohren pausenlos. Auch das liebe ich! Mehrerlei Olivenstämme prahlen erneut mit ihren zyklopischen Ausmassen, manche sind derart verdreht, dass sich einem die Frage aufdrängt: Warum wurden sie so «entstellt»? Und wo ist das Reissbrett, auf dem sie entworfen wurden? Sie könnten doch ganz normal gerade wachsen, wie alle anderen Bäume in der Welt das tun. Aber das dürfen sie offenbar nicht! Wiederum auf Befehl des «Oberdesigners»?

Um das Dorf Felline erstreckt sich ein regelrechtes Freilichtmuseum der spektakulärsten Naturstandbilder, deren graues Alter sich über Jahrhunderte oder gar Jahrtausende erstreckt. Ein ganzes Menschenleben würde nicht genügen, um auch nur einen winzigen Teil dieser gewaltigen «Sammlung» zu ergründen, zu studieren oder sie zu malen ... Am Fuss einer steinalten Olive macht es sich Napoleon endlich bequem, derweil ich aus dem Kofferraum einen kleinen Klappstuhl, Papier und Kohlestifte hole und den grotesken Baum skizziere, dessen archaischer Aura ich mich nicht entziehen kann.

«Posada» - Öl auf Leinwand, 41 × 31 cm

POSADA

  Während die Costa-Smeralda-Küste für Multireiche und einfache Touristen mit Gediegenheit und sardischen Prachtlandschaften assoziiert wird, ist die bescheidene, nur ein paar Quadratkilometer grosse Schwemmebene am Rand der Provinz Baronia, im Nordosten des Eilands, eher wenig bekannt. Nur diejenigen, die mit dem Auto von Olbia in südwestlicher Richtung nach Nuoro-Oristano unterwegs sind, sehen plötzlich links von der Autobahn ein ungewöhnliches Bild: Ein Felsenkamm von titanischem Ausmass in Gestalt eines liegenden Dinosauriers ragt über das grüne Tal. Das aufsehenerregende Naturgebilde ist jedoch nicht unbewohnt. Schwalbennestern ähnlich, klammern sich Dutzende von Häusern an die halsbrecherischen Hänge, klettern treppenartig bis zu dessen Spitze empor oder stehen auf den vertikal abfallenden Klippen, direkt über den klaffenden Abgründen.

Das ist Posada, das ich mit Napoleon heute malen will. Seit mehreren Stunden fahren wir entlang des unwirtlichen Felsens hin und her, um einen passenden Platz und eine Perspektive, welche sich irgendwo in diesem Busch versteckt hält, zu erspähen. Man darf dabei nicht ausser Acht lassen, dass die Ebene nicht völlig wüst ist: Felder, Zäune, Wasserrinnen, wild wuchernde hohe Grä-ser, Bäume, Gestrüpp und verstreute Steine – alles sichtbare und unsichtbare Klötze im Wege zum ersehnten Ziel. Meine tiefliegende Limousine eignet sich kaum für solche Einsätze; eine dicke Beule am rechten hinteren Kotflügel habe ich mir bereits «eingefangen». Einen Jeep braucht man hier!

Bevor die Suche nach dem imaginären Malplatz fortgesetzt wird, sinne ich über Posada nach, so wie sich mir diese Stadt in meinem Inneren eingeprägt hat. Wie sieht also das Leben in einem Ort aus, wo alles zwangsweise schief stehen will? Lässt es sich dort genauso wie anderswo, wo es auch mal flacher ist, ganz normal ansässig fühlen? «Doch, doch», sagen meine alten Bekannten gelassen, «das geht ganz prima.» Keine Frage, die raue Grazie des Ortes macht auf den Reisegast einen unvergesslichen Eindruck. Wen es hierher verschlagen hat, der fühlt sich ab und an, als wäre er in eine andere Zeit geraten. Der blanke Stein und die Vorherrschaft von Opuntien bestimmen den lokalen Tagesablauf. Enge Steingassen, grob gehauene Häusersteinwände, Steinstrassenpflaster, Steinbänke und Tore, Steintreppen und abschliessend krönt der wuchtige Steinquaderturm des Castello de Fava aus dem 12. Jahrhundert Posadas versteinerte Idylle.

Und wie könnte es anders sein: Auch hier leben die Menschen reichlich beglückt mit allen obligaten zivilisatorischen «Segnungen» – die Muscheln der TV-Parabolantennen kleben an den Häusergemäuern wie überdimensionale Pilze nach dem Regen; abgestellte Autos verengen die ohnehin schmalen Gassen zu mühsam passierbaren Pfaden; die Natelmasten, Telefon- und Elektrokabel versperren den Blick auf das schimmernde Azzuro des Meeres in der Ferne; die Strassenhändler mit ihren Dreiräder-Piaggios preisen schrill über die

Lautsprecher Matratzen, Fisch und Gemüse an ... Alles in allem ein Bild, das für jede andere italienische Stadt durchaus typisch ist. Ausser dass man manches Existenznotwendige dem steinharten Berg im Schweisse seines Angesichts abtrotzen muss. Wie etwa Kanalisation- oder Wasserleitungen, die es in Granit zu verlegen gilt. Eine garantiert echte Knochenarbeit muss das sein! Was an sich schon ein wahres Kunststück ist!

Stein, See und Winde aus allen Richtungen schufen den einheimischen Menschentypus. Er ist nicht überschwänglich offen wie derjenige aus dem entlegenen Kontinent. Vielleicht ein wenig misstrauisch oder distanziert den meist hemmungslos lärmigen Fremden gegenüber, die unbekümmert seine Windstille stören ... Nachdenklich, zurückhaltend, doch ehrlich und würdig ist er.

Ich halte an. Mache eiligst die Tür auf, lasse den unbändig schnaufenden Napoleon heraus. Gierig schlürft er kühles Nass aus der Schüssel; prompt danach – als wäre die Strapaze nie gewesen – geht er seinem «Hundegeschäft» nach: das Terrain um das Auto erkunden. Die kleine Lichtung erweist sich unerwartet als perfekt, die schweisstreibende Suche nach ihr war nicht vergeblich – erst jetzt habe ich freie Sicht auf den mächtigen Kegelberg.

Es wird umgehend gemalt – Posada.

«Monte Lungu» - Öl auf Leinwand, 50 × 60 cm

MONTE LUNGU

    Terra de'Entos – Land der Winde – wird Sardinien seit jeher im Volksmund genannt. Besonders treffend bezieht sich diese Weisheit auf den nördlichen Teil des Eilands. Selbst im Hochsommer können hier tagelang lästige Winde – Tramontana, Greco oder Scirocco – fegen, was manchem Urlauber jede Freude, baden zu gehen, verdriesst. Auch wir tun das nicht jeden Tag. Sardinien, das wegen einer enormen Zahl von Kakteen-Gattungen auch als Kakteen-Insel bezeichnet wird, bietet dem lernwilligen Besucher zahlreiche Sehenswürdigkeiten, seien es fabulöse Grotten, archaische Wehrtürme (Nuragen), malerische Bergdörfer, eine bezaubernde Umgebung, wo auch immer man fährt oder geht. Das Land der Winde ist unschlagbar schön!

Um den Santa-Lucia-Strand, der zehn Kilometer südlich von La Caletta liegt, zu erreichen, muss man die Hauptstrasse verlassen und auf eigenes Risiko im dichten Buschwerk holprige, verstaubte und verschlungene Wege zum Meer nehmen. Beileibe nicht jedem Autofahrer, der pingelig auf sein Auto bedacht ist, behagt diese Idee. Ich hingegen steuere längst nicht zum ersten Mal dorthin; man ist mit der Gegend so gut vertraut wie mit der eigenen Westentasche. Und Napoleon, der, in seinem «Thron» hockend, immer höchst aufmerksam mitnavigiert, kennt den Weg todsicher noch besser als ich. Einige Male verirre ich mich in diesem grünen Labyrinth trotzdem. Er merkt umgehend den Irrtum und signalisiert das mit seinem Gebell.

Der Strand ist herrlich und dazu beinahe menschenleer. Das ist gewiss ein wichtiger Vorteil. Der Nachteil: Horden von herrenlosen, verwilderten Hunden. Ein Umstand, der Napoleon und uns gar nicht gefällt. Man sieht, wie er, der Aristokrat, diesen Pöbel verachtet. Dementsprechend ist er die ganze Zeit damit beschäftigt, die Meute scharf zu beobachten. Kommt sie wieder mal zu nah, gurgelt in seiner Kehle gestaute Empörung; er macht Anstalten, auf sie loszugehen. Das darf ich aber nicht zulassen; die Gefahr für ihn, den in die Jahre gekommenen älteren Herrn, wäre allzu gross. Meine Aufgabe liegt darin, ihn und die Hunde ohne Unterlass im Auge zu behalten.

Etwa 200 Meter vom Meer entfernt säumen Sanddünen den Strand; hinter ihnen döst in der Mittagshitze ein dunkler Pinienwald vor sich hin. Seine von Stürmen verbogenen oder schief stehenden Baumstämme faszinieren mich mit ihrem sehr grafisch wirkenden Formenreichtum. Dort, im tiefschwarzen Schatten, steht immer unser Auto. Im Kofferraum: Malkasten, Farben, Leinwände. Doch nur den Strand auf die Leinwand zu bringen, ist mir irgendwie zu simpel. Wie auf jedem anderen Strand der Welt breitet sich auch hier eine identische, langweilige Idylle aus – nur Sand und Meer. Das besagt kein Ereignis im Bild, das man obligat mit Farben festhalten sollte. Keine Spannung schlechtweg. Geschweige denn etwas Typisches für Sardinien. Aber dieser «geschundene» Pinienwald im Vordergrund, mit dem am Horizont emporragenden, in meinen Augen genuin emphatischen, doppelbuckeligen Berg Monte Lungu, ist schon der Farbe wert. Aber sicher!

Ich entscheide mich für fünf Pinien am Rande des Waldes, die sich als Erste der Orkan-Gewalt widersetzen müssen. In der Lichtung hinter ihnen liegt ein blauer Weiher, der nicht zum Meer gehört, das auf der rechten Seite ausserhalb des gewählten Bildausschnitts rauscht. Jetzt muss die Staffelei aus dem Kofferraum heraus. Doch nächstens wird klar, wie hinderlich die rabiaten Windstösse vom Westen sind, das heisst von links, welche die Staffelei mit der Leinwand darauf jederzeit wegzupusten drohen. Sie müssen irgendwie festgemacht werden. Vielleicht mit einer Schnur an die weit offene hintere Autotür anbinden? Gut so! Während sich Napoleon auf seinem bewährten «Thron» genüsslich auf dem Rücken ausgestreckt hingelegt hat, sitze ich bequem auf der Schwelle der vorderen Autotür zwischen zwei Türen wie zwischen zwei Wänden. Eine Idee, die mir fortan oftmals ungemein hilfreich sein wird.

Vor langer Zeit wurde ich gefragt, woher ich die Sicherheit hätte, wann das Bild endgültig gemalt sei. In der Tat, woher? Alberto Giacometti zum Beispiel wusste es auch nicht; ein Grund – wie er behauptete –, warum seine Werke nie vollendet worden sind. Und ich? Das weiss ich ebenfalls nicht. Man malt ganz einfach vor sich hin. Man pinselt, man mischt die Farben, man hat dabei keine Zeit, nachzudenken, die Welt um sich herum wahrzunehmen. Man steht unter grossem Druck, weil Licht und Farben davonpreschen, sie ändern sich unaufhaltsam im Minutentakt ... Irgendwann hat man von diesem Stress und dieser unerträglichen Eile die Nase voll, und die innere Stimme – oder eine aussersinnliche Intuition, wer weiss das schon genau? – befiehlt mir, haltzumachen. Und damit ist die Arbeit beendet.

Die bemalte Leinwand, die von nun an das Gemälde «Monte Lungu» – auf Sardisch «Der lange Berg» – heisst und sein eigenes Leben beginnt, welches womöglich Jahrhunderte währen wird, wandert vorerst zurück in den schützenden Kofferraum. Wie bereits gesagt – beendet ist beendet!

Jetzt gehen wir zum Meer, um die mit Farben verschmutzten Hände zu waschen. Das bedeutet einen Marsch über die Dünen und quer über den breiten Strand. Zufrieden mit getaner Arbeit, lässt meine Wachsamkeit kläglich nach; arglos schreiten wir Richtung Wasser weiter, ohne zu wissen, wer hinter der nächsten Düne auf uns wartet: fünf grosse Hunde! Und bevor ich die Gefahr erkenne, bevor ich an einen raschen Rückzug denke, fällt der nur neun Kilo wiegende Napoleon wie eine Furie mit haarsträubendem Gebrüll über die Meute her. Im Bruchteil weniger Sekunden merke ich bloss, wie seine kurzen Tätzchen bis an die Brust im tiefen Sand versacken. Gott, eine total hoffnungslose Lage! Aber urplötzlich, wider Erwarten blitzschnell, als ob aus einem unsichtbaren Katapult geschleudert, schafft er es mit phänomenaler Kraft und Beschleunigung, aus der Sandfalle emporzuschiessen ...

Hals über Kopf renne ich ihm hinterher, um ihn zu retten ...

Vergebens: Die durch einen ungestümen Angriff überraschten Hunde-«Feinde» rennen winselnd und bellend allesamt panisch in alle Richtungen davon; bald verschwinden sie spurlos in der Ferne wie ein Spuk, der niemals hier gewesen ist.

Vor schrecklicher Angst um Napoleons Leben immer noch ausser Atem, lasse ich mich komplett verstört vor ihm auf die Knie fallen und ... zerfliesse regelrecht in Tränen. Auch mein lautstarkes Heulen ist nicht zu bändigen. Allein die kleinste Vorstellung davon, was mit ihm passiert wäre, wenn sich die bedrohliche Meute umgedreht hätte, lässt meine Haare zu Berge stehen.

Glücklich schluchzend drücke ich seinen pfannenheissen Körper an mein Herz, das jeden Moment aus der Brust herauszuspringen droht.

«Der Sarazenenturm» - *Aquarell 50 × 60 cm*

DER SARAZENENTURM

Auch an diesem Tag liess der Mistral – der sardische nordwestliche Wind – nicht nach. Willkürlich wechselte er seine Richtungen; mal blies er vom Meer, mal vom Westen. Über dem ausgedörrten, kahlen Gebirge rotteten sich beharrlich immer wieder neue Wolkenlegionen zusammen, die sich aber an den heissen Küste jäh in der Luft auflösten. Dessen ungeachtet gab der Wind nicht nach. Lästig und schön ist dies gleichzeitig. Ein Natur-Paradoxon allemal.

Diesmal habe ich mir vorgenommen, nur ein Aquarell zu malen, wenngleich ich mit meinen Winsor-&-Newton-Farben nicht ganz zufrieden bin: Sie verblassen allzu stark, sobald das Bild trocknet. Auch die geringe Farbenzahl – nur deren 24 – beschränkt die Malmodulationen. Die Absicht, die passende Naturepisode zu finden, ist wie immer diffizil, obwohl: Wohin das Auge reicht, drängen sich von allen Seiten lauter faszinierende Farbvarietäten auf. Ich suche jedoch keine netten Postkarten-Ansichten; etwas Wesenhaftes, eher Schlichtes statt Pompöses schwebt mir vor. Ja, so mal im Voraus genau zu sagen, wonach ich suche, ist schwierig. Napoleon auf dem «Thron» hinter mir fühlt sich komplett happy, er fährt ja wieder. Egal wohin! Während der Fahrt dreht sich sein Kopf wie ein kleiner Radar ständig herum. Die Ohren hochgestellt, im Gesicht volle Konzentration. Nichts entgeht seinem Blick, zumal wenn im weiten Unterholz ein herrenloser Hund streunt – er bellt von ganzer Seele ohrenbetäubend laut. Ich nehme das gelassen hin; er drückt damit nur seine pure Freude aus, die durch eine überwältigende Zahl von Wahrnehmungen hervorgerufen wird. Selbst die Tonart seines Gebells weist, identisch wie beim Menschen, je nach Gefühlslage oder Umständen, bestimmte akustische Nuancen auf. Mit der Zeit habe ich gelernt, sie zu deuten.

Die stundenlange Herumfahrerei durch die Gegend bescherte kein Motiv nach meiner Vorstellung; nun steuere ich das Auto entlang des Ufers, unweit von La Caletta. Unverhofft weckt ausgerechnet hier ein runder Turm an einer schmalen Landzunge meine Aufmerksamkeit. Eine einsame Bucht mit einem kleinen, menschenleeren Sandstrand. Schön! Auf der schmalen Peninsula neben dem Turm streckt sich ebenmässig ein dunkelgrünes Dach von Pinienkronen in die Länge. Sonst ist nichts mehr im Bild. Und diese kraftvoll lakonische Bühne finde ich sofort optisch lecker.

Voller Übermut schnellt Napoleon unbekümmert über den Strand zum Wasser. Will er baden? Nein, er stürmt auf die tosenden Wellen zu, rückt zu Scheinangriffen aus und rennt panisch davon, sobald das schäumende Wasserungetüm ihm an den Fersen sitzt. Dem Unterton des Gebells entnehme ich seine Entrüstung darüber, wieso sich diese merkwürdig rauschende Nässe ohne jegliche Erlaubnis so respektlos zu bewegen wagt. Was soll das?

Unterdessen erschwert der tosende Wind meine Malvorbereitungen erheblich. Ich habe hier keine Staffelei, nur ein grossformatiges Papieralbum. Hm, wie mache ich das? Vielleicht doch wieder die beiden Türen an der rechten Autoseite öffnen und zwischen ihnen auf der Türschwelle hocken, geschützt vor Wind und Sand, der mit ihm in die Luft wirbelt? Der Trick funktioniert bombig; das Album liegt auf meinen Knien, doch arbeiten lässt sich's trotzdem. Beim Malen denke ich ungewollt an den turbulenten Werdegang Sardiniens. Fast jedes Volk beschwert sich über seine eigene, ohne Zweifel mühevolle Vergangenheit – Einverleibungen, Überfälle, Sklaverei, auswärtige sowie einheimische Tyrannen oder Ähnliches. Man glaubt gerne daran, dass man allein vom Schicksal brutal behandelt worden ist. Und Kakteen-Insel Sardinien? Warum steht dieser Turm hier? Vor welchen ungebetenen Gästen sollte er die Küste schützen? Wer hat ihn gebaut? Und wann?

Auch Sardinien war in der Vergangenheit ein Land, das reichlich geblutet hat. Durch Jahrhunderte, wenn nicht über Jahrtausende. Unzählige fremde Eindringlinge machten sich hier breit: Phönizier, Römer, Piraten, Spanier, Normannen, Franzosen, Türken ... Damit nicht genug: Auch nordafrikanische Sarazenen, die erstmals im 9. Jahrhundert an diesen holden Gestaden mit ihren Schiffen auftauchten, setzten das mörderische Werk ihrer Vorgänger nicht minder fleissig fort: Das Töten und Brandschatzen zog sich bis ins 16. Jahrhundert. Solche blutrünstigen Beispiele lassen sich leicht fortsetzen.

Über 70 solche Türme, die explizit Sarazenen-Überfälle vehindern sollten, stehen noch heute überall in Sardinen und gehören mit zur Landschaft wie Berge und Kakteen.

Die Geschichte Sardiniens hin oder her – aber woher kommt dieser penetrante, widerliche Gestank, der mich bei der Arbeit so ungemein stört? Nach Napoleons Art schnuppere jetzt ich angestrengt herum. Nein, der üble Geruch zieht nicht vom Autoinneren hierher. Woher dann? Und wo ist der kleine «Ganove»? Er entfernt sich sonst niemals aus unmittelbarer Sichtweite. Ach ja, da ist er, direkt unter mir, zwischen den Füssen und dem Auto. Vor ihm liegt ein grandioser, toter, halb vergammelter Fisch – seine heutige Beute vom Strand.

«*Novo Selo*» - Brač, Kroatien. Kohlestift, Pastell 40 × 30 cm

NOVO SELO

Die antiken Griechen nannten die Insel Elaphusa. Die römischen Historiker Polybios und Plinius der Ältere betitelten sie schon als Brattia. Ebenfalls auf den Karten von Claudius Ptolemäus aus dem zweiten Jahrhundert wiederholt sich der Name Brattia. Nun heisst die Insel definitiv Brač.

Und genau diese Insel wollte ich besuchen, ihrer Schönheit wegen, von der ich schon als Bub gelesen hatte. Erfreulicherweise werden meine Erwartungen nicht enttäuscht. Obwohl die lange Autoreise quer über Norditalien, dann über Triest, Slowenien und die ganze dalmatinische Küste entlang bis hin nach Split durch eine lästige Überraschung getrübt wird. Vor der Abreise beschädigte ein kopfloser Automechaniker den oberen Kühler-Motorschlauchanschluss – wovon ich nichts wusste –, der danach mitten in Triest abbrach. Wer etwas von Autotechnik versteht, weiss genau, was das bedeutet – eine Katastrophe! Alle paar Hundert Kilometer muss ich anhalten, den Motor an der prallen Sonne abkühlen lassen und erneut versuchen den verhexten Gummischlauch, der immer wieder vom Druck des Kühlwassers herausgeschleudert wird, wieder mit Schnüren und Draht fest zu fixieren. Das Provisorium hält aber nicht sehr lange; die Fahrt verwandelt sich in eine Zitterpartie! So fahre ich mit bangem Herzen und ständigem Blick auf die Wassertemperatur-Anzeige, ob es nicht wieder plötzlich kracht, bis nach Split.

Unser Ferienalltag wiederholt sich wie üblich auch hier – einen Tag verbringt man am zauberhaften kleinen Strand, den nächsten widmet man Erkundungsfahrten durch das 32 Kilometer lange Eiland. Schade, dass man doch so wenig Zeit zur Verfügung hat; es gibt hier so viel zu sehen und demzufolge zu malen. Sichtlich zufrieden ist ebenfalls Napoleon, der mittlerweile 13 Jahre alt geworden ist. Wegen der Kastration nimmt er stets an Gewicht zu; allen unseren Bemühungen zum Trotz, den verhängnisvollen Prozess zu stoppen. Auch seine Augen bereiten uns grosse Sorgen; er ist im Begriff, langsam zu erblinden. Behäbig und unsicher ist sein Schritt geworden, was ihn jedoch nicht hindert, fremde Hunde mit gleicher Schnelligkeit zu attackieren wie früher. Das ist jedoch ein leidiger Trost für uns; der Anblick seines Vergehens erfüllt mein Herz und meine Gedanken zunehmend mit schmerzlicher Wehmut, ich spüre in mir eine sich öffnende Wunde, die wohl niemals verheilen wird …

Das Ferienhaus, in dem wir bei einer Kroatin wohnen, befindet sich im östlichen Brač-Teil. Sumartin ist hier die grösste Stadt mit Hafen, welche in einer malerischen Bucht liegt, mit fantastischem Blick auf das Biokovo-Gebirge auf dem dalmatinischen Festland, das knapp über zehn Kilometer entfernt aus dem Meer ragt. Alle Wege und Umwege auf dieser Inselseite kenne ich bereits. So möchte ich einen Ort in ihrem Hinterland malen. Von Sumartin über Selca und eine verschlungene, aber gut asphaltierte Strasse kommt man zum Novo Selo – Neudorf. Etwas von seiner Geschichte zu erfahren, erweist sich als schwierig; dafür sieht man fast überall zahlreiche eigenwillige Standbilder,

Installationen und Ornamente, alles Werke der einheimischen autodidaktischen Steinmetze. Die putzigen Häuser schmiegen sich an die Hänge der Hügel, enge, verwinkelte Gassen sowie die obligate Pfarrkirche «Mariä Verkündigung» auf dem Scheitel des höchsten Gipfels beherrschen die verschlafene Stille der Siedlung.

In einem etwas düster erscheinenden Dorfviertel stehen die Häuser, die sich krass von den anderen unterscheiden. Sehr archaisch, gebaut von grob behauenen Steinen; selbst ihre steilen Dächer, unwahrscheinlich schlanke und hohe Schornsteine und Zäune – alles aus Granit. Treppenartig entsteigen sie dem Berghang, der stufenweise verschwindet irgendwo weit unten im unsichtbaren Abgrund. Die ungewöhnliche Kulisse vollendet im Süden das pure Blau der Meeresenge mit grandiosem Panorama auf die Insel Hvar.

Für Napoleon, der zeit seines Lebens den Rang meines privaten Kunstassistenten innehat, ist das lange kein Novum mehr, dass wir jetzt mal wieder einen Halt machen und einige Stunden an einem Platz hocken bleiben. So brauche ich mich bei ihm nicht zu rechtfertigen; er nimmt das Prozedere ohnehin mit lässiger Routine zur Kenntniss. Vorerst aber geht es ihm darum, die um das Auto herumliegenden, für uns eher stark unlesbaren «Notizen» und "Klatsch" der hiesigen Kameraden zu «entziffren». Hier und dort wird das Beinchen hochgehoben und die Ergebnisse der «Lesung» mit einigen dürftigen Tröpfchen besiegelt. Zum Andenken!

Erst nach der Absolvierung von Napoleons amüsanter aber obligaten Formalität darf ich mich ohne Gewissensbisse dem Bild zuwenden. Diesmal zeichne ich nur mit kargen Pastell- und Kohlestiften, weil mich das raue Steintum-Sujet kräftig stein-grafisch eingestimmt hat.

DAS LETZTE WORT

Während unseres Umzugs von der Deutschschweiz ins Tessin verlor ich sie aus dem Blickfeld – die kleine Meeresschildkröte. Erst viele Monate später entdeckte ich sie unverhofft in einer Plastikschachtel ... im Keller. Der Fund hat mich so sehr erfreut, als wäre dies ein kostbares Kleinod. Ein spontaner Gedanke schoss mir durch den Kopf: Wie stark und höchst emotional können wir Menschen uns an tote Dinge binden lassen? Doch ist eine ausgetrocknete, winzige Schildkröte wirklich lediglich ein Ding?

Gleich erinnerte ich mich an den weit zurückliegenden August 1986. Auf dem menschenleeren Strand von Neohorion, im westlichen Peloponnes, fand ich eines sonnigen Morgens im Sand, nur ein paar Schritte vom Wasser entfernt, dieses kleine Wesen – die Schildkröte. Sie war tot. Offenbar war sie des Nachts aus einem Ei geschlüpft und entschlossen mit zahlreichen Geschwistern zu ihrem künftigen Lebenselement, dem Meer, gekrabbelt. Aber sie schaffte es nicht. Ein unbekanntes Hindernis versperrte ihr den Weg zum Leben, dem sie schon so greifbar nah war. Dereinst sollte sie hierher, zum Strand von Neohorion, der ihre Stammheimat ist, zurückkehren, um mit der Ablage eigener Eier den Platz in Raum und Zeit für ihre Nachkommen zu sichern. Doch das zynische Kalkül der Vorherbestimmung hat auf seine übliche Manier entschieden: kein Zentimeter weiter! Warum denn? Oder dachte sich der «Grosse Meister» – der Schöpfer – in seinen Plänen mit ihr etwas anderes aus?

Wenn ja, was?

Als ich sie aufgelesen hatte, war sie noch weich. Ihre matten, erloschenen Augen starrten mich traurig und teilnahmslos an. In meinem Herzen verspürte ich beklemmende Traurigkeit; ich fühlte mich so, als wäre ich an ihrer Stelle gewesen, und ich konnte rational nicht begreifen, warum der Schöpfer sie noch vor dem Leben zum Tode verurteilt hatte. Wofür denn? Für welche Sünden oder Vergehen? Und jetzt lag dieses schnuckelige Körperchen vergessen und verlassen darnieder, mitten im Universum, dem Wind preisgegeben, der schon im Begriff war, es für immer mit dem Sand zu verwehen.

Die kleine Schildkröte liess ich an der Sonne trocken; dann trat sie eine Reise mit uns in die Schweiz an. Auf einem Bücherregal fand sie ihren Platz und ihre ewige Ruhe. Zumindest solange ich lebe.

20 Jahre waren vergangen. Ende September 2005 besuchte ich erneut die Heimat der in all der langen Zeit so lieb gewordenen toten Schildkröte. Auf dem Weg nach Kyparissia bog ich von der Hauptstrasse nach Neohorion ab, und alsbald öffnete sich meinem Blick der sagenhafte Strand ihrer Geburt. Ungeachtet seines Alters und seiner schwächelnden physischen Kondition, trippelte munter neben mir das geliebte Söhnchen Napoleon. Noch konnte er halbwegs sehen und hören ... Er rannte auf seinen schneeweissen Pfötchen überglücklich hin und her, buddelte wie in den alten guten Zeiten unverdrossen tiefe Gruben in den Sand, und mit dem charakteristisch nach vorn gebogenen Schwanz und dem gefundenen Ast oder der Muschel im Maul eilte er zu mir zurück. Lustig flatterten in der kräftigen Brise seine Ohren, unablässig den Eindruck erweckend, er wolle damit in die Lüfte steigen. Sein ergrautes, liebes Gesicht strahlte vor grenzenloser Freude, seine unverwechselbare Haltung und Körpersprache sprachen ganze Bände. Wir verstanden uns auf Anhieb, Worte waren wie immer überflüssig ...

Und wieder spürte ich eine rätselhafte, dumpfe Unruhe in meiner Brust. 15 Jahre alt war mein Napoleon, 86 Jahre alt nach menschlichem Ermessen. Das weisse Gesicht und die gänzlich weiss gewordenen Pfötchen verrieten seine eskalierende Senilität. Immer häufiger fragte ich mich voller Furcht, wie viel gemeinsame Zeit uns noch beschieden sein würde? Elżbietas Dackel Hamlet lebte 23 Jahre. Würde der «Grosse Meister» Napoleon, meinem Ein und Alles, einen ähnlichen Segen bescheren? Würde er unsere hingebungsvolle Liebe zumindest um ein Quäntchen berücksichtigen und würde er Napoleon grossmütig Gnade zuteilwerden lasen?

«**N**apoleon, komm doch näher, ich habe exakt die Stelle gefunden, wo unsere glücklose, tote Schildkröte lag!»

Prompt zog er die Ohren hoch, sodass sie eine gerade Linie mit dem Kopfscheitel bildeten; sein Schwänzchen zitterte leicht, wie eine gespannte Bogensehne. Vertrauensvoll sah er mit seinem treuseligen Blick tief in meine Augen, wohl wissend dass sie der Spiegel meiner Seele waren.

«Hier lag sie, die Arme. Verstehst du mich?»

Seine Antwort war ein kurzes Bellen. Ich liess mich auf den Sand nieder, nahm ihn inbrünstig in die Arme. Und wie immer in den verflossenen gemeinsamen Jahren schleckte er auch diesmal dankend meine Nase, legte sein niedliches Mäulchen auf meine Schulter, und ich vernahm wieder beschleunigte Schläge seines Herzens ... Auch mein Herz gehörte ihm - unwiderruflich! All jene, die solche Beziehung selbst nicht haben und sie nicht verstehen, haben eigentlich auch nichts zu verlieren, ebenso wenig wie sie befürchten müssen, dass ihr Leben nach dem Tod eines geliebten Tieres von fortdauerndem Schmerz und Gram geprägt sein könnte. Präventiv zu sein, sich mit nichts und niemandem gefühlsmässig binden zu lassen, bedeutet auch, keine materiellen oder seelischen Einbussen in Zukunft erleiden zu müssen. Man kann ja nicht etwas verlieren, was man nicht hat! Doch die Zeit holt eines Tages sowieso jeden ein. Leider Gottes bin ich diametral anders beschaffen als ein eigennütziger kühler Pragmatiker, der palliativ auf die Bewahrung seines Heiligen Grals – seines «Ichs» – bedacht ist. Das Schicksal schenkte mir ganz irrational diese edle Seele in Form eines Hundes, der für mich letzten Endes – womöglich nicht minder irrational – mehr zählt als mein eigenes Leben.

Was steht mir bevor, wenn Napoleon ...

Der Wind hat unauffällig nachgelassen; am fernen, glitzernden Horizont kumulierten sich zerzauste Klumpen abendlicher Wolken. Die brennende Scheibe der Sonne sank hinter ihnen schnurstracks in die Tiefe herab: «Sie geht irgendwie zu hastig unter, als wolle sie von uns so rasch wie möglich Abschied nehmen», kam mir unwillkürlich der Gedanke in den Sinn.

Damals wusste ich noch nicht, was das zu bedeuten hatte.

In den darauf folgenden Monaten stellte sich heraus, dass unsere Gebete für das ein langes Leben Napoleons völlig umsonst waren. Nebst zahllosen Krankheiten, die ihn lebenslang plagten, hat ihm der «Grosse Meister» jetzt das Augenlicht genommen. Dann hat er ihn taub gemacht. Damit nicht genug: Im Sommer 2006 liess er mich mit Napoleon in den Armen von der Treppe stürzen. Seine schweren inneren Verletzungen überlebte er nur knapp. Am 15. September 2006 erkrankte er plötzlich im italienischen Ort Sant'Elpidio, und da weit und breit keine Tierärzte auszumachen waren, bestimmte der «Grosse Meister» für Napoleon eine junge, gleichgültige Veterinärin. Die alarmierende Tatsache, dass er aufgehört hatte zu urinieren, ignorierte sie vollends. Er bekam keine Medikamente. Erst am 19. September zwangen die aufgebrachten Nachbarn die Tierärztin, den todkranken Napoleon endlich zu besuchen. Zwischen ihr und ihnen, die von Napoleons Qual wussten, entbrannte ein heftiger Streit. Was gesagt wurde, bleibt unbekannt, da wir des Italienischen nicht mächtig waren; das Wort «Respekt» für Napoleon haben wir jedoch verstanden. Die pietätlose «Dottoressa» missachtete nun ohne Unterschied alle – Napoleon und diese Menschen. Abrupt drehte sie sich mit zornigem Gesicht um und stolzierte auf ihren brutal hohen Absätzen zurück zum Auto. Ich rannte ihr verzweifelt nach, hämmerte mit den Fäusten auf die Fensterscheibe. Sie sah mein mit Tränen überströmtes Gesicht erbost an.

«Bitte, retten Sie Napoleon!», stöhnte ich auf Italienisch, so gut wie ich konnte. «Ich flehe Sie auf den Knien an. Retten Sie ihn!»

«Okay, von mir aus, wie Sie wollen!», erwiderte sie trocken.

Sie stieg aus, ging wieder ins Haus:

«Ich wurde im Supermercato aufgehalten», sagte sie an der Schwelle des Schlafzimmers. «Mein Leben besteht nicht nur aus Hunden.»

In diesem Moment hob der blinde, taube, total entkräftete und scheinbar bewusstlose Napoleon ganz unverhofft den Kopf und «starrte» sie mit seinen blicklosen Augen penetrant an. Der schauderhafte Blick liess die Frau abrupt innehalten. Sie schaute mich unentschlossen an. War dies der Ausdruck plötzlicher Angst? Oder die Stimme ihres aufgerüttelten Gewissens, welches sie zum Begreifen zwang, dass er bei vollem Bewusstsein war? Nun hat er mit seinem genuinen sechsten Gespür gewittert, wer zu ihm kam – der Sensemann in Person. Die Konsternation dauerte aber nicht lange.

«Verlassen Sie gefälligst das Zimmer», vernahmen wir den rüden Tonfall der Todes-Botschafterin, die wieder selbstsicher geworden war. «Und schliessen Sie die Tür zu! Ich mag keine Gaffer bei meiner Arbeit!»

Grob knallte sie die Tür vor unserer Nase zu. Warum tat sie das? Und warum gehorchten wir diesem Befehl wie zwei widerspruchslose, fügsame Lämmer? War der Mut des einstigen Marinesoldaten in mir vollends eingeschlafen, im Laufe der Jahrzehnte abgenutzt, verbraucht?

Genau eine Minute später kam die Frau heraus. Wir rannten ins Zimmer: Napoleon lag auf der rechten Körperseite im Bett. Auf dem Kissen unter ihm breitete sich ein dunkler, nasser Fleck – der entleerte Urin – aus. Er war tot.

So hat derjenige, der die Ewigkeit für sich allein gepachtet hat, endgültig entschieden – Napoleon durfte keinen weiteren Tag existieren. Seine Botschafterin – die sogenannte Tierärztin – brachte mein Herzenskind, das Licht meines Lebens, kaltblütig mit der Giftspritze um. Und wen, wen sollte ich jetzt in meinem unerträglichen Leid, in meinem Zorn und in meiner Verzweiflung hassen, verfluchen, wem sollte ich jetzt tausendmal täglich den Tod im Fegefeuer wünschen? Dem grausamen ausserirdischen «Auftraggeber»? Dem abgestumpften Ungeheuer in menschlicher Gestalt – der Frau? Oder ihm und ihr zugleich? Wem sonst noch?

Nun sind sie beide vereint – die kleine Schildkröte aus Peloponnes und die Urne mit Napoleons Asche stehen beieinander in meinem Heim. Seine zwei Appenzeller Halsbänder umfassen das Gefäss; sein letztes Lieblingsspielzeug, eine Plüschente, sowie die Hundemarken aus seinen letzten Jahren bilden eine kleine Gedenkstätte. Jeden Tag zünde ich eine Kerze an und erleide immer wieder von Neuem die bittersten seelischen Leiden meines Seins. Napoleons tragischer Abgang riss in meiner Seele eine Wunde, die niemals, die nimmermehr vernarben wird.

Bis der Allerhöchste auch über mich sein letztes Wort sagt.
Gnade kennt er ja sowieso keine!

Duet, Januar 1989   *Sono, Sommer 2016*

Napis Geburtstag

   Am 6. März feierte das älteste Mitglied unserer Familie - Napoleon - seinen zwölften Geburtstag. Der Älteste, weil er kein Geringerer als unser Zwergdackel ist, der nach menschlichem Ermessen das 66. Lebensjahr erreicht hat. Unwiderruflich zieren immer mehr graue Haare Napis edles Gesicht, sein Blick und seine Augen verraten eine geradezu verblüffende Klugheit. Ganze acht Kilo wiegt er. Acht Kilo reine Treue stecken in seinem kleinen Körper, welcher so ein grosses Herz in sich birgt!
   Wir wünschen unserem über alles geliebten Söhnchen - so nennen wir ihn - noch unendlich viele glückliche Jahre an unserer Seite.
                                                                E. und L. Winnik

Unser Zeitungsinserat anlässlich Napoleons 12. Geburtstag

ERLÄUTERUNGEN

Seite 7
* *Genau 47°57'46,5" Grad Nord und 24°11'14,4" Grad Ost – das sind die Koordinaten der geografischen Mitte Europas. Diese Werte legten zwischen 1885 und 1887 österreichisch-kaiserliche Landvermesser fest. Aus der Vogelperspektive gesehen «versteckt» sich hinter den Graden der Ort **Dilowe** in der westlichen Ukraine, bekannt auch als Galizien. Wer bis heute dieses Land und seine Menschen als «Osteuropa» und «Osteuropäer» bezeichnet, ist ungebildet oder verweilt geistig noch mitten im Kalten Krieg. Die Urheber dieses die Mitteleuropäer diskriminierenden politischen Begriffs waren westliche Alliierte, indem sie den Kontinent mit den Sowjetrussen nach dem Zweiten Weltkrieg untereinander geteilt haben – obwohl zu den Osteuropäern nur die Russen gehören und keine anderen Nationen. Ein Blick auf die Karte Europas genügt.*

Seite 16
* *Innenministerium der UdSSR.*

Seite 17
* *Führer und Ideologe des bewaffneten ukrainischen Befreiungskampfes. Ermordet 1959 in München durch den KGB-Killer mittels einer eigens hierfür konstruierten Blausäure-Pistole.*
** *Abfällige russische Bezeichnung für die Ukrainer.*

Seite 37
* *Guten Tag.*

Seite 60
* *Der deutsche Schäferhund.*

Seite 70
* *Heute vier Sterne Hotel «Mercure Paris Arc de Triomphe Wagram».*

Seite 97
* *Der Name entstammt dem uralten Kultbaum, der Zypresse. Cyprus (lateinisch cuprum), d.h. «Kuper», abgeleitet von Griechischem aes ciprum – Erz, das auf Zypern bereits vor 3500 Jahren abgebaut wurde.*

Seite 98
* *Ayia Napa – der heilige Wald.*

Seite 108
* *Guten Tag.* ** *Ja.*

Seite 125
    * *Aus Troodos.*
    ** *Sind Sie aus Troodos? Nein, was ist Ihr Land?*
    *** *Schweiz.*
    **** *Ich bin Autolenker. Das kann ich nicht tun, verstehen Sie mich?*

Seite 128
    * *Können Sie mir helfen?*
    ** *Vielleicht. Wo steht Ihr Auto?*
    *** *Auf dem Strand.*
    **** *Gut, warten Sie dort.*
    ***** *Das kostet nichts.*

Seite 175
    * *Marianne, Gott hab sie selig, starb vor drei Jahren in Polen.*

Seite 182
    * *Namensvetter des ersten Pharao von Ägypten, 3000 bis 2938 v. Chr.*

Seite 185
    * *Wo es mir gut geht, dort ist mein Vaterland.*

Seite 218
    * *Kein Schimpfwort, nur etymologische Ableitung von negroider Rasse. Sonst dürfte man das Land Nigeria oder den Fluss Niger nicht so nennen.*

Seite 234
    * *Wie alt ist er?*
    ** *Sechzehn Jahre.*
    *** *Oh, sehr alt!*

Seite 236
    * *Nein, nein … Aber er ist sehr alt.*
    ** *Kann er nicht mehr pinkeln? Verstehen Sie?*

Seite 281
    * *Das ist schön.*

Seite 282
    * *Bitte sprechen Sie langsam …*
    ** *Aber ja, klar, dass Sie wirklich van Gogh sind. Chapeau! Könnten Sie ein bisschen warten?*
    *** *Auf den modernen van Gogh!*

INHALTSVERZEICHNIS

Seite 7	Vorwort
Seite 13	**TEIL I**
Seite 15	Das Zürcher Präludium
Seite 18	Tod im Engadin
Seite 23	Schwierige Anfänge
Seite 27	Der verflixte «Thron»
Seite 29	Teure Veterinäre
Seite 43	Die Hundeshow
Seite 45	Bretagne 1
Seite 51	Die Trugbilder
Seite 55	Böse Männer
Seite 58	Malerische Träume
Seite 62	Das Omen
Seite 64	Kurzlebige Erfolge
Seite 66	Der Dieb von nebenan
Seite 67	Bretagne 2
Seite 70	Paris
Seite 78	Kreta
Seite 83	Neue Gefahren
Seite 85	Seltsame Malereiexperten
Seite 87	Die gefährdete Nase
Seite 88	Der Albtraum
Seite 93	Die erste Brille
Seite 96	Blutiger Ernst
Seite 97	Zypern
Seite 113	Der Zeitdiebstahl
Seite 129	Und abermals Sorgen ...
Seite 134	Neue Hoffnung
Seite 137	Marianne Grant

Seite 140	«Der Wochenbote»
Seite 144	Kleine leben gefährlich
Seite 147	Auf zu neuen Ufern
Seite 150	Persona incognita
Seite 153	Die zwei Franken
Seite 155	Köpplis «Entdeckung»
Seite 161	Warschau
Seite 166	Unheimliche Abgase
Seite 170	Der Bundesrat mit Herz
Seite 177	Der graue Alltag
Seite 182	Die Menes
Seite 187	Das «geschenkte» Auto
Seite 191	Der Knall
Seite 195	Divergente Auffassungen
Seite 202	Lähmende Gewissheit
Seite 204	Eine Zäsur wider Erwarten
Seite 207	Clevere Landsfrau
Seite 211	Treffen mit Lech Kaczyński
Seite 215	Der «Mäppchen-Ganove»
Seite 220	«Freundliche» Gemeinde
Seite 224	Brutale Nachrichten
Seite 226	Noch kein Epilog
Seite 229	**TEIL II**
Seite 231	Die Sehnsucht
Seite 240	Der Urnerboden
Seite 243	Die Petunien
Seite 246	Die Sankt-Johann-Kapelle
Seite 249	Das Brunnital
Seite 251	Die Pappeln von Nunningen
Seite 254	Kaiserstuhl
Seite 256	Burg Steinsberg

Seite 258   Winter bei Einsiedeln
Seite 260   Frühling am Uetliberg
Seite 262   Schloss Tarasp
Seite 265   Die Zebrastreifen
Seite 268   Das Peristyl
Seite 272   Der Zürcher Flieder
Seite 274   Die Quadratur des Kreises
Seite 277   Die Rezession
Seite 280   Im Schatten
Seite 283   Aigues-Mortes
Seite 285   Der Schweizer Psalm
Seite 288   Im Patio
Seite 291   Der Olivenbaum
Seite 294   Posada
Seite 297   Monte Lungu
Seite 301   Der Sarazenenturm
Seite 304   Novo Selo
Seite 307   Das letzte Wort

Seite 315/316 Erläuterungen